中山大学科技创新战略研究专项（文科）"新文科发展与数字化"（20WKZL01）成果

国家社会科学基金一般项目"徽州民间文书抢救性保护与数据库建设研究"
（19BTQ010）阶段性成果

数字人文
与
新文科发展

刘志伟　王　蕾　主编

社会科学文献出版社

SOCIAL SCIENCES ACADEMIC PRESS (CHINA)

目　录

第二章 技术探索与实践案例

第三章 数字人文机构建设

第四章　反思与展望

后　记

绪　论

新文科背景下高校图书馆数字人文
建设的实践与思考

王　蕾　苏日娜　薛　玉　叶　湄　马翠嫦*

一　新文科建设战略

（一）"新文科"的来源

2016 年 5 月 17 日，习近平总书记在全国哲学社会科学工作座谈会上指出："要加快发展具有重要现实意义的新兴学科和交叉学科，使这些学科研究成为我国哲学社会科学的重要突破点。"[①] 2018 年 8 月，全国教育大会召开前夕，中共中央出台文件正式提出"要推动高质量发展，进一步提升教育服务能力和贡献水平，发展新工科、新医科、新农科、新文科"。[②] 2019年 6 月，教育部、科技部等 13 个部门在"六卓越一拔尖"计划 2.0 启动大会上确定分三年全面实施"六卓越一拔尖"计划 2.0，全面推进新工科、新医科、新农科、新文科建设，提高高校服务社会经济发展能力，优化学科专业结构，

---

* 王蕾，中山大学图书馆研究馆员；苏日娜，中山大学图书馆馆员；薛玉，中山大学图书馆馆员；叶湄，中山大学图书馆馆员；马翠嫦，中山大学图书馆研究馆员。

① 《（授权发布）习近平：在哲学社会科学工作座谈会上的讲话（全文）》，新华网，2016 年 5 月 18 日，http：//www.xinhuanet.com/politics/2016-05/18/c_ 1118891128_ 4.htm，最后访问日期：2020 年 5 月 19 日。

② 樊丽明：《新文科建设：走深走实　行稳致远》，《中国教育报》2021 年 5 月 10 日，https：//theory.gmw.cn/2021-05/10/content_ 34831619.htm，最后访问日期：2022 年 1 月 5 日。

推动形成覆盖全部学科门类的中国特色、世界水平的一流本科专业集群。① 之后，教育部召开系列会议，出台系列指导文件，推进"四新"建设。2020年4月，教育部办公厅发布《教育部办公厅关于启动部分领域教学资源建设工作的通知》，决定启动部分学科领域教学资源建设工作，从指导思想、建设任务、建设原则、建设流程和组织实施五个部分部署建设方案，进一步探索"四新"发展目标下新的教学资源建设路径，推动高等教育"质量革命"。② 2020年11月3日，教育部新文科建设工作会议在山东大学（威海）召开，发布《新文科建设宣言》，对新文科建设做出全面部署。③

新文科是文科教育的创新发展，以培养知中国、爱中国、堪当民族复兴大任的新时代文科人才，培养新时代社会科学家，构建哲学社会科学中国学派，创造光耀时代、光耀世界的中华文化为内涵。新文科建设遵循守正创新、价值引领、分类推进的基本原则，以专业优化、课程提质、模式创新为三个重要抓手，通过夯实基础学科，发展新兴学科，推进学科交叉融合实现新文科的全面发展。④

（二）新文科建设特点

习近平总书记在清华大学考察时指出，要坚持中国特色社会主义教育发展道路，充分发挥科研优势，增强学科设置的针对性，加强基础研究，加大

---

① 《介绍"六卓越一拔尖"计划 2.0 有关情况》，教育部，2019 年 4 月 29 日，http：//www.moe.gov.cn/fbh/live/2019/50601/twwd/201904/t20190429_ 380086.html，最后访问日期：2020 年 1 月 3 日。

② 《教育部办公厅关于启动部分领域教学资源建设工作的通知》，教育部，2020 年 4 月 10 日，http：//www.moe.gov.cn/srcsite/A08/s7056/202004/t20200417_ 444280.html，最后访问日期：2020 年 8 月 21 日。

③ 《新文科建设工作会在山东大学召开》，教育部，2020 年 11 月 3 日，http：//www.moe.gov.cn/jyb_ xwfb/gzdt_ gzdt/s5987/202011/t20201103_ 498067.html，最后访问日期：2020 年 11 月 19 日。

④ 《新文科建设工作会在山东大学召开》，教育部，2020 年 11 月 3 日，http：//www.moe.gov.cn/jyb_ xwfb/gzdt_ gzdt/s5987/202011/t20201103_ 498067.html，最后访问日期：2020 年 11 月 19 日。

自主创新力度，并从我国改革发展实践中提出新观点、构建新理论，努力构建中国特色、中国风格、中国气派的学科体系、学术体系、话语体系。① 因此，新文科建设是以马克思主义为指导，以加速构建中国特色哲学社会科学学科体系、学术体系、话语体系为目标，肩负变革知识生产模式、培养新型人才的重要使命。其主要特点包括以下四个方面。

第一，新文科建设是新时代学科发展的必然趋势。在经济、科技全球化背景下，中国目前正处于科技飞速发展和社会大变革时代，哲学社会科学要适应国家、社会、全球化发展的迫切需求，产出新思想、新理论，促进国家文化软实力、国际影响力的不断提升。"社会越发展、越前进、越进步，对人文社科人才的需求越大、越多、越高，因此培养时代新人需要新文科。"② 因此，新文科建设是学科适应新时代国家、社会及全球化发展需求的必然趋势。新文科建设符合学科发展的逻辑，重点在研究对象、研究内容、研究方法、研究技术与研究方式的突破和创新，在研究协同、协作、多学科融合等方面的转变和改革。

第二，新文科建设强调学科的守正创新、交叉融合。任何一门学科的形成与发展必须经过长期的知识与理论发展过程，在研究对象、学科性质、研究方法、知识体系、理论体系、课程教学、人才培养等方面形成系统的研究基础、显著的研究结论和明确的研究共识。因此，在新文科建设中，必须科学地继承传统文科发展已形成的丰富、优秀的研究基础、成果、方法和范式，进而探索学科的创新与发展。与传统文科相比，综合性、交叉性、融合性是新文科的重要特点。新文科不再局限于原有的基础学科发展，而是扩展至应用类文科、新兴学科、交叉融合学科的更广范围。要用好学科交叉融合的"催化剂"，加强基础学科培养能力，打破学科专业壁垒，对现有学科专

---

① 《习近平在清华大学考察时强调　坚持中国特色世界一流大学建设目标方向　为服务国家富强民族复兴人民幸福贡献力量》，央广网，2020 年 4 月 20 日，http：//china. cnr. cn/news/20210420/t20210420_ 525466016. shtml，最后访问日期：2022 年 4 月 19 日。

② 吴岩：《积势蓄势谋势　识变应变求变——全面推进新文科建设》，新文科建设工作大会会议发言，威海，2020 年 11 月 3 日。

业体系进行调整升级，瞄准科技前沿和关键领域，推进新工科、新医科、新农科、新文科建设。

第三，新文科建设强调教育与人才培养模式的创新。习近平总书记在中央人才工作会议上指出："要走好人才自主培养之路，高校特别是'双一流'大学要发挥培养基础研究人才主力军作用，全方位谋划基础学科人才培养，建设一批基础学科培养基地，培养高水平复合型人才。"① 新文科建设的重要使命是在立足国情、立足新需求、尊重人才培养的科学规律的基础上，创新人才培养模式，全面推进跨专业、交叉性、融合性的人才培养模式，实现对文科人才培养的基本理念、目标定位、组织形式、课程体系等的重新认识或结构重塑，建设一流的人才培养体系，提高人才培养质量，培养适应时代和社会发展需要的复合型人才。在人才培养模式的创新探索中，人才培养与科学研究的紧密结合、本科教育与研究生教育的紧密结合、理论研究与实践的紧密结合是适应学科创新、融合发展的重要路径。在课程教学体系建设上，深入创新、改革课程体系结构与内容，推动习近平新时代中国特色社会主义思想在课程体系建设中的指导性、贯穿性和核心价值引领性，推进新课程、新教材的建设，高度重视人文学科与社会科学的融合，加强文科实践教学体系和实践教学课程的建设。

第四，融合科技创新技术与方法，实现跨学科研究数据融合与共享。新文科建设强调以问题为导向、以需求为导向。在传统文科发展中，不论是建设规模庞大的整合资源平台，提供数据资料共享，还是项目合作实施过程中经费配置和使用，较难靠个人或者某一个单位、机构完成，因此新文科的学科融合发展，需要做好顶层设计，建立适应性制度体系，面向文科发展问题、瓶颈、现实需求、发展趋势，面向不同学科的知识属性、知识体系与方法论的变化和生长性，突破学科隔阂、壁垒，引导形成数据融合、共治共享体系。面对科技发展和数字时代的社会发展需求，新文科建设必然要与计

---

① 《习近平在中央人才工作会议上强调　深入实施新时代人才强国战略　加快建设世界重要人才中心和创新高地》，央广网，2021 年 9 月 28 日，http://news.cnr.cn/native/gd/2021 0928/t20210928_ 525618413.shtml，最后访问日期：2022 年 4 月 19 日。

算、数据、网络、人工智能等科学技术密切融合，利用各类科学技术与方法，实现文科在研究方法、研究技术、研究范式上的创新和突破。

二　数字人文

数字人文（Digital Humanities）是计算机技术、网络技术等广泛应用于人文学科的教学研究而形成的跨学科研究领域，[①] 是计算机科学与人文学科交叉融合形成的新兴学科，在改变人文学科的知识系统、研究范式、教学内容方面显现出独特的作用。

数字人文最早可以追溯到20世纪40年代兴起的人文计算，研究人员在语言学领域使用基于穿孔卡和磁带存储的计算机对古典文本进行语汇索引、文本字词统计等研究，并出现了计算语言学专门的机构、期刊和会议。20世纪70年代至80年代，计算机和人文学者之间进一步展开语料库建设合作，并联合开发和推广文本创建、维护和存储书面的程序。[②] 20世纪90年代以后，互联网在全球范围内发展，各个学科经历着数字化的持续变革，数字化的语料及分析方法在人文学科中逐渐被系统化地使用，人文研究的方法发生了重大变化。[③] 随着人文资料的数字化及网络传播，人文知识的获取、分析、集成和展示所形成的数字化场景，不断改变着人文学者的资料组织、标引、检索和利用习惯，逐渐形成了人文研究的新格局，一种在计算机技术、网络技术、多媒体技术等新技术支撑下开展人文研究的新型跨学科研究领域——数字人文开始兴起。

2000年以来，数字人文在全球范围迅速发展，成为颇具影响和发展潜力的新兴交叉学科领域和学术前沿。世界知名高等教育院校、研究机构先后成立数字人文研究中心或专门组织，设立数字人文专题研究、技术研发项目，建设数字人文通识或专业课程，在传统人文学科的各学科领域，尤其是

---

① 王晓光：《"数字人文"学科的产生、发展与前沿》，全国高校社会科学科研管理研究会组编《方法创新与哲学社会科学发展》，武汉大学出版社，2010。

② 徐力恒、陈静：《我们为什么需要数字人文》，《社会科学报》2017年8月24日，第5版。

③ 王军、张力元：《国际数字人文进展研究》，《数字人文》2020年第1期，第1~23页。

历史、文学、艺术、哲学等学科领域中广泛开展各类数字人文研究项目与实践，取得了显著的成绩。数字人文以其"跨学科"的科学共享理论、方法，为人文学科的研究者和实践活动提供了新的理论指导，提高了研究效率，推动了人文学科创新发展，促进了人文和科技的协同发展。

中国的数字人文研究起步于 2000 年之后，从初期概念与理论引介、国外数字人文研究与实践进展追踪，到开展各类数字人文技术研究、开发和应用，再到各类数字人文项目的研究与实践，同时也形成了多元化、多圈层的数字人文学术交流平台。今天，数字人文已成为人文学科与计算机科学、数据科学、人工智能等交叉研究形成的新兴学科。来自人文学科、计算机科学、信息科学等不同学科和专业的一大批活跃的研究学者锐意创新、勇于突破，快速地推动了中国数字人文的发展，为新时代新文科的发展提供了坚实的支撑。

三　新文科与数字人文的关系

数字人文与新文科建设面临共同的时代背景，二者在理论和实践路径上有许多相同、共通之处。

（一）以社会需求为导向

新文科建设需要适应中国特色社会主义新时代的发展需求，积极应对快速变化的社会、政治、经济、文化与生活，在充分发挥传统文科优势和发展的基础上，搭建文科与其他学科之间交流互通的桥梁，建立新的科学的教育与人才培养体系、学科评价机制。数字人文是适应数字技术和数字时代社会发展的新形势和新需求，将计算机科学技术、信息技术等广泛应用于人文学科研究和教育，重塑人文学科的知识体系、人才培养模式、研究范式等，实现数字科技与人文学科融合发展的学科。可见，新文科建设与数字人文的发展均是以社会需求为导向，推进文科创新发展的新路径。

（二）以人为本

新文科建设通过推进学科的创新、交叉与融合发展，深化教学体系改革和课程体系建设，实现突破传统学科与专业局限，培养专业素养高、学术能力精、综合实力强、有创造性视野的人才。新文科建设的人才培养理念，一方面充分尊重人才成长、人才培养的科学规律，一方面深刻回应国家、社会未来对人才培养的需求，以问题为导向，找准人才培养的痛点，从立人、全人、成人多维度，从全员、全过程、全方位协同开展人才培养工作，努力构建中国特色人才培育体系。数字人文作为数字技术与人文学科的融合学科，在人才培养上以人的发展需求为旨归，以数字技术为手段，通过技术手段的变革激发人文思想的更新，培养既通数字技术，又有人文学科专业素养的复合型人才。如何深层次地实现人与资源的互动、交流与融合，如何通过技术工具的手段来达到人文学科的重构从而实现人文研究问题的创新，而不再是仅仅作为辅助工具来帮助人文学者实现数据解读或资源分析，是当前数字人文研究中学者关注和探索的重要问题。可见，数字人文与新文科建设均强调坚持以人的发展为中心、以人为本的理念。

（三）以学科融合发展为目标

新文科强调传统人文学科与其他学科的碰撞、交融、协同发展，肩负从"分科治学"走向"科际融合"的使命。新文科的科际融合目标包括多个层面的融通，即文史哲等传统人文学科内部的融通、人文学科和社会科学的融通以及人文社会科学和医学、生物科学等学科的交叉融通，强调思维、素质和能力的全面提升，用人文社会科学回应新技术出现的新问题，用新技术推进人文社会科学发展。

数字人文是基于人文学科发展的需求，将计算机科学、信息技术、网络技术等广泛地应用于人文学科的研究、教育和人才培养，突破传统学科体系的限制，实现学科融合，推动交叉性研究，推进人文学科发展。数字技术的发展为人文学科发展带来了海量的数字研究资料和便捷的知识检索系统，数据分析技术、地理信息系统等为人文学科的研究范式带来了创新。在近二十年的数字人文发展过程中，研究者来自不同的学术领域，包括计算机科学、人文学科、图书馆学、信息学等领域。由于传统的专业教育和培养方式的局限，数字人文学者中兼通数字技术开发和人文学科研究者较为少见。随着学科交叉融合的不断发展，数字人文将实现培养兼具人文学科与计算机科学、数据科学、人工智能等学科专业知识的跨学科复合型人才。

四　基于新文科建设的数字人文发展思考

由上可见，新文科建设与数字人文面临现代科技和社会发展的共同趋势，二者的发展目标和发展路径具有高度的协同性。高校在积极响应新文科建设战略过程中，应充分重视数字人文理论与实践发展对新文科发展的重要意义和价值，大力推进数字人文建设。高校数字人文建设与发展可从以下几个方面着手：一是人文学科研究基础资源平台建设，二是特藏文献资源数字人文服务平台建设，三是数字人文中心或实验室的建立与发展，四是面向科研的精准型机构库建设。

（一）人文学科研究基础资源平台

人文学科研究基础资源平台的建设旨在为人文学科提供基础性、综合性的文献信息资源、研究分析工具和其他研究支持，推动人文学科研究范式的转变，为多学科交叉、融合、协同发展服务。平台应遵循适用性、可行性、开放性、拓展性的原则，以问题为导向，以适用新文科发展需求、解决新文科研究问题为出发点，充分考虑相关技术应用的成熟度、可靠性和发展趋势。在具体建设上，平台应完整地梳理、采集和整合新文科研究的基础资源，形成数据中心，提供统一发现技术和其他文本分析处理技术，提高和改变研究者对资料、数据的获取与处理能力及方式；应利用人工智能技术对文献信息资源进行知识化处理，建立一体化知识描述，构建人文学科研究基础知识库，提供知识关联技术，更好地链接资源、处理文本、呈现数据，提高学者的知识发现水平和跨学科研究能力；应根据教研需求开发简单易用的内容分析工具和数据可视化工具，并提供体验、学习和辅助功能，培养文科学者的新工具思维，减少文科学者对技术本身的偏见和抗拒；应建立开放性平台架构，以满足第三方系统对接、数据定制化接入与个性化输出，以及服务功能动态调整的需求，帮助解决学者个性化资源需求和数据服务需求。可采用云计算的分布式服务治理框架作为应用服务的支撑架构，实现智能应用的敏捷开发、多元开发和快速部署，支持相关应用的可定制、可拓展和可卸载，形成可持续发展的应用服务体系。

（二）特藏文献资源数字人文平台

大学图书馆特藏文献资源是学校文科发展的重要基础资源和优势资源。特藏文献资源具有独特性、系统性、珍稀性等特点，对数字人文实验和技术应用而言是良好的样本。特藏文献资源数字人文平台建设是适应新文科发展需要而开展的数据资源建设和服务路径。特藏文献资源数字人文平台建设一方面可实现对资源的数据化整理、组织开发，一方面提供各类数字人文工具，使研究者可以利用这些工具采集、整理、组织、注释和共享相关数据，支持开展可视化分析、文本分析、SNS 分析、时空分析等各类研究。此外，还为研究者提供了资源处理平台，研究者可将收集到的资源上传到平台进行综合分析，或根据需要提出特定研究工具的功能需求，由平台开发者实施。

特藏文献资源数字人文平台建设应遵循以下原则。（1）统筹规划、分步实施。结合数字特藏建设已有的基础和科研人员的实际需求，明确总体目标和阶段性任务，科学规划建设项目，分步完成古籍、碑帖、手稿信札、文书档案等各类特藏文献资源的数字化、数据化建设与开发。（2）借鉴经验、紧跟前沿。结合国内外先进经验，优先采用成熟技术架构，节约项目成本与探索的时间。同时紧跟技术发展前沿，有计划地开展技术应用创新，谋求引领数字人文的未来发展。（3）突出重点、注重实效。以用户为中心，以需求为导向，以服务为目的，提高平台可用性和易用性，开展个性化服务，切实满足人文学者的资源需求，并提供相应的技术支撑。

（三）数字人文实验室

高校推进数字人文研究发展必须建立强有力的教学、研究与实践平台，如数字人文中心、数字人文实验室等。近年来，教育部加强哲学社会科学实验室建设，在已建立的试点实验室中，如清华大学的计算社会科学与国家治理实验室、中国政法大学的数据法治实验室、武汉大学的文化遗产智能计算实验室等，具有显著的学科交叉性质，尤其是计算科学、数据科学与人文学科的交叉融合。因此，数字人文实验室建设是推动交叉学科发展的重要路径。综合当前已建立的数字人文实验室所发布的职能与愿景，数字人文实验室的重要职能大体包括以下几点。

第一，保存与统合数据资源，建立数字人文网络基础设施。

数字人文基础设施是指在数字环境下为开展人文研究而必须具备的基本条件，包括全球范围内与研究主题相关的所有文献、数据、相关软件工具、学术交流和出版的公共设施及相关服务等。[1] 保存与统合数据资源，建立数字人文网络基础设施是数字人文实验室的基本职能。数据资源包括图书馆、档案馆、博物馆、科研院所等机构的信息资源，集合机构知识库数据、研究数据、学者数据、管理数据、专利数据、项目数据等。实验室通过采集上述数据资源，实现各类信息资源的集成存储；进而建立平台等基础设施，对数据进行清理与整合，再将经过统计与分析的成果呈现在平台前端，为高校数字人文具体项目的实施、学者开展数字人文研究奠定基础。

第二，提供技术与资源支持，普及数字人文的信息服务。

数字人文实验室通过整合文科学者、计算机专家、信息工程与技术专家等多学科专业人才，为新文科的发展提供学科知识与研究需求的支持，研究技术方案和算法的支持，研究工具与技术实现的支持等，形成多学科协同发展格局。数字人文实验室还建立信息服务中心，通过多类型数字人文项目链接为师生提供特定领域信息资源、深层次信息与知识服务。

第三，孵化数字人文项目，促进跨学科融合。

数字人文实验室应联合文科各学科学者，从国家经济社会发展的现实需

---

[1] 刘炜、谢蓉、张磊、张永娟：《面向人文研究的国家数据基础设施建设》，《中国图书馆学报》2016 年第 5 期，第 29~39 页。

求出发，从新文科发展战略规划出发，以实验室为中心，建立跨学科、交叉性、多类型、多层次的研究项目，组建项目团队并整合资源，创新研究方式，促进跨学科融合发展，构建学者、院系、学科、实验室、科研项目的创新协同模式。①

第四，提供人才培训，加强数字人文信息素养教育。

数字人文实验室承担重要的人文培养功能，通过开展各类教学培训活动，搭建专门的数字人文理论与技术人才培养平台，普及和提高师生的数字人文意识和技能，促进跨学科知识共享与沟通。教学培训活动包括建设数字人文专业课程，举办数字人文专题讲座、培训、参观、研讨等活动，招收和培养研究生，召开相关学术会议，出版学术期刊、白皮书、会议报告、调研分析报告等。

表 0-1　数字人文实验室职责工作一览

序号	工作内容	性质
1	推动校内相关机构设计与建立基础资源数据库	数字人文网络基础设施技术构建
2	推动校内相关机构建立精准型机构库	
3	统合各类型数据库，形成信息资源存储，建立面向科学研究及科研管理的信息资源服务平台	
4	设计与建设中山大学数字人文研究中心网站门户	
5	普及信息资源服务平台，进行用户、项目、资源录入	
6	进行校内跨机构、跨学科合作对接与信息服务	服务
7	承包对外项目，合作研发获得资金支持	成果转化
8	举办数字人文领域的讲座、培训、参观、学术会议或研讨会	组织教育培训
9	招收和培养学生	
10	开展数字人文基础理论、数字人文技术工具研究	学术研究
11	开展数字人文课程教育与人才培养等方面的教育研究	
12	出版学术期刊、白皮书、会议报告、调研分所报告	

① 朱本军、聂华：《数字人文：图书馆实践的新方句》，《大学图书馆学报》2017 年第 4 期，第 23~29 页。

（四）面向科研的精准型机构库

1.对接优质课程资源教学活动

将高校优质课程资源作为机构知识库建设的重点与特色，以支持相关教学活动。所存档的课程包括开放获取的高校精品课程视频、课件或教学计划，线上课程或讲座视频、课件等课程资源资料，形成对应高校优秀教学资源与教学成果的数字化特色成果库。课程资源通过网络采集、自主提交、数据共享等方式定期更新。以课程资源为依托，为高校优秀教学成果的传承提供保障，为培养各层次学生的学习兴趣与习惯提供知识资源的支持，为高校教学成果和学术思想的宣传推广提供平台。

2.学者画像构建与资源精准匹配

学者既是大学各项活动的主体，也是创造知识的主体，包括专任老师、研究人员、学生等。在对机构知识和人员信息实体进行准确识别、注册、关联的基础上，通过知识成果与学者的匹配，外部引用、评价数据与知识成果的匹配，知识成果的聚类与演进分析，学者间合作关系等，结合教学与科研各项成果与评价数据，对外展示学者画像，对内为学者的知识成果管理与科研活动开展提供精确匹配的数据服务。

3.基于机构知识库的数字学术服务

高校机构库对高校全类型知识成果的收集、组织和挖掘，形成精准、动态、规范、可靠的数据来源，可供图书馆开展数字学术服务。首先是图书馆参考咨询部门负责的检索证明、收录和引用证明开具服务，可通过高校机构知识库的数据进行匹配和检验，自动开具相关证明。对于用户研究成果和教学成果的深度、多维挖掘，不仅可为用户形成实时的个性化成果信息展示，还可实现基于用户兴趣的知识资源推送、学术活动推送、合作者推荐等信息服务。

4.数字化科研管理与项目管理

在机构库知识资源与校内各机构、学者进行精准关联匹配的基础上，形成高校科研成果的精准、动态、规范、可靠的数据来源，提供校内数据接口以供科研部门、人事部门进行业绩统计。科研管理服务方面，机构库可提供以学者与二级研究机构为单位的分类统计，还提供出版物评价的参考资料，如期刊的收录数据库、分区与影响因子、引用数量等，从而为科研与人事部门基于科研成果进行考核与评价提供参考。因此，须调研机构库与科研、人事、图书馆相关业务对机构知识库数据结构与内容的取值要求，统一各系统学者数据与学院数据等基础信息，共享数据字典，从而为各系统数据库字段的对接提供支持。在机构库知识资源数据的统计分析与关联挖掘的基础上，探索多维挖掘与结果呈现，利用机构库元数据实现计量分析、情报分析、态势分析等，从而更大程度地提升机构库在科研管理、服务、知识交流与传播中的效能。

5. 基于机构库知识资源的交流与协作

高校各类型研究数据和科研学术成果的知识资源数据形成独有的机构库学术资源数据，与这些数据的开发工具和服务集成共同构成包括资源、工具与服务在内的数字化科研环境，为学校开展数字化科研与团队协作提供机构库服务平台。学者可利用机构库平台构建与学界的交流空间，建立学者与作品的网络互动空间，如讨论组、论坛等，同时也可以学院或学者为中心定期开展在线会议交流，打造学术交流空间，从而提高学术成果的关注度，促进跨学科和跨机构的学术交流。

五　数字人文与新文科发展规划研讨会

中山大学紧跟时代步伐，自新文科建设战略实施以来，积极关注和深入探索通过数字人文研究与实践推进新文科建设发展的可行性路径，并充分认识到拥有丰富人文学科资源的图书馆在数字人文研究与实践中的重要作用。早在 2012 年，中山大学就以图书馆藏古籍、徽州文书等资源的整理开发和本校历史学、人类学研究需求为切入点，积极开展以数字人文为导向的文献资源整理与研究，以数字人文理论技术为支持的历史地理、社会史研究，获得了长足的发展，取得了显著的成果。近年来，学校设立中山大学科技创新战略研究专项（文科）"新文科发展与数字化"项目，由文科院系的学者和图书馆员组成研究团队，对国内外数字人文研究与实践展开广泛调研，立足学校文科发展实际与需求，开展中山大学数字人文与新文科建设发展可行性规划研究。由中山大学科学研究院、图书馆主办的"数字人文与新文科发展规划研讨会"邀请全国多所高校、科研机构的多学科专家学者共聚一堂，围绕数字人文与新文科发展，分享研究思路与观点，探讨数字人文建设的理论与实践路径，及推动新文科发展的策略和方法等。

本书收集并梳理了此次会议与会代表的专题发言稿 13 篇（诸稿经各位作者审核修订），可由此了解诸位学者的学术观点，为数字人文与新文科的发展提供参考。同时，本书收集了项目组对部分与会学者和国内公共图书馆、高等院校学者的访谈内容共 27 篇。

访谈以结构式访谈进行，访谈提纲如下。

一　基本信息与研究领域

1. 请简要介绍您的研究领域与课题。

2. 您最常用的数据库、数字人文工具或者访问的网站有哪些？

3. 您觉得现有的数据库、数字人文工具等能否满足您的科研需求？有什么问题或不足？

二　数字人文的认识与理解

4. 您是否接触过数字人文或从事相关研究？是在何种契机下开始的？您是怎么认识数字人文的？

5. 您是否使用过数字人文工具？体验如何？

6. 您了解的本学科领域开展的数字人文研究项目有哪些？

7. 您对于本学科领域数字人文未来发展有什么看法？您认为未来发展需要哪些技术与资源方面的支持？

三　新文科发展建设

8. 您认为什么是新文科？有什么特点？

9. 您了解的本学科领域新文科建设方面的成果有哪些？

10. 您认为本学科领域新文科建设与发展急需解决的问题有哪些？

四 数字人文背景下的新文科建设

11. 如果成立"数字人文中心",您最希望可以通过该中心获得哪些服务和资源?

12. 您认为"数字人文中心"的组织架构应该如何?应该具备哪些主要功能?

13. 您希望哪些学术资源被纳入数字人文建设中?

14. 在数字人文背景下,本学科领域如何创新性地发展新文科?

访谈提纲包括四方面的内容:受访者的基本信息与研究领域、对数字人文的认识与理解、新文科发展建设、数字人文背景下的新文科建设。访谈以单独采访、多人采访方式开展,访谈稿原文已经过受访学者的审核、授权。本书收录的访谈稿共 27 篇,受访学者共 30 位(见表 0-2)。

表 0-2 受访学者信息 (按姓氏拼音排序)

受访学者	单位	身份
陈 莉	中山大学图书馆	图书馆馆员
陈 涛	中山大学信息管理学院	数字人文学者
程焕文	中山大学信息管理学院	图书馆管理者
邓小南	北京大学历史学系	人文学者
冯慧玲	中国人民大学信息资源管理学院	数字人文学者
冯筱才	华东师范大学历史学系	人文学者
郭丽娜	中山大学中国语言文学系	人文学者
郭奕鹏	东莞理工学院马克思主义学院	人文学者
黄 晨	浙江大学图书馆	图书馆管理者
黄仕忠	中山大学中国语言文学系	人文学者
蒋文仙	中山大学图书馆	图书馆馆员
柯佳昕	中山大学历史学系(珠海)	人文学者
李 卓	中山大学图书馆	图书馆馆员
刘 炜	上海图书馆	图书馆管理者
聂 华	北京大学图书馆	图书馆管理者
邱伟云	南京大学历史学院	人文学者
桑 海	《数字人文》编辑部	数字人文学者
申 斌	广东省社会科学院历史与孙中山研究所	人文学者

受访学者	单位	身份
汤　萌	上海交通大学图书馆	图书馆馆员
吴　滔	中山大学历史学系（珠海）	人文学者
吴维刚	中山大学计算机学院	计算机学者
肖　鹏	中山大学信息管理学院	数字人文学者
许　鑫	华东师范大学经济与管理学部	数字人文学者
严　程	清华大学人文学院	人文学者
杨光辉	复旦大学图书馆	图书馆管理者
杨新涯	重庆大学图书馆	图书馆管理者
姚伯岳	天津师范大学古籍保护研究院	人文学者
余　志	中山大学智能工程学院	计算机学者
赵思渊	上海交通大学人文学院	人文学者
郑振满	厦门大学人文学院历史系	人文学者

本书在编排设计上，将"数字人文与新文科发展规划研讨会"发言与访谈稿混合编排，根据发言内容、访谈人所谈侧重点，归纳了四类主题，分别是：第一章，"数字人文与新文科的理解与认识"；第二章，"技术探索与实践案例"；第三章，"数字人文机构建设"；第四章，"反思与展望"。后记"交流与碰撞的新起点"是项目组对 27 篇访谈稿进行整理和分析后的总结。

中山大学历史学系刘志伟教授和中山大学图书馆王蕾研究馆员策划和组织了"数字人文与新文科发展规划研讨会"，担任本书主编，负责制定本书框架、审订专家访谈计划和内容，审定书稿内容。编委会成员参与研讨会筹办，负责开展专家访谈、书稿整理校订等工作，成员包括：中山大学图书馆馆员苏日娜、谢小燕、薛玉、叶湄、石声伟、梁益铭，研究馆员马翠嫦，副研究馆员韩宇、司徒俊峰，以及中山大学历史学系博士研究生李晨光，中山大学信息管理学院硕士研究生孟小玲、曹甜甜、沙明金、伍婉华等。在此对为本书付出努力的编委会成员表示感谢！

第一章
数字人文与新文科的理解与认识

新文科：数字人文与数据文科

受访者　程焕文*

采访者　马翠嫦　梁益铭　石声伟

问：程老师，您好。我们这次访谈主要是想了解学者对于数字人文、新文科或数字人文中心的想法和建议，或者是对相关的研究工具、数据库的看法与期待，为中山大学乃至全国高校新文科建设提供参考。请问您对于数字人文和新文科的发展有什么看法？

程焕文：新文科其实是双一流建设的一个过程，但是大家现在对新文科并没有一个非常清晰的认识。我对新文科的理解可能跟其他人不太一样，如果要我来给新文科做一个表述的话，它其实包括两个方面，一个是大家一直在做的数字人文，另外一个应该说是叫——现在没有这个说法，我自己造了一个词——应该是叫数据文科。我是从这两个方面来理解新文科的。

数字人文是什么概念呢？就是用数字的技术、方法来研究人文学科。数字人文实际上是由三部分人员共同实现的：第一是资料收藏机构的工作人员，包括图书馆，一些相关的部门，以及博物馆、档案馆，但是以图书馆为主；第二是各个学科的学者；第三就是从事计算机工作的技术人员。三者要结合到一起。实际上，数字人文已经给我们带来了研究方法的改变。因为新

＊　程焕文，中山大学信息管理学院教授。

技术的运用，大家对过去历史的评判、对过去材料的揭示，以及对人文学科的认知都发生了根本性的改变。

在我看来，数字人文就是把过去学者穷年累月收集资料、整理资料的工作，用现代化的手段一次性完成的同时，还对大量的资料进行整理和分析。在人文社科研究中，有很多的中间工作原本是需要研究者去完成的，但是数字人文可以通过各种分析手段，比如聚类分析、词频分析和可视化的手段对文本信息进行揭示。在这一基础上，研究者可以发现更多的研究题目，或者是找到新的研究题目，对前沿的研究内容再去做一些补充。所以这几年大家都很乐意去做这件事情，哪怕是一个纯文本的研究，在数字人文的帮助下，大家的研究都要比过去更加深入。

目前数字人文的处理对象更多的是历史文献。可是在我看来，文科其实包含了人文学科和社会科学两个大类，人文学科需要的可能是对历史文献的处理，但是对于社会科学来说，需要的是对即时数据的处理。我们对社会科学研究的定位是用以解决社会问题的，它应该是应用现有的网络、在现有的各种条件下产生的大量数据，甚至是我们说的大数据，来研究与解决社会问题。所以在新文科发展过程中，人文学科要重视历史材料研究过程中现代数字技术的应用，重新分析、挖掘历史材料，而社会科学要用现在的大数据与网络时代产生的大量数据，来分析与解决社会问题。二者都需要加强新的现代技术的应用，而新技术应用势必会推进新文科的发展。我们讲新文科，不一定是要造一个新的学科出来，而是在现有文科建设的基础上，如何引入和运用新的方法。

第二个是新文科建设要开辟新的研究领域。有新的技术，有新的研究领域，研究者就可以得出更加科学、更加全面、更加迅速的解决问题的方法，也可能产生新的思路、新的方案。在这个基础上也许会产生一些新的分支学科，但是新的分支学科是什么，现在还在探索中，也许大家会找到更多的内容。在新的时代里，尽管数字人文主要处理对象仍是我们过去的历史文献，但是它是为现实服务的。例如，有机构把《清明上河图》做成 3D 甚至是 4D 形式，能够让游览者直接沉浸其中，再把画中的生活场景、人物服饰复原出来。这个展示很有意义，我们在保存文化、传承文化、弘扬文化的过程中，做出了能够让现代人去感知、去认识的新内容。数字人文可以让古老的事物焕发新生，让它重新活起来。新文科建设也是如此，它会让我们的传统学科活起来，不再仅仅是学者的孤立研究对象，它会成为新的时代里传承中华优秀文化过程中的重要组成部分，这也有利于优秀学术的传承。

在新时代，我觉得一个很重要的问题就是研究者如何运用数字技术，如何理解和处理数据。在新的研究环境下，例如心理学研究中，网络心理研究就是一个很重要的课题，但是在这个层面上，它不再是一个技术的问题，更多的是对新的电子文本、通信数据、网络数据的分析。我觉得新文科最重要的变化都在针对资料数据。数字人文对应的是历史文献资料，而新文科中人文学科、社会科学针对的是数字数据，一个是历史文献，一个是数字数据，要把这两项内容很好地结合起来。在原有的各学科的研究中，数字人文强调人文社会科学各个领域的专家，图书馆、博物馆这些文献收藏机构的资料整理者，再加上计算机领域的技术人员等几方面的合作，来开发数据库或者一些相关的内容。但是新的网络条件下产生的新数据，就是我们新的研究对象，它不同于历史文献，它需要多学科的合作：网络条件下产生的大量数据，牵涉资源的收集问题；资源形式的变化，决定了我们需要引入新的处理方法；网络技术的发展，为我们提供了新的工具和技术。这些变化都意味着依靠单独的一个学科来展开研究已经不现实了。今天在我们讨论如何建立数据中心，开展相关工作时，我认为必须意识到历史文献和数字资源二者是不可分割的，如果我们只关注历史文献的数字人文研究，我们就会忽视现实问题；如果我们只关注现实问题，很多时候我们还是在做纯社会科学的研究，就把我们的优秀传统丢掉了。由此来看，新文科最大的变化之一就是改变了对文献资料和数字资源的认知，出现了研究对象的更新。同时，研究手段、研究技术方法随之改变。

更重要的是，无论是数字人文还是数据社会科学，都不再像过去一样在一个狭窄的学科中由几个学者展开研究。它要求的是什么？是各个学科之间的融合。大家不再是孤立地做一件事情，而是多个学科、多位学者交叉协同来做，在这种情况下，你很难说某项研究纯粹由某个学科或者是某个部门来做，它应该是由多个部门、多个学科、多个方面的学者协同研究，将各个学科的内容融合在一起。这种融合不仅仅是文科内部的融合，还涉及文科与工科、理科，甚至是与医科、农科进行新的融合。

因此，在我看来，新文科不一定要去新开多少个专业，去新建多少个机构，而是现有的文科在发展过程中研究方法如何去转变，资料和数据等研究对象的获取方法如何去改变，在研究的协同、协作和多学科的融合方面如何去改变和拓展。这其实是学科发展的一次升级，就是把人文社会科学的研究方法、研究技术和研究方式提升到一个新的阶段。这个新的阶段应面向未来，应与数字时代、网络时代相适应。这样的话，它就会有一个很大的拓展空间，我们就可以实现全国乃至世界范围内的学科融合与发展。

古籍整理与数字人文兼谈新文科发展

受访者 黄仕忠*

采访者 马翠嫦　梁益铭　石声伟

问： 黄老师，您好。您可以先介绍一下您的研究领域吗？

黄仕忠： 我的研究领域是古籍整理与研究，主要是中国古代戏曲与俗文学的整理和研究。

问： 黄老师，您在研究工作中最常使用的数据库有哪些？

黄仕忠： 我用得最多的就是爱如生中国基本古籍库、爱如生中国俗文库、爱如生中国方志库，以及其他一些相关的数据库。我们在做一个重大课题——"全明戏曲"，很多工作现在是我在负责，我需要经常去查找文献资料。这个项目开展了 20 年。在 20 年前，很多资料我们是获取不到的，图书馆不允许复制文本，要去图书馆现场抄录。这样抄录了几年以后，部分图书馆才开始允许复制 1/3 的文本内容。而到了最近几年，中国国家图书馆、哈佛燕京图书馆以及日本的许多图书馆都在发布数字资源，我们现在的工作就变成了不断地下载、保存这些资料，然后依据

---

* 黄仕忠，中山大学中国语言文学系教授。

原始文献重新核对。对我们来讲，学术进展与数据库的联系极为紧密，例如以往许多戏曲家，他们的生平是模糊的，但是这些年因为有中国基本古籍库和中国方志库的资料，我们能够通过广泛的检索，大致厘清他们的生平。还能通过互联网资源，比如网络日志、博客等，搜索到一些地方名人的生卒年等具体信息。

问： 您觉得这些数据库能够满足您的需要吗？

黄仕忠： 第一，我觉得和以前相比，有了数据库以后，开展研究的确方便很多。第二，正是因为我们已经做到了现在这样一个高度，我又觉得现有数据库其实存在许多不足。例如，我们已经用惯了中国基本古籍库，它确实很方便，但是中国基本古籍库先天就存在不足，比如它收录的书没有序跋、印章，而没有序跋、印章，就缺失了很多信息。又如中国基本古籍库使用的资源都是当时的复印件，这些复印件不够清晰的话，就会产生很多识别问题。而且中国基本古籍库也存在一些版本不对应的问题。将来在国家层面开展数据库建设的时候，能否采用新的方式，能否把这些问题解决掉，或者说建立超越中国基本古籍库的数据库；就中国基本古籍库来讲，一些底本不太好的书，现在有没有可能用好的底本进行替换，能否开展二期、三期建设，扩大古籍的收录数量，补充原来没有的内容。这些工作对我们学术研究的帮助会更大。

还有一个想法，就是说我们的数据库要重视数据的开放形式。你们比较过哈佛燕京图书馆、日本早稻田大学图书馆及京都大学图书馆、中国国家图书馆开放的资源吗？不讨论具体内容，单从形式上来讲，中国国家图书馆提供的资料是黑白的，然后上面盖了一个大大的水印，正面印着一个大大的"图"字，在古代，这种形式就叫作"黥"刑。我们在传播着那么美好的中华文化，结果馆藏机构"啪"的一下，给她的"脸上"刺上一个字，想想就令人心痛。像这些细节之处，我觉得我们图书馆系统要有改进意识，要有所改变。

问：您对数字人文和相关研究接触得多吗？

黄仕忠：我做的那些大概也能算作数字人文研究吧。20 年前，我到日本去做日藏中国戏曲文献的调查，当时我买了数码相机、手提电脑、扫描仪等一系列设备，最后发现用得最多的、最重要的还是数码相机。相机拍摄一次，只需要零点几秒。在日本访书时，我拍摄整理了大量的书影文档。之后去别的图书馆、别的收藏机构调查时，如果我发现有类似或者相同的版本，以及一些不同的版本，我随时能够进行比对。当时我就深切感受到数字化手段和方式将会给我们的研究方式带来巨大的、颠覆性的变革。

近几年，天一阁和上海的一些学者在做明代嘉靖刻本的研究，比如说古籍后印本的研究。以前研究者能够说清楚它是同一个刻本系统，属于同一家刻版，这就已经满足学术研究的需要了。但是现在研究者还要知道是初印本还是后印本，会讨论它们是否存在细微的差异，这些都是因为研究者有了大量的文献数据，随时可以拿来比较。在现有情况下，数字人文、数据库让我们可以检索或者可以获得大量的原始的图版，来做比较、揭示相关情况，这些手段改变了我们的研究方式，也在改变着我们的研究结论。我很希望在以后有更加方便的数据库、数字工具。

中华书局现在也在建设一个汇集了大量古籍资源的数据库，计划把我做的一些俗文学相关的内容也收录进去。但是这部分内容数量比较大，仅仅依靠中华书局和我们团队的力量很难完成对这部分内容的标点处理。所以我们尝试采用分包的方式，在网络平台上募集人员进行文档的处理工作。

我认为，一定要有这些开放性的庞大的数据资源来支持数字人文。但是目前我们使用的数据库，大多是由企业来搭建的，数据库的开放程度不够，或者精准程度不够。这种情况下应该有一个国家层面的力量来推进数据库的建设。

还有一个使用者的因素，以我个人为例，我对理工科的技术不太了解，我在检索的时候，很多时候只能用最基本、最简单的检索方式。我最关注的也只是如何从各个数据库里把我需要的资料辨识出来。前两年,我和学生研讨《太和正音谱》,我们最初只知道有 7 个版本,但是最后我们调查到 14 个版本。有些版本是通过超星数字图书馆调查到的,有些是通过其他网络资源,发现某人有过收藏,有书影印证。我们通过这些网络资源,把这个课题做得十分深入,这里边又引出了很多新的理论问题。设想一下,如果没有这些数据库,没有这些网络资源,很多信息都是隐藏起来的,这样的工作便是做不成的。

问:您对数字人文项目和未来发展有什么想法?

黄仕忠:数字人文项目我不太了解。未来的发展,我可能更关注数据库的文字识别和检索方式的准确度。

问:您对新文科有什么看法?

黄仕忠:我目前还不知道新文科具体是一个什么样的概念。我自己是做中文研究的,我深切地感受到读中文和研究中文的人,视野太窄了。过去讲文史哲打通,但是现在基本上还是彼此孤立,讨论文学就只是文学。但是单独去做文学研究的时候,我们又觉得文学要代表一个整体的判断。文学研究者大多认为所有人能看懂、能理解的理论才是好理论,如果做不到,那么提出的理论必然会有问题。就像我们现在看一个电影,看一本书,我们想象的是面向所有人,我们自然而然地认为所有人都一定会看到。其实不然。所以我现在认为我们的文学,很多时候就是只给一部分人看,所以没必要一定要把它做到雅俗共赏,让所有人都欣赏。

除了学科之间的隔阂外,学科内部的条块分割也太过严重。中文系吴承学教授做文体学研究是全国最好的,但是吴教授只是做古代文体研究,所以我跟吴教授说,我们应该把古代文学、现当代文学,甚至把我们应用公文系统的文体,都放进来,去研究整个社会系统中的文体及其概念。这种古代与现当代文学的隔阂也会影响到我们的一些观念,这是一个层面。

此外,社会科学之间需要进行观念、视野和方法的融合。我做古代戏曲研究，更多关注文本、版本这些内容。但实际上戏曲是用来演出的，有演员，有观众。有些文化艺术系统、宣传系统所属的学校，在研究与教学中就会认为舞台更加重要。在这个层面上，研究者会争论"文本"重要还是"舞台"重要。当然，我现在觉得这两个说法都不完全对，舞台也不是最重要的，因为戏曲是一种娱乐活动，也是一个商品，它像现在第三产业的娱乐市场，这里需要有品牌、市场、消费人群、消费层次的概念。比如，电视剧表演也会涉及心理学问题。像现在的电视剧，很多是帝王将相、都市生活的内容，都是在迎合当代人的心理需求。所以，有的时候我甚至觉得需要法律、宗教、人类学等视野，从这些剧本的构想出发来反观我们中国人的潜意识及我们的法律观念、社会观念等内容，这非常有意义。所以我认为大文科建设，应该把这些内容包括进来。

互联网时代提供了更大的空间和平台，让整个研究生态发生了变化，那么"大文科"研究，就应该吸纳这样的视野。研究者早期可能不知道新文科研究需要什么材料，只是将大家习惯的东西放到一个新的平台上，但是新的平台用得多了，研究者在和平台以及建设者的互动中，慢慢会找到新的题材，就会发现原有工具用不着或者落伍了，然后会有新的工具出现，推动研究的发展，就是这样一个变化过程。

现在的人文学科，以中文为例，需要的就是把这些内容都放到新平台上。只是我们以前都是关起门来，只看这个演剧怎么样，很少注意到它的消费对象、消费人群等因素，我觉得这样就很难做好相关研究。文史哲领域其他学科我不太了解，但是我相信都会有类似的问题。那么当然也需要我们加强数据库建设，来支持我们拓宽视野之后，去展开后续的研究。

问：如果学校要建立一个数字人文中心，专门从事数字人文相关资源的整合和研究，您有什么建议吗？

黄仕忠：现在我们很多重大项目都在讲要做数据库，但是哪怕一个小型的数据库，对我们这样没有计算机学科背景的学者来说，都是很难做好的。学校应该做的，是统合文科和理工科的力量，搭建空间和平台，让各学科都参与进来，把我们的重大课题的文献资料、各领域的文献资料汇集整合起来，形成中山大学的特色，体现出我们某些学科、某些工作的优势。人文社科领域很多学者在自己的研究领域中都有一定的数据、文献值得共享，但是作为一个单独个体，毕竟影响有限。如果以一个学校的层面进行统合，恐怕影响力就不一样了。

古籍保护学科与数字人文

受访者　姚伯岳*

采访者　苏日娜

问：姚老师，您好。请您谈谈在数字人文大环境下，如何通过数字人文来建设和发展新文科？

姚伯岳：我对于新文科建设不是很了解，但是不久前教育部召开新文科建设会议，令我很是振奋。因为我们正在筹备古籍保护学科建设，而古籍保护是一门交叉学科，学界一直在思考把它归属到哪个学科门类。古籍兼具物质文化遗产和非物质文化遗产的特征，它载体上有图文符号，同时也凝聚了中华传统文化的精华，可以用波普尔的"三个世界"理论来解释。2020年8月教育部召开会议，决定成立第14个学科门类，即交叉学科。在此情况下，我认为可以在交叉学科下设立古籍保护一级学科，因为我们一直非常强调古籍保护的交叉学科性和应用性，它不仅仅跨越文理，还兼具物质文化遗产保护和非物质文化遗产保护的属性，所以在交叉学科类目下设置古籍保护学科很贴切，古籍保护学科建设迎来了曙光。

古籍原生性保护第一步是普查，即编制目录基础数据。古籍再生性保护包括复制、扫描、出版、数字化。数字化的趋向和新文科建设相吻合。中国

---

* 姚伯岳，天津师范大学古籍保护研究院教授。

国家图书馆网站已经发布了 7.2 万部古籍善本的全文图像，但还仅仅是图像资源。中华书局整理出版的古籍经过校勘、注释、标点、翻译，目前都转化成数据库。再加上商业机构，如书同文、爱如生等，它们在建设图像数据库的同时，还进行图像标引和古籍内容的文本化，实现了全文检索。古籍数字化为数字人文储备了大量的资源，而数字人文一定是建立在大数据背景下。数字人文在数字资源量少的情况下，不具备典型性和实用性；只有在庞大的数据量下，才具备实用性。所以现在无论是储备书目资源还是建设古籍全文数据库，数据都必须大量不断地增加，为古籍数字化奠定基础。

我从 2012 年开始关注数字人文，当时担任高校古文献资源库建设项目业务组组长。在这期间，我意识到数字人文是一个很好的发展方向。高校古文献资源库拥有 68 万条编目数据、30 多万幅书影和 8.35 万册电子书，体量较大。它包括国内外的 30 个成员馆，国外的成员馆包括哈佛大学哈佛燕京图书馆、华盛顿大学东亚图书馆、加拿大不列颠哥伦比亚大学图书馆，它们的规模在世界范围内都属前列，为数字人文发展提供了良好的基础储备。我曾经尝试在高校古文献资源库，分别以复刻本、活字本等为主题词进行检索，检索结果会呈现记录数据的各方面情况，每种版本类型的数量都清晰呈现，用来计算各种比例非常方便。

另外，以时代划分，可以从作者所处的时代进行检索。也可以从作者的角度去检索。输入作者的名字，可以关联作者相关著作，再和同时代作者相比较；可以利用数字人文平台，设想各种各样的场景，用提供的数据进行计算；进行数据计算以后，再看它是不是一种数字人文的结果。

我们使用高校古文献资源库不仅仅把它当作一个检索工具，同时也想将其建设成为数字图书馆。为什么称为高校古文献资源库？是因为设想以后向数字图书馆的方向发展。在规划系统时，我提交了很多类似 Web 2.0 读者互动功能和可以进行文本分析的工具的需求，甚至设想它以后可以成为学者从事研究的平台。我当初的设想，与现在的数字人文概念相似。

我看过很多数字人文的案例，每一个案例和项目都很精巧。但是我认为大多只能当作一个试验，不具备普遍的实用价值，像一篇论文一样，只能解决一个有限范围的问题。我认为这不是数字人文的发展方向，数字人文最终目的应该是给用户提供一个平台，该平台具备检索、阅览、研究的功能。在初期阶段，可以设想在某一个专业领域开展数字人文研究；但是最终数字人文的平台，应该是横跨多种学科，甚至囊括文史哲学科、社会科学等各方面的知识。今后的各种研究都可以在数字人文的平台上进行。今后大量的资源都是电子资源，无论是论文还是图书都可以数字化；网上还有大量的分散的资源，通过数字人文方法对其进行整合，进行计算，运用新的思想、方法和角度，在线上就可以完成研究过程，最后达到研究目的。

如此规模庞大的平台绝不是某个人或者某个机构可以承担的。数字人文的整体规划，是国家整体战略，要具有跨越思维，打破以往学科间的界限。学者从事古籍保护学科建设，需打破学科之间的界限，具有超越所有过去学术壁垒的眼光，利用现代先进的计算机工具技术以及人工智能技术，建造一个大的平台。当下的数据可能还需手工计算，但是今后如果有大数据或者是人工智能数字人文平台，可以输入一个需求，在后台自动进行计算，可能一秒钟实现多少亿次的计算，计算数据也会更加科学和准确，覆盖面也会更广，更有意义。我认为今后的理想状态是朝这个方向去努力，大家一起努力，最后形成合力。

图书馆作为公共服务机构，最有条件承担此类工作。未来图书馆的转型，是转向信息发布平台、信息服务平台、信息整合平台，把所有的信息整合在图书馆搭建的平台，这是政府赋予图书馆的职能。今后图书馆大有可为，它绝不仅仅是我们想象中提供舒适的阅读环境的场所。未来图书馆应该是无边界的，对全社会开放，可以有各种各样的功能。另外，图书馆一定要成为信息资源的组织者和服务者，也一定会成为数字人文最终的实现者和维护者。

问：结合您过往的研究经历，有没有在实践操作过程中使用过与数字人文相关的一些工具和方法？可否谈谈您的体验。

姚伯岳：在北京大学图书馆古籍部工作期间，我的本职工作是古籍编目总校，审核古籍编目数据并正式提交，使之成为一个一个完善的编目数据。工作中，我们会使用高校古文献资源库，也会使用中国国家图书馆和上海图书馆的古籍资源库及各种商业数据库，如四库全书数据库、中国基本古籍库、《四部丛刊》数据库、《石刻史料新编》数据库等。古籍编目不能算是数字人文，目前数字人文参与的主体是学者。大量数字人文的案例，都是学者出于研究目的，去创造一个平台，最后得出研究结论，它并不是一个工具，而是一个完整的成果，是个人的项目成果。图书馆的古籍编目是一项工作，考虑的是如何为用户服务，而不是个人完成的成果。

我设想的数字人文是以服务为目的的，因而应该是让用户来参与，提出各种各样的需求，最后在平台内实现。从目前数字人文进展情况来看，它并没有为用户提供具有工具性的平台，我希望数字人文今后向这个方向去发展。数字人文将来一定是为用户服务的平台，这才是数字人文的发展方向。数字人文绝不是大百科全书类型，无所不包；更不能只具备检索功能，而无其他服务功能。真正的数字人文一定是运用计算机技术手段，建设成开放的工具平台，让用户在平台上自由徜徉。平台上的用户产生新的成果，而新的成果为数字人文平台不断地贡献力量，这将会改变当下的研究方式，用户可以在数字人文平台完成其研究，之后提交成果给数字人文平台增加新的资源。用户提交的资源是动态的，其他的用户可以对其进行修改完善，使其成为经得起考验的成果，这区别于论文形式的研究成果，已发表的论文不能修改，是遗憾的。

问：从古籍保护学科出发，您对未来新文科建设有没有什么初步的规划和构想？

姚伯岳：古籍不仅是物质文化遗产，也是非物质文化遗产。古籍保护在某种意义上是动态的，因为保护是动词。古籍保护技艺，如古籍修复和现代古籍保护技术，会涉及各种实验数据的检测。实验检测会涉及物理、化学和生物学。古代的纸张是由植物纤维制造而成，研究内容包括纸张的寿命、质量、韧度等。古籍保护学科跨越社会科学、自然科学、物质文化遗产、非物质文化遗产的范畴，学科建设的难度是空前的，以往对于学科的认识没有像古籍保护学科这样，涉及如此复杂的方面。古文献学的内容包括目录、版本、校勘、文字、音韵、训诂、辑佚、辨伪，这是古文献学的八个支柱。文字、音韵、训诂属于语言学范畴，版本、目录、校勘是文献学的核心。文科专业如文史哲也和古籍保护有紧密联系。在古籍保护的学科建设中糅合上述内容，是一件很困难的事情。目前古籍保护分为原生性保护和再生性保护，原生性保护是从实物载体方面进行保护，再生性保护是从内容方面进行保护。但是还不能涵括古籍保护的全部内容，所以现在又提出古籍传承性保护的观点。传承性保护非常复杂，传承是知识、技能和思想的传承，是精神层面的传承。如何把前人的思想、技能、文化传承给下一代，下一代如何更全面更高效地接受先辈的智慧，最后融入自己的思想，这是需要考虑的问题。传承的受众是个体还是群体？应该怎样传承？这是很大的难题。另一方面古书的制作方法和修复方法，以及各种保护的方法，这些技能都要继承下来，牵涉的方面太广，内容太复杂。

如果仅仅是把一个物体继承下来，没有获得接受的能力和理解的能力，这不是真的传承。波普尔的"三个世界"理论有两个实验假设。第一个实验假设建立在所有的物质都毁灭的背景下，但是书籍和人类保留下来，人类得以保持学习的能力，所以世界很快就会恢复；另外一个实验假设物质世界包括书籍也都毁灭了，人活了下来，然而人类知识的精华都集中在书籍内，由于没有途径获取知识，人类社会就会倒退至石器时代。中华文明是世界上唯一没有中断的文明，是因为一代代的传承。古埃及文明、古巴比伦文明、古印度文明都曾经中断，是由于传承能力的丧失。从现存实物的角度而言，莎草纸书、楔形文字泥板书、羊皮书在后来的考古发掘中都被发现，但是其文明中断了。佛教的起源地在印度，但是如今在印度几乎看不到佛教的踪迹，占据主导地位的是印度教，古老的佛教文化在印度中断了；从整个社会层面来看，是丧失了传承的能力。考据学在清代达到鼎盛，大量的学者将他们的心血投入对过去材料的研究整理上，所以清代的小学——也就是文字、音韵、训诂之学——特别发达。所谓的乾嘉学派其实是考据学，而考据学的内容类似于文献学，所以目录学、版本学、校勘学在清代占据主导地位，这说明清代保留了传承中华文化的能力。

现在我对文献学使命的理解是，让人始终保留对过去文化的延续，让后人始终能够理解前人的文化，并一直传承下去。古籍保护如果和数字人文相结合，我认为需要搭建全民参与的平台，让民众在这个平台上学习，做出自己的贡献，使我们民族的文化不断地发展。人们通过平台获取了解和掌握以前文明的能力，并不断地创新发展，这正是所谓的守正创新。数字人文是虚拟世界，在虚拟世界中重复现实世界里人们所做的事情。数字人文是一种创新，它集结现实世界的新技术，以全新的形式传承和发展传统文化，这才是数字人文的价值所在。

索引思维与方法在数字人文中的重要性

受访者 杨光辉*
采访者 苏日娜

问：杨老师，您好。我们这次访谈主要是想了解您对于数字人文、新文科以及数字人文中心的想法和建议。您可以就这几个方面来谈谈吗？

杨光辉：首先，我认为数字人文本身就是一个矛盾的概念，"数字化"追求的是一种标准化建设，有标准化的格式、标准化的检索方式，"人文"则要求学者打破标准，实现多样化，这本来就是一个矛盾的语词组合。数字人文的落脚点应该是人文，但是现有数字人文项目的建设往往以计算机技术为主导，从根本上就违背了人文的理念。

我理解的数字人文，人文是目的，数字是工具，这个次序不能颠倒。然而现在人文学者反而处于弱势地位，主导数字人文建设的技术人员，实际上也只是在图书馆、在文科领域运用数字化技术，这并不是计算机领域中最为先进的技术。

数字人文的核心是索引。从索引学的角度看，现代社会中无意义的数据、信息太多了，以前常说"开卷有益"，现在的网络世界，太多的"开卷无益"。当前看似繁荣的出版，并没有带来真正的学术进展，大量有价值的

---

* 杨光辉，复旦大学图书馆研究馆员。

信息或者成果湮没在虚假繁荣的出版之下。我认为数字人文最核心的就是如何在海量的数据中挖掘出有意义、有价值的内容，去除数据中的水分。做有意义的标引是非常重要的。索引能够把有意义的数据揭示出来，然后转变为结构化的数据，这可说是数字人文的核心手段和工具。中国索引学会日前成立了数字人文专业委员会，组成数字联盟机构，也是在回应这种趋势。数字化的产品，必须经过有意义的标引，从而得出结构化的数据，才能真正有利于数字人文研究。数字人文首先要做到对人文领域有效数据的标引和提取，然后才能真正开展后续建设，达成预设目标。

现在很多研究者都不了解索引的作用，这就导致大家对数据的理解、对数字人文的理解存在很大偏差。数字人文领域研究者应该掌握索引的思维特点和基本方法。我们正在推动硕士、博士学位论文索引的国家标准建设，希望通过对学位论文创新点的标引，来准确挖掘和正确评价学位论文数据库中论文的学术价值，然后逐渐扩展到数字化的其他领域。目前的设想是从现有的新编方志国家标准出发，建设地方志文献的国家索引词库，再加上不断更新的学位论文的创新标引词，对某领域的学术变化进行更为深入和动态的揭示。像这样的工作能为将来的智能搜索和学习奠定基础，亦可为数字人文奠定基础。现在不去做索引基础工作，将来的数字化就会成无根的浮萍，举步维艰。随着数据量的急剧扩大，信息重复程度会越来越高，而冗余信息越多，对数据的掌控和把握就越难。

因此，解决数字人文核心难点的方法，就是推广索引思维和索引方法。在数据标引的基础上，建构有意义的结构化数据体系，从而达到数字人文研究的真正目的，为新文科提供基础文献和服务，这是我设想的数字人文最直观的实现途径。中国索引学会未来也会关注并投身到数字人文发展事业中去，尤其是从古代文献标引向现代文献标引的扩展。

索引的核心，除了索引词库以外，科学的编目数据也非常重要，图书编目就是索引编制过程中最重要的一步。如果存在大量未经编目的图书，那么就说明图书馆对图书的掌控不到位。图书馆员一定要懂书，而懂书的最主要方法就是编目训练。目录学是一个基本的门径，掌握目录学的核心就是要了解分类体系，在此基础上对图书进行编目梳理，这就是对大量图书进行结构化管理的过程。如果目录是一个总体把握的话，索引就是一个直接获取信息的渠道，二者相辅相成，掌握了索引方法，做了索引工具，然后和目录搭配起来，才可以从整体上掌握人文世界的内容。所以说，编目是图书馆最重要、最核心的工作。但是现在很多编目工作都被外包了，真正懂编目的图书馆员越来越少。

编目不是拷贝，馆员一定要进行原始的编目训练，在此过程中了解如何把一本书通过编目体系，纳入一个有机的数据构成中。西方联合编目的核心就是设有规范数据，例如"人名规范档、书名规范档、机构规范档和地名规范档"，这些基本的规范档，共同构成了联合编目体系。联合编目体系本身就是一个很好的数字人文表现形式，但是我国图书馆在引入联合编目系统的时候，并没有把规范档建设当作最重要的事情来做。在美国国会图书馆分类体系下，规范档就是整个图书编目中最重要、最核心、最有竞争力的内容，但是我国图书馆编目的现状是忽视了核心的东西，只学到了联合编目中可省略的内容。规范档作为经过结构化的内容，可以构成很好的检索体系。图书馆要想参与到数字人文未来发展，也离不开规范数据体系的建设。

无论是图书、情报学科领域还是图书馆界，都要重视目录规范体系、索引核心技巧及思维方式，这些对数字人文未来发展的制约会越来越大。它们如同理科中的基础研究，需切实落实，之后的应用研究才能深入、持续进行。所有的西方大型数据库，建设核心都在于规范档控制。我们在这方面落后西方太多了，这几年我们索引学会在努力地通过国家标准的制定，通过对我们中国特色文献如地方志索引的编撰，来构建中国自己的数据体系，为数字人文的发展做准备。

数字人文建设过程中技术固然重要，但也要重视通过索引思维和方法，提高数据的可利用性。有一个很好的例子，中国人民大学一位新闻系教授在数字人文大会上讲道，世界杯足球赛可用 10 个 AI 来写新闻报道，因为 AI 可以从不同角度，精确地计算出球员射门的角度、距离、时间、站位分布等情况，并直接写出精彩的现场新闻报道。所以类似这种简单的劳动，机器已经能够很好地取代人，人类应该更多地参与到创造性劳动中去。索引就是创造性劳动，索引做好以后，AI 可以轻松应用工作成果，就像阿尔法围棋（AlphaGo），它可以通过分析成千上万的围棋布局，得出最合理的下法，但是如果基础数据是混乱的、错误的，那么技术逻辑上就会出现很大的问题。

　　国内数字人文建设最大的问题是缺乏规范的核心数据，这是我们图书馆信息化发展、数字人文普及发展的瓶颈。因此，图书馆应该把基础的数据建设做好，尤其是将书目数据的规范档建设好，以强大、有效的数字资源，开创人文研究的新领域。

嵌入学科的数字人文研究

过去十年，上海交通大学进行了大规模的民间文献搜集整理和数据库建设，我有幸参与了整个过程。这十年也是中文学术界数字人文研究发展特别迅猛的阶段。所以我们在数据库建设的过程中，也会思考这些经验如何参与、回应中文学术界对数字人文研究的方法论讨论。

在讨论数字人文研究的方法论及其与学科发展的关系之前，我想先和大家分享一个观察指标。众所周知，国家社科基金项目的申报、评审是国内人文社会科学研究的一个风向标。相对于论文发表来说，其学术评判的口味更稳定一些，也意味着更保守一些。检索过去十年国家社科基金的中标项目，事实上直到 2017 年之后，包含"数字人文"主题的课题立项才呈现增长趋势。相比之下，"数字人文"主题的中文论文早在 2009 年已有发表，在 2012 年之后就已经呈现出显著的增长趋势。也就是说，数字人文作为一个新研究议题，在体制性的中国学术研究中获得"合法性"，远远晚于这一概念引入中文学术界。

与此同时我们还能注意到，新文科在 2020 年之后成为体制性的人文社科研究中的热门话题。这当然是因为教育部提出了"新文科"的倡议。不过，现在研究者之间并未形成稳定的共识，能够清楚地解释新文科到底要建设什么。对于数字人文与新文科建设，南京大学历史学院王涛教授的观点可

以给予我们一些启发。他认为：

> 新文科丰富了数字人文的范畴，而数字人文是新文科建设方针的落实。在新文科建设方针的指引下，高校的文科人才培养体系虽然要打通不同学科之间的壁垒，但依然需要强调学科的专业性，正如许多专家强调新文科之"文"的特质一样。这跟数字人文虽然推崇跨界的创新，但依然需要具备针对性的专业问题并无二致。①

我引用王涛教授的观点，有两层意思：第一，虽然数字人文在中国学术界的开展已经有至少十年的时间，但要被人文学科领域普遍接受或理解，还有很长的路要走；第二，虽然数字人文高度鼓励并且需要跨专业、跨领域合作，但在国内现行的一级学科制度之下，数字人文一定要和某个特定的学科结合，才有可能发挥它的力量，作为一个独立的研究领域的挑战很大。如果我们将数字人文理解为嵌入相关人文学科的研究方法、研究视角的话，数字人文对于这些学科的发展意味着什么？在这种情况下，数字人文作为一种研究方法、研究理念，它的发展动力在哪里，可能的途径又有哪些？

这里可能有四个层面的内容需要我们去思考和实践。第一，在不同的学科话语的体系中论述数字人文方法论的价值。第二，在各个既有学科的教学科研体系中嵌入数字人文的内容。第三，数字人文研究应当能够对每个学科的核心提问有所推进或改变。第四，数字人文的项目能够在更广泛意义上的学术共同体中获得公开的、合理的评价。最后一点是对第一点的回应。

第一，以历史学为例，数字人文没有改变历史学研究对象，也没有改变历史学的研究方法，但是改变了历史学的研究环境。近几年，数据库建设的数量大大增长，意味着我们面对史料和处理史料的方法论是在演进的。历史学的学者也在提出相关的讨论。2017 年，申斌、杨培娜对数字原生数据作为史料的可能性提出了构想："我们将面对着大量数字原生数据（born-

---

① 王涛：《从人才培养看数字人文对新文科的引领》，《中国社会科学报》2020 年 8 月 28 日。

digital data），而网络成为信息保存与传播的主要介质（这可能是未来主要的史料形态），我们要致力于探讨的社会事实首先可能表现为虚拟现实（virtual reality），历史学方法论将会有一场根本性变革。"① 最近我们则是从史料数据库建设如何影响史料理解的角度来讨论这个问题。也就是说，史料数据库的 metadata 设计，要以史料学或文献学为前提，把图书馆学规范和历史学中对于某一类型史料的结构性理解结合起来。②

第二，研究者越来越容易去使用各种各样的分析工具。人文学者要参与数字人文研究，肯定要学习各种数字工具，如 ArcGIS、R 语言、Gephi 或者 Python。这对于人文学者来说的确存在门槛。最近几年，很多机构在建设新平台以降低甚至抹平这个门槛，比如说莱顿大学的 Markus、台湾大学的 DocuSky、德国马普学会科学史研究所的 CHMAP，以及上海图书馆的历史人文大数据平台，这些都是很积极的变化。

第三，关于人文学科学生的培养。在人文学科的教学体系当中，下一代的学生要能够掌握数字人文的方法论、价值观以及具体的工具。在历史学领域，南京大学的王涛、陈静已经在历史学院开设了好几年的数字人文课程；上海师范大学蒋杰、王贺等人的团队一直在面向文史专业学生开设数字人文课程；中国人民大学的胡恒、萧凌波也在历史学院开设了数字人文课程。上海交通大学人文学院历史系从 2020 年秋季学期开始，也开设了一门面向研究生的数字人文课程。这些课程都强调实战，以几种常用的数字工具为基础，结合人文学科学生的研究需求，提供有针对性的训练。

数字人文的教学培养也应当包括方法论的内容。方法论有三部分内容。第一，如何将非结构化的文本结构化。人文学科处理的是一些以人类活动为

---

① 申斌、杨培娜：《数字技术与史学观念——中国历史数据库与史学理念方法关系探析》，《史学理论研究》2017 年第 2 期。

② Siyuan Zhao, Meng Tang, Yi Sun, " Digital Projects of Chinese Historical Local Private Documents：Database Development and Exploring of Text Mining", *Library Trends*, 2020, 69（1）, pp.164-176.

基础的特异性的内容，若要使用分析工具，就要把这些特异性的内容结构化，嵌入数据分析的框架中，设计有针对性的元数据方案。第二，如何从描述性资料中提取量化的数据进行统计分析。研究者要有文献学、历史学素养，应该学会如何把文献和现有技术结合起来。有些量化研究直接抓取数据，而不顾材料本身的脉络，这种研究饱受批评，并不可取。第三，学生应该先明确研究题目、研究材料，接着探索适用的分析工具，基于特定的分析工具，进一步设计专属数据库、数据集，再设计分析结构。

第四，也是最后一点，在教育部社会科学司 2020 年的工作要点中，新文科建设涉及文科实验室的建设，但是文科实验室应该怎么建或者建什么，学界尚未达成共识。也许以此为契机，可以将过往所积累的一些方法论或者具体的可操作性的内容，和新政策整合在一起。

数字人文的推进要嵌入具体的学科中，在这个基础上可以以更多元的形式去协作。没有任何一个人文学科的学者可以同时掌握数字人文的所有内容，所以一定需要一个学科间的合作框架。这也意味着数字人文可以提供给校内的不同部门或专业，比如图书馆或者是具体院系，甚至其他机构，一个更多元、更具有弹性的整合的可能性。

数字人文还存在一些有待回答的问题。第一，数字人文的相关研究很多，但是否真正推动了某个具体学科的原创性研究，是不是能够击中学科的核心提问？第二，每个学科有自己的话语体系，数字人文的工作方法能否在不同学科的话语体系中都得到理解？这其实需要一个不同话语体系之间"翻译"的工作。历史学者的数字人文基础相对好一点，但要让更多的历史学者理解数字人文是一种什么样的工作也并不轻松。所以"翻译"的工作是必需的，而"翻译"的工作要怎么开展，还需要相关的探索。这是另一个有待回答的问题。

历史学研究者的数字人文发展需求和期望

受访者 赵思渊*

采访者 叶　湄　石声伟

问：赵老师，您好。我们的采访主要想了解，作为历史学者，您对数字人文技术与研究的学术热潮有什么感受和看法。首先能否请您谈谈您最常用的一些数据库、数字工具或者访问的网站？

赵思渊：我觉得分两种情况：一种是作为历史学者，查资料使用的数据库；另一种基于你的某个具体研究题目去做分析时所使用的工具，这可能是不一样的。例如查资料，我经常使用的爱如生中国基本古籍库和上海交通大学地方历史文献数据库就能满足我的需求。但是如果要基于我自己整理的研究资料去做分析或者做数据化的处理，那可能我会用其他的工具，例如Gephi 或者 ArcGIS。

问：您所使用的工具是学者常用的工具吗？

赵思渊：我估计常用的是少数人。这些工具对历史学家来说是有学习门槛的，愿意学习、愿意花时间去学的人相对较少。但是可能对"90后"或

＊ 赵思渊，上海交通大学人文学院副教授。

者"00 后"来说，门槛会越来越低。

问：您觉得现有的数据库、工具等能否满足您的科研需求？有什么问题或者不足？

赵思渊：像中国基本古籍库这类数据库，只能基本满足查资料的功能。后来上海交通大学建设地方历史文献数据库的时候，我们要求技术人员在数据库中增加一些分析工具。分析工具是好用的，问题在于它的封闭性。比如我和软件公司合作，我基于自己的经验告诉对方，这一类的资料能做什么样的研究，它应该提供什么样的服务。但是我的经验是有限的，也有可能别人的需求在一个数据库里是实现不了的。所以说它是封闭性的，而且它很难迭代，很难在已经建好的数据库里添加新的功能。

问：您认为什么是新文科？有什么特点？您所了解的本学科领域在新文科建设方面的成果有哪些？

赵思渊：我认为新文科建设反而不太看重新技术层面，技术总会更新迭代。例如我们看大学教学方式的发展，多媒体教室的普及也不过是最近 20 年的事情。这一类的变化算不算新文科呢？也许是，也许不是。现在对比过去还面临不一样的问题，我们今天处于不同的教学环境，不是具体的技术的进步，而是学生获取知识的方法和方式在变化，实际的教学环境在发生变化。老师在课堂上讲授的知识点，学生不是只有听老师讲才知道，学生有很多获取知识的途径。

我们有新的研究和教学需求，现在文史哲专业的毕业生要从事什么工作，我们应该替学生着想。现在做的事情跟原来很不一样，原来文博机构的工作内容是整理藏品和策划展览，现在策划展览需要有进行数字化工作的能力，所需要的不再仅仅是传统的整理藏品的工作技能和知识体系。这就意味着在教学课程中需要增加新的知识。

历史老师也会面临这样的问题，老师要教给学生什么知识，或者老师如何教学。今天需要人文学科去解释和研究的社会事实在发生翻天覆地的变化。传统历史学家研究的是历史上遗存的史料，但是 20 年之后，历史学家研究的遗存史料是什么？例如微博、抖音的这些数据要如何研究？如何用历史学家的方法去研究它们？哲学、文学都有同样的问题。人文学者有责任去处理这些社会事实与新资料。

问：您希望通过数字人文的研究团队，或者学校层面的数字人文组织为人文学者解决哪些问题？

赵思渊：第一，希望能够给专业学者提供工具上的支持或者是工具性的知识，因为不能要求专业学者什么工具都会；第二，数据制作的问题，帮助学者制作他所需要的标准化数据。

问：在历史学领域，其他学者对数字人文有何看法？

赵思渊：要理解数字人文，需要具备一线作业的经验，包括承担一项很完整的把一组史料变成数据库的工作，至少掌握一种分析工具。如果只是检索史料，或者针对检索史料遇到的问题做讨论，那与数字人文没有关系。

问：您心目中的数字人文是什么？

赵思渊：数字人文在历史学领域，极大地改变了我们的研究环境。对于史料整理来说，很重要的变化是按照一定的变量，结构化地处理史料。在这种条件下，研究的第一步是先通过文本的结构化和量化来思考一组史料中的结构性特征是什么，然后对结构性特征进行提问。如果只是系统性地阅读史料，则更有可能是从一组史料当中看到某一条或者两条特异性的指标，然后根据特异性指标去寻找与它有关联性的知识。这是不一样的工作方法，我觉得这才是数字能带给我们的差异性。

数字人文的发展一定是开放性的，大家都愿意开放资料，建设开放性的研究平台，这是最重要的。但是这的确有很多实际的困难，比如整理资料本身是件成本非常高的事情。另外，我们目前的科研体制主要还是项目制，项目做完经费使用完，数据库建设或研究平台就很难继续维持。另外我们目前的审计制度对于劳务费的比例控制过低——尽管已经有很大改善——实际上数据库建设最大的支出就是人力投入。

问：人文学者能否为数字人文技术提供指导？

赵思渊：人文学者能够提供的贡献可能在于如何理解数据。对于一般的理工科来说，数据是均质化的。但是所有人文学科学者在面对数据时，都会思考数据背后的性质或背后的故事。当思考这些的时候，数据就不是均质化的。思考数字背后的性质是人文学科应该做的事情。大数据会隐去很多东西，人文学科就是要把隐去的东西找出来。所有以人为来源的数据没有任何一个是均质的，因为每个人都是不一样的。人文学者会促使工程师去面对这个问题，至少要理解或者知道在哪些场景下，要设置什么样的新变量，来凸显数据中的不均匀的部分。

历史学视角下的数字人文应用与学科建设

受访者 吴　滔[*]

采访者 石声伟

问：吴老师，您好。您能不能先向我们介绍下您的研究领域和研究课题？您的研究课题和数字人文联系紧密吗？

吴滔：我的主要研究领域包括社会经济史以及历史地理，这两个领域和数字人文还是有很大关联的。早期社会经济史研究，特别注重在定性研究之外开展定量研究。我硕士学位论文选题是《明清苏松地区仓储制度研究》，其中涉及大量的常平仓、社仓和义仓的基本运营情况，我需要把从方志或者其他历史文献当中摘取出的大量数据转换成表格形式，进行相关分析和回归分析来开展一些研究。历史地理与数字人文的联系就更加紧密了。现在复旦大学历史地理研究中心建立的中国历史地理信息系统（CHGIS）其实就是一项把传统地图数据化的工程，我在复旦大学历史地理研究中心求学过程中也或多或少受到了这个项目的影响。

也正是因为这样的影响，我在 2017 年的时候申请了国家社科基金重大项目"明代价格研究与数据库建设"，该课题的目的是对明代的价格数据进行一次全面的整理和收集，并在此基础上形成一个明代价格研究的数据库。

---

* 吴滔，中山大学历史学系（珠海）教授。

课题难度比较高，因为明代的价格不像清代的价格那么成序列。清代有专门的粮价奏报制度，但明代没有，明代留下的数据很多都是灾荒价，或者是财政折价。灾荒价是自然灾害暴发后的粮食售卖价格，而财政折价是政府购买一些物品，或者政府把一些实物折成白银的过程中形成的价格。财政折价跟市场价有一定的联系，但是其中有很多内容需要在大量制度史研究的基础上进行转换。此外清代有逐年甚至逐月的数据库，但明代数据库达不到这样的精度，不过明代度量衡相对统一，不像宋代以前那样混乱。度量衡统一以后，建设明代价格数据库的难度也就降低了。

数据库建设过程中有两点比较重要：第一是数据的原真性，无论是灾荒价、财政折价还是其他类型的价格数据，都要保证其原始性和真实性；第二是可统计性，要能够跟市场价格进行还原回归，这个是有相当难度的。我现在也在探索一些可操作的技术和方案，目前有两个思路：一个思路是把财政折价产生的机制和市场价格的关系找出来，这样的话就能够尽量接近市场价格；另一个思路是如果找不到这种关系，就依靠结构性的价格数据来进行还原，比如税官征税的时候，针对的不是一种商品，而是很多种商品。在这种情况下，很多种商品之间可能会有一个结构性或者比例性的关系，我们再通过结构性或比例性的关系，用一两种商品的价格来求得记录相对贫乏的这些价格数据，在这个基础上来实现一种价格数据的可统计性。

总体来讲，现有数据库其实可分成两类：一类是典藏检索类数据库，就是通过字码识别提供全文内容，像中国基本古籍库、四库全书这种；另一类是量化分析的数据库，例如人口调查、粮价以及科举提名等数据库。我们则希望在此基础上，建立一种践行数字人文理念的数据库，它不仅仅是一个可供检索或者专题量化分析的数据库，还能够进行文本分析，在建立元数据的时候，要能够识别出一些有可能包含价格信息的关键词，进行词频分析、文本分析，提供一种新的人文学科的研究方式。

问：其实在历史地理学研究中，研究者都要和地理信息系统（GIS）打交道，所以数字人文在历史地理研究中比较常见。但是如果做宋代或者宋代以前的历史研究，资料总量少，检索、获取又有难度，进行文本分析难度大，信息揭示也不够全面，数字人文方法并不能产生太大的影响。但是在明清历史研究中，数字人文的作用就很明显了。所以我们能不能说，数字人文对于数据量比较大、史料比较多的朝代或者是课题研究作用会更大，对于上古史或者中古史研究反而没有太明显的作用？

吴滔：是存在着这样的问题，例如做明清以前的数据库，可能我们更多时候还是在做一个专题量化的数据库，目的性和指向性非常明确。对于不同的文本和不同的语境下产生的数据，它能保证数据的原真性，但是可统计性确实会受到资料的限制。明代有白银作为价值尺度的标准，建设难度相对较低，清代以后可能就更好一些。

问：数字人文更多是在强调新技术的开发应用，但是我们历史学研究者还在接受传统的史学训练。在未来，特别是人工智能发展的情况下，我们该怎样保持我们历史学者的核心竞争力？

吴滔：昨天有一位地理与规划学院的老师跟我讲了一个事例，他说从传统来讲，地理信息系统并不是他们研究的主要内容，但是这些年来地理信息系统研究已经成了他们学科研究的主流，甚至是他们的主要研究方向。他已经开始思考地理信息系统对地理学科的发展是不是真正有利，可能因为展开地理信息系统研究以后，地理学科原有的研究主题都被冲淡了。地理信息系统成为发表论文的"敲门砖"，但是这也会让他们的学科丢掉根本，呈现一种越来越简单化、越来越单一化的趋势。历史学也要保持警惕，虽然历史学发展数字人文是大势所趋，但是我们也要考虑到它对学科本身的冲击。

目前来讲，对于个体的学者，更多的还是应该严守史学家法，把研究做好。但与此同时，我希望通过一些团队的合作，通过一些专题研究的驱动，能够把一些重大问题或者需要运用一些大数据进行分析的专题，利用数字人文的技术去处理好，所以从历史学者角度来讲，我们还是很希望能够把传统和创新很好地结合在一起。

问：我们也注意到，现有数据库在方便研究者获取史料的同时，也会导致研究者忽视材料的精读。您如何看待这个问题？

吴滔：我也会用爱如生数据检索系统进行检索，但是这个检索，一般是作为我精读史料之后的一个补充。我在做研究的时候，往往是在对基本史料进行充分研读以后，形成一些线索和一些关键词群，再利用关键词群在大型数据库中进行检索，以防有遗漏。这其实是起到一个查漏补缺的作用。如果是基于一些专题用这种方法做研究，那这种做法是很危险的。

不过我确实用过检索数据库去做研究，我曾经写过一篇明代户帖的文章（《百姓日用而不知：明洪武十四年后户帖的流传》，《历史教学》2010 年第12 期），其实就是我在读材料的时候找到了几条特别关键的材料，觉得能够对明代的户帖进行重新研究，但是那几条材料还远远不够，所以就用了爱如生数据库，主要是其中的"中国基本古籍库"，来进行相关的检索。检索以后我确实发现了一些我以前没注意到的情况，也对我的研究起到了很大的帮助。但是尽管用到的检索出的材料所占比例比较大，仍然算是查漏补缺。

问：因为宋代以前的史料，很多数据库基本上是全部收录了，所以大家就会很容易通过关键词来确定需要做什么课题。

吴滔：这就是两种研究取向，一种是通过关键词进行专题的研究，一种是不脱离文本的语境做一些更细致的分析，我更倾向于后者。因为前者的话，很可能是概念先行，或者是有一些预设，这样不会很容易发现新问题。我觉得学者应该自觉地在研究的准备阶段避免过多的预设，更多地通过一些基本史料的阅读来获取基本的认识，在这个基础上再开展研究，这可能更符合传统史学的研究模式，同时也可以引入最新的研究手段，突破传统史学在资料搜集上的缺失。

问：吴老师您觉得我们需要成立一个机构来集合资源，推动各学科研究发展吗？

吴滔：我觉得非常必要。现在的思路是以图书馆作为一个枢纽来进行数字人文中心建设，这个思路是非常正确的。我们人文学科最主要的研究素材就是文献，图书馆收藏了大量的文献，任何一个院系或团队都无法做到像图书馆那样广泛地搜集、收藏文献。在这种情况下，图书馆完成一些数字人文的基础工作是非常重要的，有利于学科交叉，也有利于全校各种学科文献的整合，能够推动人文学科的整体发展。

问：假如图书馆成立了数字人文中心，除了文献资源以外，还需要做到哪些工作？或者它需要再提供哪些内容？

吴滔：首先，图书馆有优势，它可以雇用大量的技术人员，这一点院系是做不到的。其次，图书馆要抓住一些核心的研究领域，不能成为松散的数字人文中心，要广泛地吸收各领域、各学科的学者、研究者，把他们聚合起来，这样才能建好数字人文中心。数字人文中心的建设不能局限于人文学科本身，尽管它的服务对象仍以人文学科为主，但建设过程中必须依靠理工类的相关学科来支撑，提供技术服务，要有人有这样的兴趣。举一个例子，台湾大学的项洁老师，他一开始是理工科老师，但在台湾大学的数字人文实践中，起到了核心作用。我们完全可以借鉴既有的成功模式来做。这并不代表数字人文中心的建立必须通过技术专家的指导才能做好，很多情况下我们人文学者更多是在提供需求，具体操作中必须实现文理交融。

问：其实主要问题就在于很难苛求一个学者既懂数字技术，又懂人文，更多可能是需要人文学者和技术专家一起合作来推动数字人文的发展。

吴滔：其实学校文科处也可以设立一些数字人文类的专项课题，通过自上而下的推动尝试开展合作，这对于数字人文发展是很重要的。因为数字人文要有经费投入，要有基础材料的输入整理，这些工作单凭技术人员也不能很好地完成，它也需要相关的理念以及人工的配合。所以我觉得如果真的要建立数字人文中心的话，可以先在相关的学科设置一些实验性的课题，立项推进成为数字人文中心的第一批成果，这样就会吸引到一些学者，让他们把自己觉得有意思，值得研究的东西具体实践起来。如果很多设计只是停留在理念的层面，可能永远都形成不了那张"饼"。我们要把这个"饼"做出来。

问：接下来一个问题是关于徽州文书数据库建设。目前我们正在进行徽州文书的扫描，计划建设徽州文书的数据库。在您看来，这个数据库应该具备什么样的功能？

吴滔：这批徽州文书里大部分都是契约文书，其特色在于归户性。但归户性只是将它归入某个家庭或家族中，而文书具有的时空上的属性，如果没有数据库，可能就很难体现出来，所以数据库好处之一就在于能够体现时空属性，这些契约所对应的空间、时间的序列，都可以通过建立数据库的方式呈现出来。契约中一些具体的俗例、度量衡，包括除归户性之外的更大的社会网络，是我们人眼和人脑都没有办法去探知和处理的，只能通过机器、数据库等呈现出来。通过识别内容就能产生更大的能量。因为徽州文书是相对成系统的，且数量庞大，将能够支撑传统的明清社会经济史研究，甚至是宋元社会经济史研究。

不过现在也存在问题，即徽州文书是由多家单位进行收藏的，可能不同的收藏单位中的徽州文书之间是存在关联性的。所以数据库建设工作可能不是中山大学一所学校来做。刘志伟老师希望中国社会科学院历史研究所能够采取中山大学的模式进行馆藏徽州文书的整理，这样就可以和中山大学的数据进行对接，将会产生更多研究上的可能性。我也希望几家大的徽州文书收藏机构能够实现资源共享，能够用相同的理念来进行整理，这样才能够产生更好的学术效果。

问：现在感觉数字人文这种数字技术的应用可能更多是一种工具性的应用，它对于历史问题的产生好像没有表现出多么大的冲击力或者说是作用力。

吴滔：这件事我也有一个谨慎而保守的看法。一开始不要有过强的目的性，我们进行这项工作的目的之一就是保证我们不在潮流中落伍。另外，我们也不能过于激进，觉得它一定会带来革命。我们要尝试跟随这个趋势去做研究，但能否带来革命，就要拭目以待。我相信以徽州文书为例，它的数字化其实能够真正地把大数据放到某一特定的时空框架下，来进行一些人脑无法处理的关联性的挖掘，这项工作一定能冲击既有的研究。

这种大数据的关联性分析，还包括人工智能，它在未来一定会对史学和人文社会科学研究形成冲击。这种冲击不仅仅是一种呈现和展示，而且具有划时代意义。虽然数字人文最初的阐释和表达都是一种呈现和展示，就是把文献资料变成图像或是将其数字化。我们曾经认为可视化和可检索化才是数字人文建设的目标，但是数字人文真正的理念就是进行文本挖掘、数据挖掘和文本分析。所以徽州文书的文本挖掘、数据挖掘和文本分析，要努力达到推动历史学变革这样一种可能性和精度。

问：现在新文科也很热门，教育部在提，中山大学也在响应和规划新文科建设。作为文科院系的主任，您觉得什么是新文科？我们接下来应该怎样建设这个新文科？

吴滔：我觉得新文科首先要有交叉，因为传统的学科进行到现在，可能已经形成思维定式了，如果不接触一些相邻的学科的思想，传统学科就会遇到发展上的瓶颈。比如我们历史学系的历史人类学方向，就是将历史学和人类学，还有民俗学等这一类相邻学科进行了很好的结合，这也是大势所趋。但是新文科在发展的过程中也要坚守学科本位，因为我们现在无论在研究方法上还是在评价体系和人才培养上都强调学科本身，我们已经形成了中国特色学科体系。在这种情况下，我们会自觉或不自觉地强调学科本位。

在新文科的发展过程中，我认为最好的当然是专题性的学科交叉，此外还有学科交叉与合作，以及借鉴其他学科的一些研究方法或者研究技术手段，来为本学科服务。当然，仁者见仁，智者见智，并不是所有的学者对于新文科都有统一的认识，可能有的学者就觉得应该打破学科壁垒，实现全面交融。

我现在也不能准确定义新文科，但是它代表着学科发展的逻辑。我昨天也提到了学科的发展，其实学科建立之初，是希望学科研究的对象相对比较明确，学科的性质相对有共识，但是到了一定程度的时候，学科的研究对象就会扩大，研究性质可能也会发生转变，在这种情况下，原有的学科边界必定会被打破。可能某个学科原本不关注的领域，未来会成为该学科的主流。在这种情况下，我们需要因时而变，不能抱残守缺。

总体来讲，新文科应该是对文科既有研究方式的提升。20 世纪中国学术发展史，也是从四部到七科的演变过程。现在看来这种演变其实还是按照西方的标准来转变的，很多四部之学的精华，在七科的转变过程中被抛弃了。比如传统的经学，现在就无法归类，归入哲学、史学、文学似乎都不恰当。现在的人才培养，包括学术研究，反而还要找回四部体系。这就给我们的新文科带来了一定的挑战。我们现在的学科面对新文科的发展契机，可能也要从四部到七科的转变当中吸取一些经验教训。

问：刚才您提到人才培养的问题，历史学系会考虑面向本科生或者研究生开设一些数字人文方面的课程吗？

吴滔：还是要看现有师资力量。我们中山大学两个历史学系都在尝试做一些数字人文的课题，但是现在还没有形成一个专门的体系。我们希望未来能够开设这类课程，但我们需要专业教师。目前我们系在研究生课程中进行了尝试，李大海老师和地理学院的部分老师开设了一门研究生的课程，主题是关于数字人文的，但是还处在试验过程中，也没有拓展至本科课程。我注意到很多大学近年来都开设了这类课程，或者做了类似研究，我觉得可以在未来的人才引进和人才培养上，有意识地增加相关投入。我认为以后我们的本科课程体系，包括研究生的课程体系，都应该有数字人文的课程。

以前谢湜老师也特意安排了几个学生到地理科学与规划学院去学习，比如说欧阳琳浩和张子健，他们做历史地理研究，就可以到地理科学与规划学院学习相关知识。然而把数字人文融入本科或者研究生课程中，作为一个整体培养，目前我们还很难做到。但是我觉得在本科阶段开设一门这样的课程是非常有必要的，课程无须过于深入，但要教给学生一些理念和方法。

问：您能谈一下您对珠海中山大学历史学系未来 5 年发展的规划和思考吗？

吴滔：主要还是计划多开展一些与数字人文相关的研究。中山大学的历史地理学科从无到有，经过了 10 多年的发展，我们也想在珠海校区开展历史地理信息系统课程的建设，进行文科实验室运行的尝试。其中一个想法，就是以历史地理信息系统为基础，建设一个数字人文的研究实验室，这是我们一直想去做的。还有一个想法就是建立一个科技史实验室，通过对金属、纺织物等进行分析和研究，突破目前科技史研究以文献为主的传统研究路径。尽管两者看起来差别很大，实际上二者都是通过不同学科之间的交融与合作，来使历史学的未来发展具备更多的可能性。

工科学者在数字人文建设中的角色

受访者　吴维刚[*]

采访者　韩　宇　司徒俊峰　梁益铭

问：吴老师，您好。您可以简要介绍一下您的研究领域与研究课题吗？

吴维刚：我是计算机学院的，主要从事云计算与并行分布式处理方面的研究。跟文科有点相关的是做大数据分析方面的工作，主要跟应用相关，例如医学健康数据、政府相关数据的处理技术以及基本应用。

问：能否谈一下您最常用的一些数据库、数字工具或者访问的一些网站？

吴维刚：我常用的就是与我们的研究相关的计算机学科类数据库和综合性数据库，包括 IEEE、ACM、Springer 和 Elsevier。现在基本上也用到一些中文数据库，主要是中国知网。

问：您觉得现在的数据库工具能否满足您的科研需求？有什么问题或者不足？

---

[*] 吴维刚，中山大学数据科学与计算机学院教授。

吴维刚：我会用一些学术搜索引擎，如 Google Scholar 和 Microsoft Academic。还有一些比较特殊的数据库，比如 DBLP，它也是专门的计算机学科数据库，可以搜索学者个人发表科研成果的情况。实际上所有这些数据库里的论文内容是一样的，全文来源主要是上述四个数据库，即 IEEE、ACM、Springer 和 Elsevier。

问：您在研究过程中有接触过数字人文或从事相关的研究吗？

吴维刚：我不是很确定数字人文的含义，大概知道它是数字技术与人文学科进行交叉。我从事数字方面的研究和工作，有些数据分析可能会涉及人文领域，例如对政务数据的分析涉及政府管理机制，不是我理解中的狭义的人文，只是涉及公共管理、政务等相关领域。我在与社会学和信息学方面的学者合作时，他们会提供一些人文方面的知识，也会接触相关研究。

问：我觉得我们可能对数字人文的理解不一样，其实社会学一直都用这些工具来做研究，他们以前使用调查问卷，现在基本上用后台的大数据，这是数字人文吗？

吴维刚：这要取决于个人理解，我也在思考这个问题。我觉得我理解的数字人文大概有三个方面。一是最直接的内容数字化，把文献变成数字表现或者存储的形式，属于实体数字化。这是最基本的方面，也应该是最早开始做的。二是技能或者工艺数字化，属于生产或者工作过程数字化。例如使用数字技术编辑处理电影，很多美国动画片都采用数字化技术制作，用数字化技术取代原来的手工绘画。三是用数字化技术、人工智能技术做研究，属于研究数字化。比如传播学领域的舆情分析，可以采用数据挖掘、机器学习的方法做舆情监控。与前两个方面相比，研究数字化还没有成熟的方法和路径，需要研究者自己进行探索。很多文科问题都可以用人工智能技术研究，甚至文学领域的写文章、作诗都可以用人工智能技术实现。人文研究过程采用数字化技术和手段，可能会产生一些新的成果。

问：作为偏技术背景的研究者，您会主动去接触数字人文吗？

吴维刚：这取决于怎么理解主动，比如有一个项目，第三方的项目需求决定我们须与文科学者合作完成，这是项目的任务。例如，中山大学计算机学院的老师与新闻传播学院、信息管理学院老师合作开展微信传播过程分析，建立传播过程模型，这些就是研究手段的数字化。很难判断这些研究是不是主动的。但是如果数字人文确实是客观存在的交叉领域，就会有老师主动研究，例如计算机学院老师主动做社交网络分析。因为这涉及很多互联网公司的商业利益，所以他们会驱动相关研究的发展。最早是做情感分析，比如电商评价，用机器学习技术分析所有评价中好评、中评、差评的数量，给出整体的情感判断。以前只能简单地判断文本传递的情绪，现在慢慢地理解文字，实现智能问答。

问：上海图书馆的陈涛老师在会议发言中介绍了一些技术，你们之前有接触过他说的那些技术吗？

吴维刚：陈涛老师说的 R 语言、SPSS 等更接近基本的统计应用工具，计算机学科的老师知道但较少使用。不过我们也在用 Python 做数据挖掘分析模型等。在学科发展的过程中，人文学科可能越来越偏技术，技术能力越来越强，计算机学科也在向应用的、简易化的方向发展。以前计算机学科使用的工具与人文学科使用的工具可能差异很大，现在慢慢地趋于一致，Python 就是例子。当然它不能代表全部，但至少是一个迹象。以前人文学科用 R 语言，我们根本不用 R 语言，我们用 Java、C、C++，学科差异比较显著，现在大家都使用 Python。

问：您认为什么是新文科？新文科有什么特点？

吴维刚：我理解的新文科是信息化技术与文科的结合，更多的是用信息化技术去服务、支撑或者改造文科的研究方法。

问：如果学校成立一个数字人文中心，您最希望通过该中心获得哪些服务和资源？

吴维刚：因为在新文科的概念里面我们工科主要起支撑作用，所以不是我们希望获得哪些资源，而是我们能为数字人文中心做什么贡献。工科肯定是参与者的身份、支撑者的身份，为数字人文中心提供相关技术支撑。

问：您认为数字人文中心的组织架构应该是什么样的？应该具备哪些主要功能？

吴维刚：数字人文中心至少应该有工科的人参与，确切来讲应该有计算机领域、信息学科的学者参与才可能做得好。实际上人工智能、大数据基本上跟每个学科都会有交叉，但是如果没有这方面的专业人员，就不那么容易做得好，特别是从研究的角度。当然，很多基本工具已经比较成熟了，有些人文学者也懂 R 语言、Python，会使用很多工具，可以独立完成研究。但是，如果建设新文科，那就不只是简单地用数字化工具做统计分析，而是要有更高的要求，需要有计算机背景的人员。因此，数字人文中心肯定还是需要不同专业的人才，就像北京大学数字人文研究中心一样。

问：您希望哪些方面的学术资源及时被纳入数字人文建设规划日程中？在数字人文背景下，本学科领域如何创新性地发展新文科？

吴维刚：其实我对这两个问题的理解差不多，或者说我能理解的就是资源方面。我不太了解文科的情况，但是有些学术资源，包括各种各样的文献、数字资源，它们不是免费的，数字人文建设要考虑资源的开放程度。我个人的理解是这种数据平台很难会直接开放，其他学科如计算机学科或者是政务数据，由于各种原因一般不会开放。文献资料数字化后是不是可以共享是很重要的因素，如果人文学科的资料都是共享的，这就不是问题了，如果不是共享的就会有很大的问题。中山大学的研究数据存储在数字人文中心，不太可能直接开放共享，需要制定开放共享的机制，例如，以收费的方式或者有限共享，或者授权给合作项目组。

问：您在研究过程中会产生科学研究的数据吗？

吴维刚：我们在研究过程中会产生数据，最简单的是服务器运行本身会产生的日志数据，可能对文科来讲没有研究价值，但对我们是有研究价值的，我们要用它去分析机器的运行状况等。

问：你们分析完之后对别人还有价值吗？

吴维刚：一定有价值，我们也有很多公开的数据集，腾讯、阿里也会公开有关数据中心运维状况的数据集，这些日志信息可以贡献给学术界或者整个产业界，大家都可以去研究。例如，可以研究新技术或新方法来提高资源的使用效率，也可以做预测。这些数据集都可以重复用，变成研究素材。

问：我们学校有类似的共享平台吗？

吴维刚：我们好像没有这方面的平台。在医学方面，学校一直想建设精准医学中心，把数据分享出来，但是非常难。因为这些数据是属于医院的，甚至有些数据属于某个老师、某个医生，所以必须有成熟的机制让大家能够自由访问数据，不一定要共享，可以采取有偿使用的方式。从数据的角度来讲，数字人文中心不一定提供数据，数据属于各个团队或者机构，中心可以提供数据之外的平台，提供研究工具、研究技术、研究机会。比如平台上有机器学习的方法，或者专门研究机器学习的学者，大家可以进行合作，就是你有数据，我会机器学习的算法，那我们可以在这个平台上合作。这是比较可行的机制，中心提供技术资源或者人力资源，而不一定提供数据资源。中心提供数据的存储平台，学者依托平台做研究，也可以跟其他学者做合作研究、交叉研究，这些都不影响数据的所有权和使用权。

问：计算机学科的老师如何存储自己的研究数据？假如学校有一个平台，你们会愿意把研究数据贡献出来吗？

吴维刚：我们学科很多老师有自己的研究数据。有的老师跟政府某个部门有合作，就会有一部分这方面的数据，跟某个公司有合作，就会有一部分这个公司的数据，还有的老师可能跟医院有合作，就会有一部分医院的数据。学校的平台只能提供空间帮助老师存储数据，数据所有权仍归老师所有，不能贡献给平台。共享会有很多的问题、很大的困难。如果只是提供系统、存储空间来存储数据，可以在老师愿意的前提下，提供给他人付费使用，但不是那么容易实现。最简单的就是提供计算资源、存储资源、数字技术、工具软件等，老师们就会有使用意愿，他们把数据上传，但是还掌握控制权，能决定数据公开与否，这样就没什么阻力了。

以学科融合为核心的新文科建设

受访者　郭奕鹏[*]

采访者　苏日娜

问：郭老师，您好。可否谈一下您对数字人文和新文科的认识与理解？

郭奕鹏：新文科的概念最早是 2017 年国外提出的，中国在 2018 年也提出了新文科。新文科很重要的一点是把传统的人文社会科学和新技术结合，实现文理交叉。新文科其实和新农科、新医科、新工科等都相关联，所以我觉得要梳理新文科和传统文科之间的关系，首先要明确新文科到底"新"在哪里，是哪种程度上的"新"，因为有时候为了追求时髦，很容易沦为为了"新"而"新"。因此我觉得要对新文科与新技术做界定，就是如何把新技术融入文科，实现文理交叉。

问：您了解本学科或您所在的学校新文科建设方面的成果吗？可否详细介绍一下？

郭奕鹏：从 2018 年新文科提出到现在，很多人对新文科的对象、范围以及方法论仍处于一个探索的过程。在这个过程中，我们可以看到新文科还

---

[*] 郭奕鹏，东莞理工学院马克思主义学院特聘教授。

是一个理念，所以目前我所了解到的是，还没有特别成熟的、公认的具体外化或者转化的成果。

新文科要实现传统人文社会科学和新技术的结合，需要考虑新文科提出的背景及其必要性。韦伯在《以学术为志业》的演讲中谈道：在现代社会，一个专家或者学者如果要做出一项别人认可的成就，就需要彻底的专业化。传统的人文社会科学在现代的学术分工体系之下，存在隔行如隔山的特点，学科界限非常明显，虽然大家在共同的课题下展开研究工作，但还是没有做到真正意义上的跨学科，新文科的提出就是试图打破以前的学科界限，进而真正实现学科的交叉和融合。

问：郭老师，您是怎么看待这种学科交叉和融合的情况的？

郭奕鹏：从学科意义上来说，我觉得学科融合非常有必要，在一定程度上可以说是新的上升。在近代或者说较早之前，人文学科之间不存在明显的界限，大概是近代以后才开始出现明显的学科区分。以前很多学者都是文理兼通的，甚至没有文理的区别，像历史上非常著名的哲学家笛卡尔同时也是数学家。

自然科学本身最初的含义是"知识"，所以从必要性来看，新文科的出发点是打破现代学术分工体系之下的学科壁垒，实现传统文科和新技术的发展融合。21世纪以来，技术发展日新月异，诸如人工智能、大数据、云计算等技术突飞猛进。这些技术既改变了社会的运作方式，也改变了人的思维方式。如果说人文社会科学的研究对象是人或者社会，当社会运作方式和人的思维方式改变，那么人文学科的研究方式肯定要做出相应的改变。

就此而言，如果人文社会科学没有和新技术结合，那么在一定程度上，研究可能会出现断层，从而无法洞察这个时代的现实。所以新文科和新技术的融合是大势所趋。

但另一方面，我们还需要反思新文科与传统人文社科之间的关系、与现代技术之间的关系。不厘清这些问题，很容易陷入新瓶装旧酒的俗套，即提出一个新概念，但依旧是老方法、老内容。厘清问题后，我们还需要思考新文科融合的具体途径，不能走向另一个极端，为融合而融合。马克思曾经说过：“一种科学只有在成功地运用数学时，才算达到了真正完善的地步。”① 新文科与数学、计算等原理的有机结合，才可能逐步成熟。

我最近在看数字人文和人工智能的相关资料，发现很多研究最后回归到计算机，它的本质还是一个数学的原理。

恩格斯也指出：“如果想在不能有数学确定性的事物中求得这种确定性，那就不得不流于荒唐或野蛮。”② 这句话其实是辩证的，一方面一门学科成熟确实需要数学为支撑，另一方面如果只是简单套用数学的模型，那也是一种野蛮行为。举个例子，像现代经济学，如果不懂数学几乎无法开展前沿的学术研究，但现在也逐步走向一个极端，有些问题实际不需要数学模型也可以解释清楚，但为彰显文章的前沿性，非要套模型或利用数字化解释，这就存在泛数学化的现象，纯粹为了显示“新”而“新”。

因此新文科需要处理好与新技术的关系。在某些领域，传统的文科方法可以满足研究需求，则不必为了彰显新文科的“新”，强行引入人工智能、云计算、大数据等技术，避免新文科偏离本质。就此而言，我觉得新文科关键的一点是做到“问题导向”。事实上，现实的问题总关涉不同的方面，单靠哲学、政治学或管理学的某个视角并不足以更好地解决问题，所以这个时候需要文理结合，并借助现代技术手段更有效地解决实际问题，根据问题挑选合适的解决方式、角度或技术。

与此同时，为避免新文科发展偏离本质，需要我们自觉设定界限。新文科表面看起来需要打破学科的界限，其实它自身又存在界限。这个界限就是要面对事情本身，不能把所有本身不是属于学科交叉的研究，或是不需要新技术参与的方向强行塞进“新文科”的名目之内，这会使新文科变成非常空洞的概念，从而损害这一学科的科学性。

问：您了解本学科领域开展数字人文的研究项目有哪些吗，能否详细介

---

① 〔法〕保尔·拉法格等：《回忆马克思恩格斯》，马集译，人民出版社，1973，第7页。
② 恩格斯：《英国状况》，《马克思恩格斯全集》第3卷，人民出版社，2002，第580页。

绍一下？

郭奕鹏：我关注的是政治哲学，还研究马克思主义哲学。马克思的研究风格和学术精神，与现在新文科的研究方式很相似，因为马克思写《资本论》的时候，他对政治经济学进行了深入的研究，而在那个时代，政治经济学相当于现在最前沿的社会科学。同时，马克思非常关注自然科学的发展。恩格斯就说过："如果什么地方有了新的科学成就，不论能否实际应用，马克思比谁都感到莫大的喜悦。"① 马克思在写《资本论》的时候就充分利用了自然科学的内容，他在研究问题的时候，能够面对事情本身，比如会应用化学和物理学，借助一些类比来说明问题。所以在这个意义上，我觉得马克思主义理论这个学科有学科交叉的传统，好的研究一定有这种特点。

那么现在人文社科如何与新技术结合？因为数字人文还处于起步阶段，所以还没有很成熟的成果，但是我觉得要实现人文学科的创新和突破，一定要关注时代的发展动态。我们现在很多哲学家与理论家，对最前沿的自然科学还不了解，比如量子力学、大数据的运算规律等。

信息科技的发展，改变了现代人的思维方式和对世界的认知，从哲学角度说就是改变了人的存在方式。如果人文学科的学者不了解信息科技，那么他们对于人或社会的把握会不到位。目前人文学科逐步尝试借助数字化的技术拓宽研究的视野，如在历史研究中，把数学方法引入史学研究，产生史衡学这门学科。但客观来说，人文学科总体上还是依靠传统的方式开展研究。社会科学方面，比较突出的成果是"大数据与社会治理"，而在"新文科"这个概念提出之前，像历史地理信息系统、社会经济史等研究已经涉及学科融合，换言之，这其实就是新文科建设的一部分。事实上，有些学科在新文科这一概念提出前已经开始涉及文科与技术的融合。

---

① 恩格斯：《马克思墓前讲话草稿》，《马克思恩格斯全集》第 25 卷，人民出版社，2001，第 592 页。

问：您认为本学科领域新文科建设与发展是否存在亟须解决的问题？

郭奕鹏：我们学校是理工科院校，学校的发展以理工科为主，所以很多老师对技术方面的内容多少会去了解。从这一点看，文科与技术融合具有一定的知识优势。另一方面，我们学校正在加强新文科建设，高水平理工科大学需要高水平的新文科，这是发展的契机。

但是目前来说，大家还是停留在概念勘定与实践的摸索阶段，没有成熟的成果。在这一过程中，我觉得需要解决的问题就是传统人文社会科学如何与新技术实现有效的融合，以及发挥新文科的自身特性。新文科的融合要走向化学融合，而不是说像一个"卤水拼盘"简单地拼凑在一起。举个例子，把社会学、法学和计算机等三个领域的研究者搞到一起，但是实际上大家还是在各自领域内做研究，这不是有机的融合，也不是新文科。

这个情况会损害新文科的发展，容易导致新文科研究看起来很热闹，但最后和传统研究没有区别，甚至出现更糟糕的情况。学科融合应该像"一品煲"，能够产生化合作用，做出新的菜式，炖出新的、有特色的味道，而不是比原来还糟糕，这才是新文科的融合。举个例子，如果按传统的文科方法进行研究，比如只用社会学传统学科方法研究问题，不能把问题讲清楚，但是运用文理交叉能够更好地说明问题、揭示问题，提出更好的方案，这就"炖出"了新的味道，而不是做成了"黑暗料理"。所以不能从抽象意义上理解这个问题，避免新文科建设看上去热闹，最后反而造成知识上的倒退，不仅没有解决问题，还增加了问题。

中世纪哲学家奥卡姆提出一个语言经济学原则："如无必要，勿增实体。"意思是如果不是必需的，不要再增加一些不必要的东西，要尽可能简洁。我觉得新文科建设也是如此，不能为了增加而增加，把问题复杂化，尤其当这种复杂不是事情本身的特点，而是人为制造的一种学术幻象、学术繁荣的泡沫，这将使新文科日益空泛，陷入学术研究的形式主义。

问：郭老师，从主管科研的学院管理者角度出发，如果您准备主持一个关于新文科建设的会议，会有怎样的规划和预想呢？

郭奕鹏：我觉得还是两条途径，因为新文科建设还处于探索阶段。第一条途径是需要各方学者畅所欲言、集思广益。我所在院系是马克思主义学院，我们拥有许多不同专业背景的老师和人才，几乎涵盖人文社科不同的专业，像哲学、法学、政治学等，这几年我们学院又吸收了很多高校人文社会科学的博士，在不同的知识背景下，大家能更好地实现跨学科的研究，产生一些思想的碰撞，所以在新文科建设的过程中应该及时捕捉思想的火花，鼓励大家从各自的领域当中提出自己的问题。

第二条途径是在新文科建设的过程中，需要适当的顶层设计。当大家基于不同的专业或者不同的价值立场提出问题，亦会陷入自身研究的窠臼。这时需要领导者或者规划者，从宏观的角度把握整体情况。当然顶层设计关键是面向事情本身，打破学科的藩篱。理论工作者的研究往往容易局限于自己的学科领域，缺乏实践感，因此有时需要管理者或实践者加以校正。实践面临的一个整体的对象，具备实践智慧的人往往能从整体的角度提出问题。总而言之，需要建立反馈和对话沟通的机制，集合各方的力量解决问题。在学术研究上，做到学术性与思想性的结合，避免学术研究在一些无关痛痒、细枝末节的事情上做得过于精细，遮蔽问题本身，所以要做到以学术开思想，或者做到学术性和思想性并重。

另一方面，无论是数字人文还是新文科，在跨学科融合的过程中要解决"主导性"的问题。比如就数字人文来说，"数字"和"人文"是两个不同的概念，要厘清二者在融合的过程中最核心、最本质的内容，最后结合成新的概念——"数字人文"。换言之，要把握住数字人文的实体，避免纠缠于事物的偶性，在一些琐碎细节上打转。

问：郭老师，您怎么看待数字人文在发展过程中学科属性逐渐变得更明显这种情况呢？

郭奕鹏：实际上，这种变化还需要很长时间的发展积累，不然可能会出现表面看起来内容很丰富，但只是一种知识错位带来的错觉，如在语言学的课堂上讲解经济学。对于只懂语言学的人来说，可能觉得有道理，但这并没有产生人类知识的增量，亦没有拓宽人们整体思想的边界。这仅仅是一种简单的、在两个不同领域的一种跳跃，根本没有推进学术研究的发展。从这一点看，数字人文是发展的大趋势，但它的学科属性还不成熟，需要逐步探索、积累和构建。一个学科发展太急躁，过于追求时髦，最终会损害这个学科的自身发展。

问：您对新文科的发展有什么期望吗？

郭奕鹏：我认为新文科的发展是大势所趋。越来越多的现实问题，需要研究者打破学科界限，实现学科的融合。新文科为这种融合提供了一种新的方式。虽然新文科的概念是由国外学界提出的，但我国却具迫切的研究需求。"理论在一个国家实现的程度，总是决定于理论满足这个国家的需要的程度。"[①] 目前，国内越来越多学者对新文科进行学术积累和沉淀，学术研究的基础越来越扎实，现实中又有很多生动的素材。所以我觉得国内新文科的发展值得期待。

---

① 马克思：《〈黑格尔法哲学批判〉导言》，《马克思恩格斯全集》第 3 卷，第 209 页。

女性研究视角下的数字人文思考

受访者	柯佳昕*
采访者	石声伟

问：柯老师，您好。您可以向我们介绍下您的研究领域和研究课题吗？

柯佳昕：我主要是做妇女、妇女史研究，也涉及近代中国的妇女以及家庭生活与儿童史这些领域。

问：您在研究中经常使用的数据库、数字工具或者网站有哪些？

柯佳昕：我最常使用的数据库，应该是我硕士刚毕业，导师就希望我参与建设的一个数据库，叫作"台湾女人资料库"。这个数据库的建设者撰写了大量人物词条，例如针对当时有名的女性，工作人员分别认领相关词条，撰写一个 1000 字以内的介绍。数据库中有各种各样与台湾女性有关的主题，除了人物之外，还有妇女运动、女性创作等女性工作主题。这是我较早接触的一个资料库。

博士期间，我使用比较多的数据库叫作"中国早期杂志期刊智慧型线上资料库"（ECPO）。这个资料库中收录了大量关于近代中国女性的研究材

---

* 柯佳昕，中山大学历史学系（珠海）特聘副研究员。

料。如果要开展民国时期的女性研究的话，它是一个很重要的史料来源，因为它能够揭示出当时女性在刊物上自由发声的情状。其中的子期刊，除了介绍某一期刊的基本情况之外，例如所收录的《妇女时报》，数据库中详细记录了该期刊的发行年份、刊登内容，还有一个比较特别的功能，就是它能够对期刊中收录的文章设置关键词。关键词可能是从文章中直接摘录出的，也有可能是在读完文章以后概括出的。在这里我们可以明显地感受到，它其实是有研究者使用取向的。因为一篇文章一定是读了之后，才能生成关键词。而关键词的界定是很主观的，它要求对文章内容有一定的掌握。此外，这个数据库中选取了几份由几位重量级学者目前在做的期刊，他们做得很细致，有关键词，有全文。假如说使用者看到了 fashion and beauty 这个关键词，如果有兴趣的话，就可以点进去，资料库里面所有跟 fashion 以及 beauty 有关的文章就会出现。如果想要对民国初年流行的美的议题进行讨论的话，研究者就可以通过这个资料库把所有文章集合起来进行分析。

后来我参与了"妇女期刊作者研究平台"的建设。这个资料库的目标是把妇女期刊作者的传记全部整理出来。这个整理有什么意义呢？举个例子，如果研究者想要搜索当时很有名的女报人杨刚，但是目前数据库中还未收录杨刚的资料，那么该怎么办？这时研究者会发现，从数据库中能检索出跟她相关的人。这些相关的人中，比如说有萧乾，萧乾的传记资料在左侧，右侧是他的家庭关系、社会网络，这些资料全部可以点击浏览。研究者会发现原来萧乾的社会网络是这样的，他和哪种报刊、哪个组织、哪个人有关系，都可以从关系图中看出。数据库的标签系统，包括人物、组织、报刊和事件这四个标签，用不同的颜色进行标示。通过传记资料、标签以及关系图，研究者就会发现，原来萧乾是杨刚在燕京大学时的同学，这个网络同时揭示出的还有杨振声与包贵思的相关信息。

问：也就是说这个数据库可以非常好地呈现出人物的关系网络。

柯佳昕：是的，这是我早期的做法。早期做女性期刊研究时，我比较倾向于把它当成一个文本来分析其中的内容。那我未来要做，或者说我在思考的一个问题就是说我要用一个社会科学和人文学科相结合的方法去做社群网络分析。这样的话，我可以来解读作为行动者的女性为什么要办这个刊物，办刊物的人才和资金从哪里来，她有什么样的人际网络，这是我以后想要开展的一个课题。通过一些比较简单的分析法，例如文献探勘，数据库可以用词频去做统计。妇女期刊作者研究平台也有一些分析工具，可以在研究者输入关键词后，去分析哪一年哪种期刊出现了最多的相关讨论。如果学者在写文章的过程中需要一些数据进行论证和说明的话，这个工具就派得上用场。

问：台北"中研院"很重视这种数据库以及数字人文研究，它也开发了非常多的数据库。近些年大陆也加大了数据库建设力度，比如中国基本古籍库。那您平时研究中也会用到这些数据库吗？

柯佳昕：是的。我平时使用的数据库，除了我刚分享的，还有"中研院"近代史研究所的"近现代人物资讯整合系统"，其次就是读秀、中国知网、报刊数据库这些比较常见的数据库。

问：您平时很少用到古籍数据库吗？

柯佳昕：因为我主要是做近代史研究，所以这类数据库用得比较少。以前在研究所修课的时候，老师会要求使用古籍资料库。

问：我们有一个问题，您平时在使用这些数据库时，觉得这些数据库能够满足您的需求吗？您认为有什么需要改进的地方或者有什么不足之处吗？您希望它未来还能提供什么帮助，文本资料还是研究工具？

柯佳昕：没想过。

问：现有数据库已经可以满足您的需求了吗？

柯佳昕：不是。其实刚刚有个老师讲得很好，如果换一个人文数据的做法，是不是就可以解决一些比较重要的历史的核心问题？那我觉得很难。一个新的工具刚出来，你就期待它跟传统的思维完全不一样，就能解决一个核心的问题，这不现实。我们在做数字人文研究的同时，也会不断强调我们要保持历史学者最擅长的文本的精读。所以基本上我不会很期待推动数据库建设、推动数字人文发展能给我的研究带来多么巨大的改变。

问：数据库和数字人文可能只是作为工具性的角色，真正要发展起来，成为一个新学科，可能还有很长的路要走。

柯佳昕：对，因为我现在搜索到的期刊很多不是全文，如果说我希望它可以提供全文，方便我搜索和研究，那要投入大量的人力和物力。另外，就是我们学校现有的资料库，广义上也算是数字人文的资料库，但是它们很难为我的研究提供一些分析工具。以我做过的资料库的最高标准来看，我希望资料库可以帮助我做一些简单的分析，例如刚刚提到的妇女期刊作者研究平台，它可以做关键词的分析，以及年代和作者属性的抽取。如果我研究一份期刊，它能够提供这么多的信息，那么我当然就会觉得帮助很大。

问：您能不能跟我们简单谈一下台湾地区的数字人文发展情况？

柯佳昕：我觉得发展还是很快的。但是要具体了解台湾数字人文的发展情况，我觉得我可以推荐你去读一些相关的文章。简单来说，"中研院"里面的十多个研究所中，都有老师在做数字人文。这些做数字人文的老师，他们在思维上就会觉得这种技术、这种理念帮助很大。但是数字人文是不是真的可以挑战关键的核心议题？这些老师也经常遭到一些学者的质问，说你做那么多网络分析有什么用，我精读资料也能够了解这些内容。

问：所以数字人文只是工具性比较明显，真正要创造出新的研究范式或者什么别的新东西，就不太容易。特别是历史学的研究是相对成熟的一种研究模式，因为有着很悠久的历史，所以研究模式就比较难颠覆。

柯佳昕：对，但是我觉得不颠覆这些研究模式也很好。每个人可以用自己不同的方法展开研究，如果不同的方法诠释出来的结果都一样，这就表示大家的论断是正确的。

问：那对于学科融合或者交叉性研究，柯老师您有什么看法吗？

柯佳昕：我本人是做女性研究的，其实做女性研究，如果研究者想对性别这个议题有共鸣感的话，那么就可能要去读一些社会学理论著作，要不然研究者不知道性别这个词是怎么来的。性别，它不是生理性别，是社会性别，它其实是被文化、政治和社会风气所建构和塑造的。所以跨学科这个东西，我自己很早就展开实践了。历史学、社会学还有人类学，都对我的研究有很大帮助，因为我很喜欢人类学老师的一些思维方式，他们会去思考所谓的"他者"——跟我们不一样的群体——这个身份认同的过程是怎么产生的？对于我来讲，身份认同也包括性别上的认同，所以我觉得这个研究角度很有意义，很重要。

问：其实现在大家都觉得这种学科融合的前提是成立的，但是在实践中，大家好像还是独立开展自己的研究，比如历史的做历史，中文的做中文，研究者还是有自己独立的研究领域，相互之间划分还是比较明显。好像台湾也是这个状态？

柯佳昕：其实台湾和大陆在学科融合这个问题上还是有一些差别的。例如，台湾清华大学有一个"性别与社会研究室"，这个研究室可以把学校的一些中文或语文所、社会所和历史所以及社会学、人类学、台湾文学这些资源都串联在一起，研究室会有不同的教育背景的老师。

妇女期刊作者研究平台也很有特点，这个资料库虽然是由近代史研究所的连玲玲教授主持，但整个策划是由叶韦君博士主持的。叶韦君博士是传播系的老师，他就会有一些比较新的想法。我们刚开始做期刊的时候，并没有考虑到去构建社会网络。但是叶老师加入我们之后，就提出可以用 Gephi 这个工具把人物串联起来。

问：柯老师，您对建立学校的数字人文中心有什么建议？

柯佳昕：我觉得可能有一个更快捷的方法，就是直接和现有的平台合作，实现资源共享。因为现在从头来做的话的确有些迟。实际上很多资料库都需要大量的人手将原始材料转化为结构化的资料，然后才能进行下一步的操作。如果由一方来提供资源，另一方负责资料的整理输入，那么在资料库越来越完整的同时，参与者也可以使用这些资源。我觉得这样会比较快。

问：现在很多人文学者都是经过传统的人文训练出来的，大家对这种新的数字技术并不了解，您觉得他们或者新一代从事数字人文的研究的学者，应该怎么去接受或者怎么去学习数字技术？

柯佳昕：我认为还可以采用合作的方式。当初妇女期刊作者研究平台在做资料库的时候，也有跟台湾大学项洁老师合作。老师有专业的学术背景，能够清楚地理解你需要什么，这样教授的内容就会比较合理。通过深度合作的方式，研究者学习和掌握数字人文技术的速度会比较快。既有的一些东西有些人已经做出成果了，研究者再去重新做没有什么太大意思。

也许我们不用开设一个学期的课程，因为如果要开设一个长达一个学期的课程，可能就需要由具备项老师那样功力的学者来主持，他自己有实践的经验，了解整个历史，明晰发展大脉络、大问题，就能很好地开展学习指导。我们可以通过组织研习营等方式，在很短的时间内帮助学者初步了解相关技术。开设课程是我们未来一个很重要的目标，我们逐步推进这一工作就好。

文学研究者的数字人文认识与新文科发展

受访者 郭丽娜*

采访者 苏日娜 曹甜甜 孟小玲

问：郭老师，您好。您可以简单介绍一下您的研究领域和研究课题吗？

郭丽娜：我的研究领域是中法文化关系史、法国文学和比较诗学、域外汉学，目前在研课题是整理和研究法国收藏的中国西南文献。研究方向是1990年考入中山大学法语系学习法国文学之后慢慢明确的，课题文献则是从2003年考入文学院历史学系，攻读世界史博士之后慢慢积累的。读博不久后，我接受导师的建议，不做纯粹的法国史，而是研究中法文化关系，这样有利于发挥我的外语语言优势。

中外文化交流牵涉方方面面，研究空间很大。一开始考虑到自己是广东人，希望做点与广东相关的研究。高中读世界史的时候，了解过广州湾租借地，也就是现在的湛江。所以打算做广州湾的相关研究，既符合自己的文化身份定位，又能发挥语言优势。但是去湛江做田野调查和文献调研之后，没有找到足够的文献来支撑一份博士学位论文，只好放弃。后来很偶然的机会，把研究区域确定在四川，而且将巴黎外方传教会作为研究对象，在秦和平老师、汤开建老师，还有法国朋友的帮助之下，算是快速完成了博士学位论文。

---

* 郭丽娜，中山大学中国语言文学系教授。

在历史学系学习期间，最大的收获是学会了找文献，摸索到各种可能的文献获取途径。当时跑遍广州的图书馆和档案馆，又跑北京的公共图书馆和各高校图书馆，也跑香港，还学会通过网络搜索文献。中外文化交流的研究空间广阔，经济、政治、文学等各种文献都会接触到。在文献查找过程中，时有意外收获，某份意想不到的文件出现，会有一种莫名的兴奋感，文献收集最后慢慢成为一种"嗜好"。日积月累，手里的文献就越来越多，课题也就这样自然而然地形成了。做研究让人感到愉悦的是，会认识很纯粹地做学问或做某一件事的朋友。这也是目前支持我继续向前走的精神动力。

问：所以在这样一个历程中，您逐渐进入了现在的研究领域吗？

郭丽娜：是的，我目前在中文系工作，文史哲互根，都做文学研究。我本人偏向贯通文史。北师大方维规教授说过他做的东西比较杂，就是横跨不少专业，但主要是在文学与历史学之间穿行，哲学则是许多研究的应有之题。我特别认同。历史学系做文献整理，中文系也会做，当然，侧重点不同，方法可能也有所不同。我本科、硕士的专业是文学，在历史学系接受史学训练，对文献整理更有信心。

问：您现在研究课题主要都是围绕中法文学交流吗？

郭丽娜：不一定，文学研究是工作重点。既然是做一个区域的研究，与该区域相关的文献，比如经济与金融，我都会关注。

问：您在做研究的过程中，一般常用到哪些数据库、数字工具或者经常访问哪些网站？

郭丽娜：中国国家图书馆网站，我们学校的图书馆网站——中山大学图书馆。至于数据库，我们学校图书馆购买的数据库，比如 Cairn、Persee、JSTOR 等。国外的，哈佛大学、大英博物馆等高校和公共机构的网站我也常用，法国各个文献机构的网站、法国国家图书馆数字图书馆项目 Gallica 也常用。我也使用 Google 进行检索。不过如果做档案，到现场、到档案馆是很必要的。至于数字化工具，传统点的，比如扫描仪、数码相机会用，高端一点的，我根本不懂。

问：郭老师，您觉得现有的这些数据库、数字工具能否满足您自己的科研需求？

郭丽娜：对我来讲，写文章是够用的，做科研也基本够用。从写文章的角度看，现在资源太多，需要甄别，以找出有代表性的文献。至于写出有灵气的文章，除了数据库和数字化工具，还得下点其他功夫。

问：现有的数据库、数字工具，对于您研究的展开有什么不足？

郭丽娜：我们学校图书馆，还有其他图书馆都提供了大量电子资源，非常方便。我自己有比较明确的研究方向，现有的数据库、数字化工具对我来说是足以应付岗位考核的。近几年国内电子化、数字化速度很快，资料量大增，确实有时有无所适从的感觉。不过只要主题明确，这方面也不是问题，相反，图书馆数字化，能为我们的主题研究提供更多材料。至于整合，我觉得应该是研究者来整合比较好，这样才能做出有"人味"的研究。

问：关于数字人文的认识和理解，您在研究过程中是否接触过数字人文，或者从事过相关研究？

郭丽娜：我没有从事过数字人文的相关研究，但是有接触过，因为在找资料的过程中会碰到对数字人文理解的问题。我的粗浅理解是用理工科手段或者工具，来辅助人文社科研究。数字手段应该是人文研究的辅助工具。电子化、数字化程度提高，文献获取的途径多了很多，极大地推动了人文研究，尤其有利于人文学科的整合，做跨学科研究。

至于接触数字人文，就是使用你们提供的工具，我本人没有做过数字人文研究。文本数字化之后，变得容易获取，当然有助于选题和深入探讨，不过就文学研究和历史研究而言，面对原文献时会有一种历史感，可以拉近我和研究对象的距离，那种体验是电子文本不能提供的。但是电子文本的作用仍然不能否定，因为不是所有人都有机会看到原文献。

问：您在研究的过程中，是否有意识地去使用数字人文的工具，比如一些可视化的软件？

郭丽娜：现在是信息化时代，不一定有意识地去用，是被"后浪"推着去用。可视化软件，比如 Excel、PowerPoint 这些传统软件，上课的时候会使用，写文章会使用，主要是制图、制表，很方便。至于高端的，比如数媒专业的工具，现在科技进步太快，应用速度也飞快，我感觉自己基本是科盲了，和你们之间横隔好几代人的代沟。

问：您是否可以介绍一下本学科领域开展的数字人文研究项目有哪些？

郭丽娜：清华大学的数字人文研究项目比较多。中山大学历史学系和中文系都有相关项目，主要是文献电子化、数字化，对文本做可视化的艺术处理。

问：在上海举办的 2020 年中国数字人文年会上，有学生利用数字人文工具研究《西游记》在日本的传播，并分析同一文学作品在中日不同文化背景下的差异。所以想咨询您是否了解影视文学方向的相关项目？

郭丽娜：中文系有影视文学方面的项目，应该会用数字工具做一些研究，具体情况我不了解。这是大文学研究的一个方向。用数字人文工具做传播研究是你们年轻人擅长的。西方八大艺术，分别是文学、绘画、音乐、建筑、电影等，现在据说游戏成为第九艺术，这很有意思。

问：您是怎么看待数字人文未来发展的？

郭丽娜： 数字人文肯定会有发展。尤其是受美国文化影响，美国在这方面走在前面。反而欧洲，"古老的欧洲"，可能整体上相对滞后。比如法国，有的教授目前还使用旧款非智能手机，放假期间到乡下度假，没有网络，不会回复邮件。无论如何，国内数字人文发展比较快，数字人文应该是一个大趋势。数字人文的发展，只要做实用性和应用性而非功利性开发，肯定是一个趋势。

问： 您在法国待了这么多年，是否欧洲对于数据科学方面的人才需求远不如美国？

郭丽娜： 欧洲对计算机人才的需求非常大，计算机专业毕业生在欧洲不愁找不到工作。法国人的基础研究很扎实。数字技术的应用在欧洲会受到伦理约束。如果从技术角度看，中国没有落后于欧美，不过我们相关的法律法规还需进一步完善。在欧洲，这几年电子化和数据化程度也在提高，不过他们在创新的同时，也尊重传统。法国年轻人也和国内年轻人一样爱玩手机，不过教授们大多是不玩的，他们还是比较传统。

问： 所以在欧洲，年长些的学者在接受新技术方面较为传统，是否和欧洲的文化氛围有关？

郭丽娜： 去年巴黎狄德罗大学的副校长问我："你们难道不知道有一种欧洲模式吗？"意思是他们的生活节奏比较慢。欧洲文化相对于美国文化来说，更为传统，传统不是贬义，其实保守也不一定是贬义。打个比方，欧洲和美国，就像广州和深圳，欧洲多样、多元，节奏相对慢，美国有点类似于深圳，节奏非常快。不过应该不是整个美国都是这样，我有一位美国教授朋友，是俄亥俄州的，他比较传统，喜欢到欧洲做研究。美国的话，应该是硅谷那块科技发展迅速，节奏很快。

问： 那您理解的新文科是什么样的呢？

郭丽娜：我理解的新文科是用数字化工具对"人"做科学的整体研究。以前分科过细，学科壁垒森严，不利于理解和沟通。具体操作可能涉及文史哲融通，文史哲和人文社会科学贯通，引入数字化工具、科技手段。学者做科学化研究，文科学生需要贯通文史哲，也需要鼓励他们选修理、工、医、商、管理等课程，懂得用数字化工具做人文研究，有所创新。这是我个人的理解。邱伟云老师说"数字人文最后还是落实在人文"，我很认同。

问：您所在的学科，是否有关于新文科建设方面的成果？

郭丽娜：我们学校在新文科建设方面非常积极。文史哲各学科都很积极地推进数字化。中国语言文学系目前有不少新文科建设成果，主要是文献数字化、应用语言学研究与医科开展合作，还有你刚才提到的用数字化工具分析影视作品的传播。

问：您认为目前新文科的建设与发展有哪些亟须解决的问题？

郭丽娜：我个人认为，先鼓励学生文理兼修，具备相关的文理基础知识。其次，学校应该加大经费投入，支持新文科的建设与发展。

问：如果中山大学成立数字人文中心，您最希望可以通过中心获得哪些服务和资源呢？

郭丽娜：从个人角度看，我希望数字人文中心能够提供文献方面的支持，因为文献是研究的基础。另外，希望数字人文中心推动学术合作，搭建学术交流平台，提供学术信息，为国内外学术交流和学术合作提供技术支持和数字平台支持。

问：您希望哪方面的学术资源及时纳入我们数字人文建设规划的日程上来？

郭丽娜：目前是文献和数字化图书，其他的暂时还没想到。

问：在数字人文发展的大背景下，您觉得在您的学科领域如何创新性地发展新文科？

郭丽娜：中国语言文学，顾名思义，是语言和文学的结合，重点落在文学。在法国，法语语言文学，是处理语言和文学关系的学科。文学的法语是 la littérature 和 les lettres，也就是与文字有莫大关系。文学的学科本位是基于语言文字做"人文"研究，近现代文本概念拓宽，文字、图像等可视的、可听的、动态的、静态的，均纳入文学研究的范畴。对于文学专业来说，就是用文字艺术来解释其他艺术，比如用文字释文字，用文字释图像，用文字释音乐，用文字释建筑，用文字释绘画等。那么以后文学专业的数字化工作，应该会围绕文字的数字化和其他数字化艺术展开对话。

我个人认为，要打破学科壁垒吧。

问：您刚才提到的课程建设、学生交流、资源共享的平台等，能否从您个人的角度，提出更具体、更详细的诉求？

郭丽娜：当下数字人文建设还处在摸索阶段，主要是线上课程和文献电子化方面的诉求。

问：美国的教授从事研究的过程是基于数字人文工具的研究成果，从而结合自己的分析或是创造性想法，得出新的成果。我觉得他们不局限于工具，更像是借助数字人文工具做研究。

郭丽娜：是的。国情不同，推广的情况可能就不同。像法国，文献数字化工作是国家资源调配政策的一部分。欧洲或许是"古老的"，人文氛围较浓，不过这并不意味着他们的科技不发达。举个例子，慕课（MOOC）是美国积极推广的共享授课方式，2017 年我和法国索邦大学的几位教授讨论慕课问题，他们基本上倾向于做面对面互动，认为这样更有人情味。新冠肺炎疫情期间，线上交流对他们来说也不是一种最理想的交流方式。

　　数字化或数据化，我的理解，是用人工智能处理数据量大的工作，降低人工成本，提高效率，推动社会发展。数字化对我们来说肯定是一种趋势，关键是把握好"度"，伦理问题也需要考虑。还是回到邱伟云老师那句话，"数字人文最后还是落实在人文"。我想这才是最好的数字人文。

新文科与学术生态重构

桑　海*

　　学术可以看作一个生态圈，学术的生产、消费、评价、管理等环节，都是环环相扣、互相作用的。对于学术生态来说，数字人文是一个新的事物，就像在一个池塘里面放进一条鱼，这条鱼能不能活下去，或者其他的鱼能不能活得好，这都是问题。

　　新文科到底是什么，或者说应该用怎样的方式来定位新文科，目前还没有形成共识。学界有很多关于新文科的讨论，有一种比较常见的说法，中国的文科好像还不错，只需根据新形势做微调。然而实际上，我们可能还需要做更深刻的反思。中国现代文科的出现，可以追溯到五四新文化运动前后，当时有一些学者，例如梁启超、胡适，受到西方学术研究方法的影响，开始意识到要用科学的方法做文科研究，于是中国传统的经学和学问变成了现在的文史哲。而经过一个多世纪，文科学术研究的步伐与理工科相比显得迟滞了，而且文理科之间、文科内部不同学科之间的隔膜加深，文科对理工科新成果和新方法的吸收利用很少，倒是在评价和管理上出现了简单套用理工科的趋势。这些现象，应该引起文科学者的警觉，思考文科的发展不应只着眼于内部，而需要更开阔的视野。

　　具体而言，现有的文科至少存在以下危机。首先，与现实社会有疏离感。面对科技革命对人类社会的极大改变，文科就显得落后了。美国高校之

---

　　* 桑海，《数字人文》编辑部副主编。

所以会提出"新文科"的概念，与欧美的人文学科危机有关系，而中国面临的问题其实也有相似性。其次，无视文科根基的变化。随着新科技特别是人工智能和生态学的发展，"后人类"和"非人"日益被关注，人的概念面临着重新定义，所谓人文学科的内涵也将随之变化；技术发展深刻地改变了人类生产生活方式，出现了前所未有的新现象和新问题，文科面对的基本问题也在变化，所以文科不能再"外在于时代的洪流，闷着头做书斋里的学问"。再次，缺少融通和综合的意识。不但文史哲等不同学科之间难以打通，就算是都做历史研究，明史和清史之间也很难打通。实际上"综合"是大的发展方向，正如"天下大势，合久必分，分久必合"是历史发展的大趋势一样。国家自然科学基金委员会刚刚增加了第九个部，叫作交叉科学部，所以国家层面已经越来越重视学科的交叉融合，而文科学界对此的重视和实践还远远不够。

从学者个体的角度看，一个普遍性的问题是，人文学者对科学了解甚少。科学家对人文学科的了解和兴趣，远远高于人文学者对科学的了解，这是人文学者需要反思的地方。比如余志教授一直在关注人文学科的发展，哲学、历史有哪些可以创新的地方。再如，清华大学计算机系孙茂松教授，他虽然做计算机研究，但他设计出了一个"九歌"计算机自动作诗系统。理工科学者闯入人文领域进行了创新，面对这样的事实，人文学者应当认真反思。

此外，人文学者对新工具和新方法的关注不够。传统的文科的信息来源主要是"故纸堆"，随着电脑和互联网的普及，人文学者被迫进入了数字化进程，但多数只是停留在上网、文字和数字处理、获取文献等浅层面。信息技术的迅速发展带来了全新的研究场景、工具和方法，随着大数据、深度学习、文本挖掘、GIS、可视化等新技术的普及，过去难以研究的问题有了新的研究路径。欣慰的是，近年人文学者已经在行动，连文献学、古典文学这样看似老派的文科专业也纷纷开始了数字人文的尝试，例如刘石主持的"基于大数据技术的中国古代文学经典文本分析与研究"项目等。新文科的希望，或许就蕴藏在这些兼有传统学术根基及新工具与新方法的学术热土之上。

除上述弊病之外，我国的新文科建设还要面对一些特殊的问题。比如，现代学术尚未成熟就匆匆面对后现代状况，导致缺乏自律精神，规范意识淡薄；学术管理的行政化和功利化，造成重数量轻质量、重指标轻创新等怪象；普遍存在学术研究低水平重复、有效信息量不多、成果转化率低等问题。这意味着不仅要在研究与教学领域做出改变，还需要在学术出版、学术评价等方面做出系统的反思和重构。

学术出版随学术趋势和媒介变革而变化。以学术期刊为例，学术研究的专业分化需要专业化的出版，而我国综合刊占比过高且很难转型，新文科重视综合，给综合刊带来了机遇，当然这种机遇只留给能抓住学术大势的期刊。比如《文史哲》倡导"小综合、大专业"的办刊思路，打通文史哲。在学术期刊网络化潮流中，特别值得注意的是"中国高校系列专业期刊"，这是一种将期刊论文筛选后按专业或专题在网络平台发布的模式。目前其正酝酿向"平台型媒体"（Platisher）转型，既是有"过滤器"的媒体，也是可以孕育新学术生态的互动开放平台。在新文科背景下，学术出版还将从传统出版延伸到数字出版、语义出版、数据出版、增强出版等新出版形态；自觉地将出版与科研相融合，支持数字人文等学术新范式；运用大数据分析、深度学习和自然语言处理等新技术，提供知识和信息的解决方案与个性化服务。

在新文科背景下，学术评价体系应当有相应的变革，治标之策是评价方法和指标的多元化和精细化，治本之策则是改变行政主导评价，让评价权回归学术共同体。学术评价是学术生态形成的关键环节，说学术评价体系直接影响新文科建设的成败并不夸张。期待管理部门和各界有识之士共同努力，推动学术评价的健康发展，引导学术研究和学术出版等各归其位，并充分运用新技术手段，变革学术生产关系，解放学术生产力，逐渐形成良性的学术生态，为新文科建设提供适宜的环境。

应当重视俗文学文献的编目、影印、整理

黄仕忠*

我把俗文学分为四类，分别为戏曲、小说、说唱和其他。

经过 20 世纪学者的潜心治学，戏曲和小说的发展最为迅速。王国维先生的《宋元戏曲史》、鲁迅先生的《中国小说史略》，让戏曲、小说成为独立的学科，并且进入中国文学史的主流。然而"说唱"的学科定位仍面临巨大的困境，应是未来俗文学研究要重点攻克的方向。

目前说唱文献的整理与研究，存在较大的问题。

第一，归属不明。现存说唱文献，以清代尤其是晚清及民国时期的说唱类文献为主。但传统古籍划分的下限是 1911 年，所以，由于时间限制，民国的说唱类文献无法归类到"古籍"里面。而更为尴尬的是，在现代产生的大量说唱文献，又很难归类到"现代文学"中去，因为一般认为，"现代文学"就是"新文学"（白话文学），说唱是传统文学，不在"现代文学"的范畴里。所以从学科划分来讲，俗文学尤其是说唱类文献，既难归类到古代文学，也无法归入现代文学，处境尴尬。

第二，说唱类文献大多受地域限制，可以说是"地方性"文艺作品。它们通常使用的是某一地方的方言，并且以该地民众所熟悉的题材和喜欢的方式产生，它们的出版、流传都受到地域限制，只能作为"地方性"文艺作品，而难以进入主流文化之中。

---

* 黄仕忠，中山大学中国语言文学系教授。

第三，说唱类文献基本上算是"快餐文化"，为了畅销，出版商在出版这类文献时不是按照标准"图书"的方式，而是按照读者能够接受的便捷方式出版。它们通常页数不多、尺寸很小，封面的书名、题记和正文里的名称往往是不一样的。而且它们大多是快餐型读物，读者读过就会扔掉。故而在保存、整理上都存在很大困难。

民国时期，图书馆刚刚兴起，但通常不收藏说唱类文献。1925年，马廉为孔德学校图书馆收购了一大批"车王府曲本"，都是抄本，他请顾颉刚先生编写了目录，马廉在目录的后记附有一段话，大意是：人们现在不理解图书馆为什么要收藏俗文学，但是日后俗文学研究者会受益于这批文献。这就是说唱文献当时的状况。

那么，它们现在的状况又是什么样的呢？很多说唱类文献，尤其是民国时期簿册的唱本，因为页数少，所以通常会几十本堆在一起，甚至几十册合订在一起，无法定名，也难以编制目录。例如，东京大学东洋文化研究所图书室有"双红堂文库"，是长泽规矩也的旧藏。双红堂文库中，名叫"唱本"的有三个条目，共计收书300余种。这些"唱本"，从第188号开始，依次下推：编号188，是四川唱本，共计64种号；编号189，是北京地区木刻本唱本，共190册；编号190，是北京地区排印本唱本，共计652册，合订成66扎。如果我们只从目录中查这个信息，依然无法知道具体有哪些唱本。

就目前唱本类文献的编目情况而言，我们可以从中国国家图书馆等机构检索到目录信息，但是这些信息比较笼统，由于没有具体的条目，很多关键信息无法揭示。比如，文献可能出现多册合订，但目录信息没有显示的情况。

再如，由于唱本所演的题材内容十分相似，所以各地的出版物篇目的名称可能都是一样的。如果只根据篇名，我们就无法判定它们的版本是否相同。所以从晚清至民国时期的说唱类文献和艺术表演类文献，都面临同样的问题：缺少完善的目录，导致难以利用。

在这样的背景下，《广州大典》集部曲类文献的汇集影印出版，更显得意义重大。在陈建华主任的带领下，《广州大典》最近出版了续编，即《广州大典》的集部曲类。按《广州大典》最初的设想，第一期只收 1911 年以前的文献。为了方便收录民国间广府地区的说唱和戏曲，我们提议把这部分文献的时间下限延至 1949 年，实际是 1950 年前后。这一想法得到了陈主任的支持。我们通过十年的编制收集，完成了这项工作。其中收录的说唱文献，以木鱼书、龙舟歌、南音和粤讴为主体，另外还有一些其他的小调，数量非常庞大。过去也曾经有人整理这些文献，但只限于个人收藏，所以总体情况并不清楚。通过大典工程，我们在全世界范围内进行了全面系统的资料搜集，从而对广府唱本有了一个相对全面深入的了解。后续将有更全面系统的目录编制出版。《广州大典》集部曲类，将广府地区的说唱类文献和粤剧文本都收录在内，其中有很多孤本，如果不影印出版，则已很难看到。

早在二十几年前，我们就深切地感受到，学科建设离不开基础性工作。中山大学是中国戏曲研究的重镇，20 世纪 90 年代，我们在王季思先生的带领下编成了《全元戏曲》（1986~1999）；21 世纪以来，我们在黄天骥教授的带领下编校《全明戏曲》。《全明戏曲》规模庞大，目前标点整理工作已经初步完成，但是排版、校对、审核，还有很大的工作量，正式完成出版可能还需要 5~10 年。

20 世纪初，王国维研究"戏曲"，主要研究对象是剧本，他是从文学史的角度，为中国古代戏曲争取地位。但随着学术研究的推进，人们发现，"戏曲"也应包含"表演""演剧"的内容。所以，之后学者更多讨论呈现为"表演形态"的戏曲；但说唱的"表演"较戏曲逊色许多，所以其表演本身很少被记录下来，只有大量的说唱文本以文献遗产形式保存了下来。

我们曾用十几年编集整理了清代北京地区一种曲艺形式的文献——"子弟书"，题为《子弟书全集》，共 500 余篇 500 多万字，2012 年由社会科学文献出版社出版。

另外，我们还展开了对福建、台湾等地流传的歌仔册（和"歌仔戏"不同）的搜集整理工作，通过派遣学生去台湾大学做博士后的方式，搜集了海峡两岸所有关于歌仔册的文献，在此基础上又在世界范围内进行文献调查与征集，以求在全面、系统地搜集整理的基础上，编制一部歌仔册全集。

我的一个博士生，主要做广东潮汕地区潮州歌册的搜集和研究工作，他现在在华南师范大学任教，以此为题拿到了国家课题。

我最初的想法是，我们虽然没有办法在全国范围引领或者号召大家来整理研究俗文学文献，但是，我们可以带着学生开始做。借近 20 年来国际环境开放的契机，我们有可能在全世界范围内搜集到所需要的文献，然后加以标点整理或原样影印出版。这些文献不仅可以为文学研究者提供文献支撑，也有益于其他学科如历史、语言、文化、宗教、民俗等方面的研究。

所以，我们未来的工作应当是对这些领域展开系统的研讨。首先在全世界范围内搜集文献，摸清家底，然后编制目录，继而将文献汇集起来，加以影印或标点整理出版，再然后则应有系列性的研究著作问世。这可以说是一个三部曲。目前，我们应当进行第一步工作：调查、编目。

我在此呼吁，加强俗文学的编目工作。

当前，传统古籍的编目工作已经有了很好的范式，有完善的目录可供参考，如沈津先生的《美国哈佛大学哈佛燕京图书馆中文善本书志》等，但俗文学文献编目，则没有可供参考的范式。我和学生合作编制的《新编子弟书总目》（2012），在目录编制方面有一些创意。"子弟书"早期主要以抄本方式流传，发展到后期，则木刻本、石印本或者铅印本兼有，内容和版式都发生了变化，从原先的演唱的抄本，逐渐变成主要供阅读的文本，后者已经不能代表原先的版本。所以我们编目时，以抄本为主，以刻本为辅，其他的版本列于最后。同时，因为它是与《子弟书全集》同时出版的，两者本是配套的，考虑到全集已经很方便查阅，所以总目著录的内容相对较为简略。

但"子弟书"的编目经验，并不能直接复制到其他说唱体裁的编目中去。例如粤东潮汕地区的说唱文献"潮州歌册"则是另一种形态。它主要在清末民初，经潮城李万利等书坊刻印，以刻本方式流传。而闽南地区刻印的歌仔册又呈现出另一种面貌。歌仔册随福建移民传到台湾之后，台湾又有新的出版形式。

无论潮州歌册还是闽台歌仔册，这些俗文学文献都具有地域性特征，每个地方的生产和流传方式都不一样，所以需要按照它们的文本特点和刻印传播方式，设置不同的编目形式及著录模式。

目前大多数图书馆编制的说唱、唱本类文献目录，都未能较好地揭示其具体信息。例如，北方地区一些图书馆编制的文献目录，把广东的木鱼书、潮州歌册都归类为"广东唱本"，或者把"潮州歌册"也归类到"木鱼书"类目，还有些图书馆的文献目录则把唱本文献都归到"弹词"类。这说明俗文学编目工作的进展，已经影响到文献的利用，这种现状亟须改变。

此外，很多图书馆收藏的俗文学文献，基本上处于无人问津的状态。要改变这一状况，数字图书馆应当可以提供帮助。我们期待图书馆把这类文献数字化，在网络上公布，或是影印出版，以便学者使用。如果这些数据库还能配备完善的编目信息，则无疑是研究者与爱好者的福音。

高校图书馆特藏文献整理与研究者谈数字学术需求

受访者 陈 莉 蒋文仙 李 卓*

采访者 李晨光 曹甜甜

问：三位老师好。请三位老师先介绍一下各自的专业背景和工作经历。

陈莉：我硕士的专业古典文献学，毕业后进入中山大学图书馆特藏部工作。从 2000 年到 2020 年，我一直从事古籍整理研究。其间就读于中山大学历史学系中国古代史专业并获得博士学位。

蒋文仙：我本硕博都是古典文献学专业，研究聚焦于古籍版本、目录。我于 2005 年进入中山大学图书馆特藏部，到现在已经有 15 年的工作经历，主要从事古籍整理、编目工作。

李卓：我本科、硕士都就读于图书馆学专业，2005 年入职中山大学图书馆，主要从事碑帖编目工作。

问：各位老师均有着十几年的古籍工作经历，与以往相比，数字信息时代特藏部的工作方式有什么变化？

---

* 陈莉，中山大学图书馆副研究馆员；蒋文仙，中山大学图书馆馆员；李卓，中山大学图书馆馆员。

陈莉：以往，因为计算机网络技术不发达，联合目录数据库也不常见，所以我们主要通过查阅古籍编目卡片和已出版的各馆古籍书目等来开展古籍编目工作。现在，随着数字技术的发展，我国已建成多个内容丰富、使用便捷的古籍数据库，古籍书目的检索方式也由手工变为数据库网络检索，打破了地域的限制，实现了全国性的古籍联合编目与共享。依托网络技术，我们甚至可以方便地掌握海外图书馆的古籍收藏情况。

李卓：我刚刚接触碑帖编目时，师从故宫博物院的施安昌先生，与古籍相似，早期碑帖编目也是通过纸质书目卡片或书目著作进行检索。当时施老师教我们依据碑帖名称查阅《石刻题跋索引》，找到记录该碑帖的著作名称、卷数、页码，再查阅收录在《石刻史料新编》中的影印资料，与碑帖文字对照，确定其拓本年代，完成编目。这是当时碑帖编目的流程。后来国内完成了碑帖全文数据库的建设，可以在这个数据库中很方便地检索到所需信息。实际工作中，不仅需要数据库，也需要其他的网络资料。编目工作者不仅需要检索专业的碑帖数据库，例如北京大学和中国国家图书馆等院校和机构的碑帖数据库，还需要参考网上的个人游记照片，了解碑刻实物现状，这对确定碑刻的现存地和保存状态都有很大帮助。

蒋文仙：我在攻读硕士、博士学位期间，撰写论文时，已经开始利用网络目录查询古籍信息。当时中国国家图书馆和上海图书馆已经在网络上发布了各自的古籍联合目录。但是在 2000 年至 2010 年，古籍数据库的发展仍然存在着较为明显的问题：一方面，数据库提供的服务有限，以浅层次的书目数据查询服务为主；另一方面，书目数据库在国内的影响力有限，只有专业学者会留意到这些工具并且运用到个人研究中。2010 年以后，古籍全文数据库数量明显增多，用户可获取的资源日益丰富，古籍全文利用越来越深入，同时用户需求也逐渐多样化。过去，上海图书馆古籍联合目录的查询功能最为便捷，因为上海图书馆的联合目录比其他馆多了目录分类，而且采用的是传统的四部分类法。现在国内很多古籍联合目录，甚至高校古文献资源库，其网上查询功能中都没有凸显出四部分类法。但是对于传统古籍分类与检索来说，四部分类是很重要的。全国古籍普查登记工作开展及其成果数字化以后，分类才被提到比较重要的地位。

问：古籍编目工作中还有哪些方面会用到数据库？

陈莉：古籍编目不仅仅是将数据录入数据库，录入数据库实际上是古籍编目工作的最后一步。古籍编目，首先要明确文献的题名、卷数、作者、责任方式和版本。其中每一项信息都需要进行考证和确认。考证过程中，工作人员不仅要搜寻、研读书中的序跋、扉页等信息，还要综合利用各种数据库，来查证所编古籍的相关信息，确定题名、卷次、作者、版本、分类等方面的信息是否存在差异。部分数据库中收录的书影能够作为参照，帮助工作者进一步判别版本的异同。此外，古籍数据库还能帮助工作者了解一部古籍在全国或者在海外图书馆的收藏情况。

问：中山大学图书馆在古籍数据库建设方面所做的工作有哪些？您对目前古籍数据库资源的了解有哪些？

蒋文仙：中山大学图书馆曾经参与加拿大麦吉尔大学图书馆"明清妇女著作数据库"的建设，数据库收录古籍图像的著录内容具体到每一张图像所对应册次和卷次的页码。只要在数据库中点击某一位妇女的著作，就会显示它是具体某册某卷对应的书影。这个数据库属于图录型数据库，没有全文自动化识别，是一种图像型全文数据库。

还有一种是我们经常用的普通古籍数据库，存储的是文字识别后的古籍全文。这种全文数据库可以根据是否校正和校正程度划分为不同层次。我在使用全文数据库的过程中，更愿意使用原文图片，而不愿意看识别后的文字。因为目前的文字识别技术尚无法保证文字的准确性。古籍工作者在开展版本研究的时候，需要知道数据库提供的是哪一版本，而原文书影可以准确显示版本信息。但是数据库的开发者能否满足专业研究者的需求，我对此持怀疑态度。经常有数据库厂商邀请我们试用数据库，但他们的选目和做目录的方式不太专业。数据库内容是否可信、可靠，更多是根据从业者和研究员的经验来判断。以前经常听一些老先生说，研究前选用了有问题的版本，研究进行过半时发现书有问题，要重新更换版本，那就很麻烦。尤其是做古籍点校的时候，底本选择的好坏直接决定工作进度的快慢，也会决定工作质量的高低。因此，以前的老学者很注重版本选择，现在做古籍数据库也同样要遵循这个原则。

问：我感觉现在古籍数据库版本项信息的缺失非常严重。

蒋文仙：现在古籍数据库的优点是有原版对照功能，多数会注明版本信息，除了识别后的文字外，还可以查看古籍原版书影，通过对比来判断版本的可靠性。

李卓：与古籍相比，碑帖的文字识别更加困难，这是碑帖全文数字化的最大瓶颈。目前，石刻史料数据库的全文检索准确性还不高，很多文字的识别结果有误，导致用正确的检索词检索不到原文，必须不断更换检索词，这降低了检索的效率和准确性。专门的碑帖全文数据库极少，目前我常用的有两个：一个是书同文公司的中国历代石刻史料汇编数据库，另一个是日本京都大学的石刻拓本数据库。京都大学石刻拓本数据库是根据京都大学人文学科研究所收藏的碑帖开发而成，全文质量要好一些，但收录碑帖数量和品种相对较少，使用价值有限。

陈莉：中国基本古籍库有数字化原文，也有原书书影，可以互相对照，这样的数据库是比较受欢迎的：第一，它有数字化古籍全文，可以直接复制利用；第二，可以查阅对比古籍全文转换时是否正确；第三，附有版本信息。它的缺点是只收正文，不收序跋。

蒋文仙：这个问题可能跟数据库的特性有关，中国基本古籍库关心的是文本内容，而不是版本。很多时候我们需要序跋，是要根据序跋断定古籍版本。

问：因为现在的数据库人工识别成本过高，往往还是利用光学字符识别技术，所以数据库的文本中仍然会出现部分文字识别错误。如果中国基本古籍库进行数字化时选择的底本质量较低，那么数字化后的文本也会出现很多错误。

蒋文仙：但是数据库至少提供了古籍全文，免去研究者文字输入的过程。例如 30 卷本的《李白文集》，你可以把它从数据库中复制下来，然后把《李白文集》的版本系统研究清楚，根据复制的文本来校对成自己想要的版本。当然这个过程需要时间和精力，但是至少免去文本录入的工作。中国基本古籍库可以提供比较基础的文本，便利性强。根据我目前的使用经验，它的文字识别和校对工作做得比较到位，错误很少。

陈莉：我们现在很期待有更多的比中国基本古籍库更完善的古籍全文数据库。首先，数据库要选择好的底本、好的版本进行数字化；其次，做到原始书影和识别的文本互相对应；第三，要保留古籍的原色原貌，从封面到封底，从头到尾保留下来。

李卓：数据库开发者是否愿意公开数据也是难题。目前北京大学图书馆是中国高校图书馆中碑帖收藏最多的单位，它的碑帖数据库信息丰富且完善，但其数字化扫描的图像数据并不对外开放。作为碑帖编目工作者，我迫切地希望能够看到碑帖原图以便于比较碑帖异同。目前做得比较好的是日本京都大学石刻拓本数据库，它的图像像素高且是公开的，甚至允许下载，一张图片的大小为 2~3M，足够和中山大学图书馆馆藏碑帖版本进行清晰的对比。哈佛大学的碑帖数据库略逊于京都大学石刻拓本数据库，但仍优于国内数据库，它允许下载压缩过的图片，图像清晰度基本能够满足比对需求。其他数据库大多仅允许下载 200~300kb 的图片，图像价值大大降低。

问：有人认为数字化技术的发展降低了人文学科的研究难度，传统人文学科更强调一点一点积累素材、积累认知，逐步形成个人认识。但是有了数字技术之后，素材积累过程可以减少，甚至可以省略掉。

蒋文仙：我认为不是这样的。数据库等资源的价值和质量，最后还要回归到研究者或者开发者本身。开发者的思考方式、对数据库的定义和建设方式决定数据库的质量高低。就像刚才我们三位老师提到的，我们希望有全面的、更清晰的、版本更系统的、更专业化的数据库呈现在使用者的面前，而不是内容杂乱无章的数据库。这就必须回归到人，因为系统不能自动分辨哪个版本更好。因此,一方面数字化技术确实重要,因为它可以把很多不同版本的古籍呈现在研究者面前,为研究者提供诸多便利。另一方面也不能忽视人的作用,有了研究材料后,还要靠人去系统地分辨价值高低和版本真伪。数据库和语言一样,只是我们使用的一种工具、一种手段。工具的使用仍然取决于研究者的水平。

李卓:数据库跟纸本索引、目录没有太大区别,只是一种研究途径,能够帮助研究者更快捷、方便地达到研究目的。

蒋文仙:现在不是不需要传统的知识积累过程。研究者不能被动地接受研究资源,要自己分辨资源价值。传统的文献学学者会进行全面的基本背景梳理,尽量搜集所有的文献,进而分辨哪些资料是有价值的。要想把知识梳理清楚,爬梳的过程很重要。以前搜集资料的过程很漫长,因为要不停地寻找资料,翻阅大量纸本文献。但是现在输入检索词如"李白",数据库可能会返回几百万条信息,此时分辨信息的能力就很重要。我觉得数据库发展到现在可能有很大的瓶颈,全文数据库已经实现,接下来要考虑数据库的未来发展方向以及对研究者的作用。总之,科技发展产生了良好的效果,但是把它用好很困难。

问:蒋老师,目前您对于数据库的智能发展前景不太乐观,您是否觉得最终还要依靠研究者来完成数据库的建设与管理?

蒋文仙:应该是的。以王蕾老师的徽州文书项目为例,徽州文书有自身的特殊性,它有很多地方性的文献材料,如族谱、地契等,涉及人文地理知识。例如某份地契中的土地在明清时期属于某镇某村,现在又属于某镇某村。王老师希望将人物、地点与文献材料融合到一起,这其实是更高级的阶段,不像以往只是呈现某个文书的地域归属。王老师计划构建立体的地理网络,一旦输入某个地区名称,就会呈现一个个点及其编织成的网络。结果的呈现方式取决于开发人员的设置,怎么用图表呈现出徽州文书的特点需要更深层次的研究。但是从古至今,徽州的历史地理面貌有很大的变化,把古地名和现在的地名对应起来并不容易。这需要长期的研究整理，要做大量考察和梳理工作。这个模型的构思和开发要靠熟悉徽州文书的技术人员，但专业性的数据库与研究者的需求密切联系，本领域的专家会更了解研究者需要什么样的数据库。如果开发数据库的技术人员不了解专业学者的想法和需求，那么做出来的数据库便徒有其表，研究者的使用意愿会很低。

李卓：目前碑帖数据库的主要缺点是算法不够精准。有时碑帖的一段话中会有几个字模糊不清，我希望将可以识别出来的前几个字和后几个字输入进去，使用逻辑"AND"检索来确定模糊部分的内容。但返回的结果要么全都是前两个字的，要么全都是后两个字的，很少有同时包含前后两部分词组的检索结果。这种情况下，我只能逐条查看以确定哪个是我需要的条目，这就增加了编目工作的难度。

问：老师们对碑帖数据库和古籍数据库的需求有一定的差异。李卓老师要求准确的结果，蒋文仙老师更关注版本和文字内容的同步揭示。

蒋文仙：其实碑帖编目比较特殊。碑帖编目过程中，除了要著录碑帖的题名，还要著录撰写者、书写者、刻工等，以及原碑的地理位置。相对来说碑帖编目要求会更复杂，和古籍编目是有区别的。

李卓：台湾图书馆金石拓片资料库与大陆的数据库相比，它的特点是有田野照片，可以让用户看到原碑的现存状况。编目过程中需要记录原碑流传过程和现状时，我就希望能看到此类信息。我之前会在网上查找别人的游记图片，就是希望通过这些照片了解碑石的现存状况。田野照片能够辅助编目工作。

问：请问老师们利用数据库辅助研究的时候，有没有磨合的过程？能不能介绍一下您是怎么慢慢地熟悉、运用它们的？

李卓：这是一个非常愉快的接受过程。以前查阅纸质索引并不方便，纸质索引也有很多错漏。后来有了碑帖全文数据库，它极大地方便了编目工作。很多馆藏碑刻残片，我完全不知道它的具体内容，翻很久的书也未必能查到关于它的记录。这时候数据库的强大检索功能就凸显出来，我可以利用它查找古人著作中的记载文字，帮助我更快速地确定碑刻名称、刊刻年月等信息。不过有利有弊，数据库可以快速检索的同时也存在很多问题，需要持续改进和更新。

陈莉：我们最先接触的数据库是很简单的，只提供基本目录信息，当时也没有那么完善的数据库。后来数据库越来越多，信息量越来越大，使用也更为便捷。我们在工作中也会广泛使用各种数据库，会了解各个数据库的特点，判断哪些数据库可以用于研究和工作。

第二章
技术探索与实践案例

图书馆界的数字人文发展

——以上海图书馆为例

受访者 刘 炜*

采访者 王 蕾 苏日娜

问：刘馆长，您好。此次访谈主要目的是向上海图书馆学习数字人文基础建设经验。请您谈谈上海图书馆数字人文建设的历程、图书馆与历史文献中心的关系以及智慧图书馆的建设。

刘炜：数字人文不仅是上海图书馆关注，而且是整个图书馆行业关注的焦点。上海图书馆的数字人文建设是分阶段进行的。从 1996 年开始，上海图书馆每年会用一定的经费建设数字图书馆，把上海图书馆的特藏资源如古籍、家谱等分阶段逐步数字化。2014 年，基于前期的数字化工作，上海图书馆的网络技术中心开始做一些技术尝试。至 2016 年，一个个原型系统已经建成，初具规模。之后开始学习国外数字人文的理念和方法，得出数字化需要采用新技术对其进行描述，从而揭示更多的信息。文献级别的揭示需要更加深入才能上升到知识级别。计算机技术特别是人工智能、机器学习技术的发展，使得计算机技术可以为图书馆所用，以前是通过人工标引提取知识内容，现在可以采用机器学习的方法自动标引。自此，上海图书馆从以前的数字图书馆建设上升到新的台阶，采用计算机技术管理图书馆。

---

* 刘炜，上海图书馆研究馆员。

上海图书馆从技术部门的探索开始，到之后的元数据和本体技术，完全遵循语义技术发展的脉络。上海图书馆夏翠娟团队一直致力于研究元数据、本体技术和语义知识描述，结合数字人文，开发家谱、盛宣怀档案和古籍的系统平台。这三个系统作为开发平台的信息化项目，是分开开发的。之后基于知识揭示原理，底层架构需要设计词表和跨领域使用的工具。因此，我们发现需要打通整个业务流程和业务链条，于是提出跨部门协作的需求。2018年，我在上海图书馆领导班子会议上，提出建设历史文化大数据中心。它是一个虚拟中心，由技术部门、历史文献中心和信息处理中心三部分组成。在上海图书馆，数字人文就是以这三个中心为基础，现在处于刚完成框架搭建的阶段。2019年，我参加"敦煌（DH2019）文化遗产数字化国际研讨会暨中国社会科学情报学会数字人文专委会学术年会"，认为应该制定持续的工作目标，提出了构建历史人文大数据平台的构想。

上海图书馆的盛宣怀档案、古籍和家谱系统平台，当时都是处于割裂状态，数字化工作完成后，移交给业务处管理。上海图书馆在2015年成立了数据资源部，其职能是管理上海图书馆的数据资源。上海图书馆购买的以色列艾利贝斯公司罗塞塔系统是符合国际标准的OAIS，适用于数字资源的长期保存，我们采用罗塞塔系统保存数字资源。

完成上述三个系统的开发后，我认为上海图书馆历史文献资源的架构要发生根本性的转变。以前的系统，包括购买的服务，都是零散的系统，没有总体考核与规划。我们现在在思考如何布局上海图书馆文献资源的架构。2019年，上海图书馆提出建设历史人文大数据平台，从顶层设计出发，重新设计数字人文平台未来的面貌。历史人文大数据平台和图书馆的服务平台相关联，因为它们使用的技术底层是相通的。2019年开始统一规划底层的工具词表、本体开发、GIS平台。在2020年数字人文年会上，上海图书馆展示了自己的构想。我们希望历史人文大数据平台在上海图书馆新馆开放后能初见成效。

目前，上海图书馆特藏资源的数字化，是基于建设数字图书馆和文献保存开展的数字化扫描工作。而历史人文大数据平台的目的是知识揭示，要求底层的技术相通。底层词表如人物、事件、时代，是底层的学科工具书，在底层起到知识关联的作用。该平台内还有各类主题，包括古籍、档案、期刊，古籍还包括地方志，目前都是按照文献管理的方式来管理。接下来，我们计划按照主题知识库的方式来管理。现在的资源系统架构，包括购买的服务，都将整合到统一的平台架构内。例如家谱资源，上海图书馆打造家谱中心，民间的家谱活动也很活跃，私人收藏者经常会捐赠家谱给上海图书馆，捐赠的家谱又分为电子资源和纸质资源。针对此类情况，上海图书馆专门开发了管理家谱资源的工具，包括收集加工平台、资源管理平台和发布展示平台，构成上海图书馆服务的主体。上海图书馆的所有资源类型都要有全流程的管理平台，支持图书馆业务工作和服务工作。

上海图书馆的特藏数据库服务分为两类：一类是增值服务，另一类是专业服务。增值服务主要是依靠数据库开发而获取一定的收益，未来我们希望改变方式，通过附加的分析工具和辅助软件获得增值。文献资源在图书馆内以及建立合作关系的友好机构内，排除商业使用目的，都将免费获得。图书馆的增值服务在资源平台上实现，资源平台上配置了多种数字人文分析工具和功能，如图像识别和关联功能、资金统计功能、自然语言处理工具、实体识别工具等。这种方式不是基于文献服务而是增值服务，提供数据库和系统平台。上海图书馆一直秉持开放的原则，也在考虑与科研机构以及高校合作，利用上海图书馆的资源和平台，共同完成一个项目。

上海图书馆的三个中心将来的定位非常明确。技术部门负责项目管理，虽然上海图书馆的技术开发是外包的，但是技术部门从开发到运维，整个过程都由上海图书馆的技术团队来负责。技术部门不承担增值服务，技术部门有数据团队，数据团队的工作是制定数据标准、数据流程和数据质量管理。技术部门是孵化器，它的职能是技术支持和平台支持。未来平台与技术开发可能也会招标，由技术部门提出需求，按照需求来开发知识库。信息处理中心主要工作是外包服务，包括数字化、数据化的工作都是外包的。但是信息处理中心承接建设知识库和平台的项目，负责增值服务功能。历史文献中心负责对外合作，包括研究类的对外合作和对外的项目合作与质量把关。通过对外合作，我们可以对数据平台提出更高的要求。上海图书馆的数字人文平台就由这三个部门合作组成。

专业服务分为特藏资源服务、科技数据库服务和科技文献类服务，有专业服务中心。科技服务是基于数据的服务，服务模式相对比较成熟，可以向高校和科研机构学习。特藏资源服务，花费的精力比较多。因为现在正处于关键阶段，数字图书馆发展至今，对于有一定馆藏的图书馆而言，在数字时代，图书馆的服务如何转型，资源如何提供，奠定了未来的发展基础。上海图书馆每年在基础建设方面有固定的投入，我们希望利用信息化的投入为将来图书馆的转型打下基础。

将来怎么做？良性循环。上海图书馆借助数字人文联盟，和其他的机构尤其是上海高校建立合作机制。我希望数字人文的研究更加开放，有更多的机构特别是年轻人的参与。对于数字人文研究，我现在最大的担心是，只有图情界热衷，而人文研究领域漠视，这就失败了。我期望通过数字人文联盟，联合各大高校，更多地吸引人文学科领域的年轻人参与。

问：我们也希望加入。我们现在的问题是图书馆的技术人员较少，所以和学校的网络中心、信息办协作起来比较困难。

刘炜：我对协作的理解是，必须有自己的实力并做出东西，这样才有说服力，别人才会主动寻求合作。图书馆服务别人，总是非常愿意开放，实际上图书馆人合作没有问题，只是自己看不到自己的价值，协作时往往很不自信，别人看不到你的能力，可能就不太在乎你。其实我认为要先做一点事情，然后去和别人合作。

我们接触的很多高校的教授、有些团队还是相当好的，他们也能够理解我们。但我们步子太慢，没有做好。华东师范大学起步很晚，但做得相当不错，相当实在。上海大学成立了一个数字人文研究发展中心，把图书馆、博物馆、档案馆和图情系融合了起来。

问：我们也一直在做基础数据建设，最基础的数字化。

刘炜：这不成问题，只要管理者有想法。数字化非常费钱，到现在这个程度，也需要有些想法和技巧，不能没底。而且技术发展太快，我们觉得以前的扫描质量不行，以前的标引深度、质量也不够。所以到一定的阶段需要做一些前沿性的尝试，需要尽快看到成果，特别是几条线要齐头并进。我们上海图书馆现在急需的是服务，2015 年、2016 年，上海图书馆做了家谱、古籍和盛宣怀档案的系统平台，当时有些阻力，因为每年花费很多钱，但缺乏明显效果。然后我们赶快调整策略，把家谱系统做成开放的，而且把整个家谱服务链建立起来，即建立起征集、标引、管理和发布的平台，使它成为业务工作的必需。历史文献中心认为平台很好，因为能够使他们的工作升级。

我们现在申请项目很难，因为总是用同样的名称申请，一开始是一期、二期、三期，现在三期之后不能再申请四期、五期。所以我们也很困难，一两期肯定做不完，因为推向服务之后会有很多新想法，想要不断改进，不改进就没有活力。上海图书馆有技术团队、服务团队以及文献资源，我希望把它们整合起来，把平台系统完全提升到数字人文平台建设的层次，这样才能够符合潮流和技术发展趋势。基于文献的服务在将来不是主流，总会到头。将来要挖掘知识，人文社会科学方面基于数据的研究、数据驱动性的研究，在科技方面落后很多，资源加工也不到位，还有很多路要走，也需要不断投入，不断改进。我们也在探索，要和学者一起探索怎样做数据。

问：上海图书馆有没有比较成功的与高校合作的例子？

刘炜：最近上海图书馆跟高校的合作项目开始增多，比如与南京大学合作扫描馆藏珍贵的民国照片。南京大学有先进的数字化设备，但没有那么多文献需要扫描，于是就和我们合作，帮助我们进行馆藏数字化。我们对照片的精度要求很高，一张照片要以不同的技术参数扫描几张，我们难以承担如此高的成本。为了降低成本，上海图书馆和南京大学签订合作协议，以很低的价格请他们人工扫描。将来南京大学如果有研究课题需要使用这些照片，那么他们有优先使用权。

上海图书馆也在考虑和上海大学合作，希望开启一种新的合作模式。高校有很多哲学社会科学和自然科学重大项目，项目结束之后没有办法维持和维护数据平台、系统、数据库的正常运转。图书馆实际上可以做这件事情，国外已经开始探讨这种模式。图书馆可以把项目数据接管过来，但是需要投入资金、人力，需要有技术支持。图书馆不能向课题组收费，必须自己有运营经费。图书馆接管项目数据有利于自身的发展，可以不断地充实馆藏资源，持续进行同类资源建设，而且可以筑巢引凤，吸引更多的团队参与。

问：大学图书馆面临机构性的问题，要为学者、学生提供与研究相关联的资源，包括课程设置、科研项目立项和学术前沿研究等。建设类似机构知识库的平台，让每位学者能够在平台上形成自己资源和知识的世界，我们也在考虑将学科性服务与智慧图书馆关联起来。

刘炜：我认为高校图书馆比公共图书馆好很多，高校图书馆有明确的服务对象，也能够非常清楚地掌握服务对象的需求。上海图书馆现在把自己定位为研究型图书馆，主要的服务对象是高校和科研院所，面向大众的服务主要是科普展览展示。我们提取数字人文资料和建设数字人文平台，目的是将来为人文学者所利用，但没有明确的方向。以前图书馆行业建设机构库都是图书馆的分内之事。这都是从图书馆的角度来做的，是作为图书馆的基础设施建设，学者不一定需要，也不一定欢迎。满足各方需求的通用型平台很难做好，我国台湾的 DocuSky 和欧洲的 Markus 成功的原因在于目标非常明确。我们现在希望优先满足单个课题组的需求，在考虑一般性需求的前提下，逐步建设数据平台。实际上数字人文工具不难开发，但是要从用户角度出发，如果没有用户参与，图书馆自己拍脑袋决定，那么失败的可能性比较大。如果有课题组参与，学者能够提出需求，图书馆在平台上开发相应工具，那么至少能满足课题组的需求，并且可以进一步推而广之。

因此，我认为高校图书馆在建设数字人文平台的时候，不能考虑得大而全，还是要结合真正的需求，逐步进行建设。以前软件开发在做系统设计的时候，一定要把需求设计得很完善，才能让人们去使用和推广。因为以前信息技术的架构是牵一发而动全身的，所以更改需求非常麻烦。现在信息技术领域已经发生了巨大的变化，技术允许不断地积累，微服务架构以及数据都是松散耦合的，可以不断迭代，比如上海图书馆开发的家谱系统就在不断迭代。系统不断迭代会造成一定的项目经费的浪费，但是这些都很正常，逐步解决痛点才能够让大家看到希望。我们对下一阶段数字人文的发展是很乐观的，这对图书馆行业来说也是机会。

现在智慧图书馆是国内比较热门的话题。我把智慧图书馆定位为数字图书馆发展的高级阶段，而且它可能也是中国特有的，国外还没有提出建设智慧图书馆。在信息技术领域，目前国内研究开始引领国际潮流，比如阿里巴巴集团提出的很多新概念在全球都是领先的。目前中国对于移动技术非常重视，在 5G 方面也领先世界，所以在这些方面我们已经无法再去向别人学习。特别是智慧图书馆对信息技术平台提出了新的需求，无法依靠现有的图书馆自动化系统或者开发图书馆自动化系统的公司来解决问题。我们现在要开始自己考虑自己的问题，满足自己的需求。我觉得智慧图书馆的概念现在已经到了要落地的时候，很多图书馆在建新馆之后，其业务需求都要通过系统来实现。现在公共文化领域的任何单位和机构，如果不用信息技术和数据技术，那么肯定是落后的。最早的时候信息技术能够让管理更加科学化，让管理者能够掌握更多数据，使决策更加科学化。以前信息技术也为图书馆提供了很多方便，比如 MARC 标准格式，业务流程的标准化，采购、编目、流通、典藏等系统模块在不同图书馆之间的通用性。依靠机器提供服务实际上提高了图书馆的生产力，节省了很多人力，提高了效率。但现在图书馆很落后了，大量工作都是依靠手工完成，而非依靠机器，特别是阅读推广活动。大概从 20 世纪 90 年代以来，上海图书馆超过 90% 的业务是新的，包括数字化。但这些都没有纳入图书馆推广的管理平台中，管理平台事实上已经不是整合型管理平台了。现在图书馆的业务快速拓展，大量业务无法用管理平台来管理，导致馆员都忙于事务，生产效率很低。我认为智慧图书馆要提高图书馆的业务管理服务水平，能够完全用信息技术管理，提高生产效率。现在信息技术已经发展到了人工智能时代以及机器学习时代，以前的数字图书馆只是把资源数字化，建立网站或数据库、知识库，但是这与我们的管理和业务还没有密切关系。智慧图书馆平台实际上是把所有工作转移到平台上，图书馆所有业务都能够在线上开展，而且线上业务的体量应该大于线下。

上海图书馆通过后台统一的虚拟参考咨询平台回答读者的提问（可能采用机器人回答问题），在研究室会有一些智能音箱，通过语音命令就可以控制研究室的灯光、空调、投影，开会的时候可以做记录，诸如此类功能都是运行在智慧图书馆平台上的模块、App，这些都是平台需要考虑的问题。智慧图书馆的底层一定要互通互联，用户数据要互通，用户的 ID、位置、登录信息等要相互关联，像单点登录（Single Sign On）一样，读者只要进馆，在任何地方都可以被识别。上海图书馆梳理了现有的 100 多个系统，这些系统的软件和硬件都是不通的。在云环境下，至少技术已经发展到硬件和虚拟主机可以资源共享的情况下，如果底层的用户数据和资源数据是互通的，那么任何子系统都可以调用资源、调用书目数据。在做儿童阅读推广活动的时候，可以知道有没有某个主题或作者的绘本，有电子版还是印刷版。

上海图书馆希望通过智慧图书馆平台的建设制定一系列标准。现在系统开发都是基于云技术，称为云原生。云原生技术建立在云技术基础之上，包括微服务架构、容器和容器的编排等。云原生技术的好处在于可以让应用系统任意迁移，所有需要的东西都包含在容器里，容器可以任意迁移。

问：您可否谈谈您对图书馆系统的使用建议？

刘炜：Alma 是 2001 年推出的产品，目前是业界最先进的系统，它的架构采用云技术。从技术架构角度，它的好处是更加集约化，但实际上上海图书馆不能享受集约化带来的成本降低，只能节省购买服务器的部分成本，系统扩展性也比现在的云原生技术差很多。上海图书馆计划利用 FOLIO 维护一套本地云，保证数据的安全性。云原生技术已经能够做到利用公有云解决"云逸出"的问题，如果短期内数据量和访问量特别大，可以购买阿里云的服务实现平滑过渡，云技术能够平滑过渡到公有云或者混合云。云的容量是无限的，只要按照标准付费就可以享受对应的带宽和内存。如果 FOLIO 不能成功，上海图书馆可以采用 Alma 支持传统业务模块。图书馆现在急需的实际上是流通模块，Alma 一年最大流通量达六七百万册/次，只是我们现在流通量的 1/10，它不能保证支持全上海市一两千家图书馆一年 1 亿册/次的流通指标。

南京大学的智慧图书馆服务平台（Libstar）瞄准 Alma，也采用微服务的方式，应该是国内比较先进的智慧图书馆系统。它是南京大学与江苏图星软件科技有限公司（以下简称"图星公司"）合作开发的产品，被超星公司控股。因为它是商业产品，所以上海图书馆可能不会采用。基于互联网的现代化系统必须有开放的架构和环境，有许多能够对外开放的 API，可以基于平台开发很多的应用，而不是每一个接口都要付费使用。商业公司开发系统的目的在于盈利，导致无法建立软件生态系统。平台化是互联网发展的趋势，平台一定要开放才会有更多的人基于平台开发应用，吸引的人越多，平台越容易成功，大家各有各的商务模式，最终达到众赢，并且可能形成市场标准和行业生态。

上海图书馆有 100 多个系统需要转移，图书馆集成管理系统是最基础的，包括资源管理、书目数据管理和主要业务流程模块，它必须是将来可以开发大量 App 的开放系统，而且图书馆最好能够掌握系统的话语权，能够制定规范和标准。图书馆也可以购买公司开发的专业系统或 App，专门为上海图书馆开发的 App 的产权属于公司，我们同意公司把 App 推广到更多的图书馆，获取更多的利润。我们认为智慧图书馆系统未来的发展方向是能够形成行业生态，图书馆系统的平台化、App 化对大家都有益。

南京大学的智慧图书馆系统和 FOLIO 最大的不同在于它由私有公司控制，开发能力有限。现在已经有五六家公司在同时给上海图书馆开发基于 FOLIO 的系统。FOLIO 属于 EBSCO 支持的开源平台，但是 EBSCO 不拥有 FOLIO，FOLIO 有自己的运行规则和理事会，理事会成员由国外大型研究型图书馆的馆长担任。理事会是决策机构，决定 FOLIO 产品发展方向，也决定能否纳入更多的投入开发平台。这样的运行机制和架构的优势是能够保证开放的环境，问题是开发成功所需的资源是否充足，如果没有公司强有力的资金支持和引导，一般的开源就很容易失败。实际上 FOLIO 现在也有问题，每年的计划和版本更新会拖期，对于未来的开发工作量也考虑不足，这是开源带来的问题。图星公司和图创公司都在和上海图书馆谈合作，我们希望他们的系统模块能够支持 FOLIO，因为 FOLIO 的好处之一在于可以用多语言环境开发 App，而不一定都用 Java 开发，只要接口能通用，遵循一定的标准就可以。我们希望国内能有更多基于 FOLIO 的模块，FOLIO 的生态能壮大，让企业有良性竞争环境。

问：现在公共图书馆和高校图书馆系统开发模式不太一样，是吗？

刘炜：上海图书馆比较特殊，我们原本想依靠中国高等教育文献保障系统（CALIS）和高校合作，因为公共图书馆的开发能力的确很差。但后来由于 CALIS 团队的核心人员已经被挖走了，所以我们没有选择 CALIS。我认为高校还是缺乏联盟，我们很希望有 CALIS 这样的联盟。

现在因为 FOLIO 还没有开发完成，我们也没有高调宣传，计划先把自己的事做好。上海图书馆希望能够维持上海地区的一卡通，如果推行 FOLIO，那各个区馆就不能购买独立的系统。因此，上海图书馆通过行业协会成立了"上海市图书馆行业协会 FOLIO 技术及应用联盟"，联盟实际上也是为了市场保护。行业协会可以通过制定技术标准和技术规范，限制各个区馆的招投标，使之符合一定标准和规范，比如图星公司和图创公司的系统要进入上海市场，在投标的时候就要保证能够和 FOLIO 兼容。IOS 平台和安卓平台占据了智能手机 App 开发市场，其他的平台不可能再建立。软件开发商都基于 IOS 平台和安卓平台开发 App，往往一个 App 需要开发支持两个平台的版本，这增加成本，造成浪费。因此，我们希望能够有更多支持 FOLIO 的应用，大家就不需要在技术方面做更多的选择。将来的图书馆就只需要关注业务上的创新，技术人员开发平台的门槛便会降低。例如，如果有人开发过用户认证模块，其他人再为图书馆开发应用的时候，调用用户认证模块的界面可以直接弹出来，开发者可以直接调用 API。北京大学已经开发了两个支持 API 的模块，系统部的工作人员调用这些 API 就可以开发应用，降低了应用开发的门槛。因此，我现在大力提倡 FOLIO，希望 FOLIO 能够得到更多人支持，形成良好的行业生态，让大家都可以享受到其中的好处。

问：请问在有经费和方案的前提下，怎样做到可控？比如贵馆有没有什么直接参与合作的模式和途径？

刘炜：刚才我提到上海地区成立了联盟，联盟已经规定了准入协议，让成员馆都采用 FOLIO。现在全球已经有六七家高校图书馆在用 FOLIO，主要是电子资源管理模块，这个模块已经很成熟，因为后台有 EBSCO 支持，所以它整个可以调通。按照时间表，上海图书馆将在 2021 年春节前后完成查询、用户管理、流通三个模块，以及总分馆管理模块，预计上海一两千家图书馆会形成四级结构的总分馆制。每一家区馆都是总分馆结构，有自己的业务、数据和用户，完全可以认为它是独立的系统。在整个架构中区馆相当于租户，基本的书目数据和用户数据在整个上海市是共享的，区馆还可以有一些不共享的部分，可以使用自己的网络资源和云资源，包括独立购买的资源以及特殊用户或者服务，形成了非常复杂的总分馆制。现在 Horizon 主要是用在流通业务，编目业务已经购买艾利贝斯的编目模块，这和很多高校图书馆不一样。高校图书馆最先采用电子资源管理、资源发现模块，当然资源发现和书目检索属于相同的模块，还没有合并数据库的查询模块。中文资源发现模块目前还没有统一，没有哪一家做得好。你们采用哪家公司的资源发现模块呢？

问：我们希望先实现馆内资源的统一检索，做到纸电一体化的检索。

刘炜：资源发现基于元数据的统一检索，通过一些机制把原文调出来。实际上资源发现终极状态还是用搜索引擎比较好，可能要结合联邦检索和基于元数据的检索，技术肯定一直会发展，未来都是未知数。

目前，重庆大学图书馆也在和重庆维普公司合作开发相关系统，但上海图书馆不会选择重庆大学图书馆开发的系统，主要有两个原因：一是重庆大学图书馆的系统开发思路主要是为读者提供精准化、学科性服务，不是全面的智慧图书馆，上海图书馆对于智慧图书馆的考虑是全面的，包括空间、购买资源的分析统计、读者画像等各个方面；二是重庆维普公司在技术方面比较保守，目前没有云原生架构。重庆大学图书馆也不一定要用云原生技术满足很多需求，这种需求是根本性的，是技术的更新换代，就像以前主机终端结构从 C/S 结构变成 B/S 结构，现在进一步变成云原生架构，这是根本性的技术变化。用户可能一开始体会不到变化带来的好处，但是整个产业进步之后，能够节省成本，提高效益。重庆维普公司如果定位为提供一般性解决方案的公司，面向全国图书馆市场，那么在架构上要考虑云原生技术。技术总会进步，只是速度快慢不同而已，最终大家都会采用新技术，维普公司和超星公司可能将来也会采用新技术。超星的系统比重庆大学图书馆开发的系统在图书馆的几个传统模块方面应该更加先进。我认为汇文图书馆管理系统在稳定性、架构等各方面都是国内最好的系统。

问：中山大学图书馆希望在图书馆建设过程中解决一些实际问题，让图书馆具体实施和推进数字人文与新文科发展规划落地是很好的契机，我们也想抓住机会进一步发展。

刘炜：图书馆主要负责为数字人文和新文科服务的数字资源和基础设施建设，最大的优势是可以提供数字人文平台建设需要的数字化、数据化资源，数字人文平台要针对学校的重点学科、强势的 A+学科，为其开发专门工具，基于馆藏资源以及购买的资源为重点学科提供资源保障，学科馆员基于资源和需求提供学科服务。图书馆可以基于数字人文平台融入科研项目和教学中，如此，图书馆在数字人文领域的地位就会牢不可破。未来中山大学人文领域的研究成果都可以放在图书馆数字人文平台上，成果可以不断地积累。

图书馆在整个校园信息化中非常特殊，其他部门都是用于管理的，但图书馆是用于服务的。图书馆的服务和管理级服务不一样，它以资源为主，一定要有独立的架构设置，否则完全并到智慧校园系统中会非常臃肿。智慧校园的数据中台与图书馆的不同，它主要包含一些运行中的数据，如学生数据和教学管理数据。但中台的数据实际上是复用的数据，可以说，中台是一个数据池。图书馆或者信息服务中台的数据是购买的数据或者数字化资源的数据，是可以复用的。上海图书馆新馆的六大系统中有智慧情报系统，它包含从各个渠道收集的商用或免费的数据，内容涉及经济发展和社会文化等。这些事实性的数据都存储在数据中台，以支持图书馆的情报服务。情报服务是各种各样的来自政府决策机构的临时性咨询需求，如果需要知道长三角 28 个城市的科技发展水平，那么这些城市的所有数据都要存储在数据中台上才能够快速查找。假如需要对比上海地区和美国硅谷湾区的科技创新能力，这些数据如果不在数据中台上，还需要工作人员逐个数据库查询搜索，就会很慢。以前上海图书馆做过大量课题咨询，如果咨询报告等报告的原始数据，就像高校科研人员科研项目和原始数据都存储在中台上，那么将来基于这些方向和课题再做研究就很容易。因此，图书馆的数据中台与阿里巴巴等电子商务的数据中台是完全不一样的概念。

图书馆现在一定要参与信息技术架构的设计，提出需求，这对图书馆的转型也非常重要。像图书馆这样的文化服务机构需要利用一切可能的技术，在数字时代继续发挥作用，图书馆的上游和下游都发生了变化，教授、学生等用户的需求、使用资源的方式、研究过程发生了变化，图书馆不能只提供传统的文献服务，还要提供数据化的资源和工具，并且不断优化工具。图书馆数字化转型战略，需要设立明确的目标，根据信息技术的要求改变图书馆的组织架构、业务流程、岗位设置等。目前图书馆微服务要求所有部门都成为一线部门，直接获取用户需求，最好直接提供服务。但是图书馆的变革太慢，采编部门如果不了解用户需求，采购的文献利用率就会很低。因此，采编部门需要了解计划购买的文献全上海大概有多少，是否值得买，现在信息技术能够提供相关统计数据，让采购人员更好地感知并做出采购决策。

问：数字人文和新文科作为平台建设的话，怎么能很好地融合在一起？我们需要您专业的意见。

刘炜：平台的融合需要有一定的架构基础，老的单体架构是很难融合的，新的基于互联网的应用则更容易融合，所以要具体情况具体分析，如果开发时运用的技术比较老，可能就面临重新开发的问题。上海图书馆非常愿意和中山大学合作，有多种渠道可以合作，我觉得可以从实在的地方做起，比如购买我们的数据库，我们的数据库会不断地改进。会开发很多的功能，包括词频统计、分析以及 IIIF 的标注。将来专家用户可以自己建立图片库，如果对近代广告感兴趣，那么可以把广告全都放在自己的虚拟图片库里，可以用 IIIF 做标注，还可以导出标注。

问：贵馆在手写方面有什么尝试？您觉得手写文本的图像有没有直接做标引的捷径？

刘炜：在手写方面，古籍采用了书同文公司的 OCR 软件，我们认为中文数字人文平台一定要提供原文图像展示，西方古籍可能只需要提供全文，它的全文与古籍原文一样。我们会有基于图像搜索的技术，尝试以图搜图。搜狐、百度等搜索引擎有图片搜索功能，比直接搜文字要难一些，有时候准确率较低。假如从古籍图片中截取部分人名图片，以人名图片进行检索，可以把有相同人名的文献全部检索出来。它的准确率现在可能只能达到70%，还有待改进。上海图书馆的数字人文平台还支持标注，如果有团队研究某方面的资源，做了很多标注，经过工作人员校对，这些标注就可以为其他人所用。上海图书馆校对后的标注和 OCR 扫描出来的图像是连在一起的，不像中华书局文本和图像是分离的，这对于版本学研究而言是损失。

问：刘馆长，您刚才提到贵馆在做历史人文大数据平台，主要目标用户是高校和科研机构的人文学者，请问你们在前期获取用户需求时通过什么方式沟通？你们的开发路径和模式是什么样的？

刘炜：在这方面，长期以来我的路径和想法都比较特别。当时上海图书馆在做数字人文平台开发的时候，没有调研用户需求，而是根据当时技术的发展状况开发平台，然后让人文学者使用，直到现在我们都没有彻底地了解他们的需求。上海图书馆家谱系统的优势在于可以供普通读者检索使用，他们的需求比专家的需求更重要。古籍系统开发到一定程度后，我非正式地征询过一些专家的意见，发现他们大致可以分为两类。

一类专家非常客气，但是实际非常反感，他们认为数字人文不可能成功。上海图书馆在开发古籍自动编目功能，由曾在欧洲学习数字人文的博士后负责，把历史上一二十种古籍目录数据都输入系统，按照《四库全书》的提要式目录做成书目知识库。我们计划先根据版本可能性的大小抽取词语做成提要式目录，再让用户审核，剔除不准确的部分，借助人工完成编目过程。图书馆进行古籍编目时，只需输入简单的信息或者拍照上传，系统可以自动生成基本目录。这种方式不被一些古籍专家所接受，但是我想要进行一些尝试，发挥技术的优势，实际上现在技术的优势一多半都没有发挥出来。因为数字人文的幼苗还太弱小，如果过早曝光会被骂得一塌糊涂，所以要保护起来，逐步展示已有成果，让专家看到并认同技术的优势。

另一类专家认为数字人文很好，能节省很多时间，能帮自己做很多工作。这类专家一般比较年轻，他们觉得古籍系统很有前景。我们和这类专家合作比较多，遇到问题会去咨询他们，比如我研究古籍版本的同学就提供了很多建议和想法。实际上关于数字人文，我有非常多的想法，但没有钱也没有团队开发，包括古籍系统。图书馆把很多想法集中起来，开发了数字人文平台的演示版本，推出来进行演示。其实这里面有很多功能还很简单，而且还没有涉及古籍、家谱和地方志等，这些都有很多需求，但来不及实现。因此，现在我们没有征询相关专家。

问：图书馆和专家学者的观点存在差异，我原来主要是做特藏建设和古籍保护，我们一直想把这些用技术实现，但很多学者认为图书馆提供的资源和平台不是他们想要的，而且只是最基本的。

刘炜：我的经验是绝大多数问题产生于误解，学者还没有体会到数字人文的作用，图书馆则认为技术这样使用是最好的，但实际上技术不是这样使用的。我认为我们对技术的理解可能有问题，有的时候要非常深入透彻地理解学者的真正需求和目的。我现在考虑数字人文的需求是从人文学科研究的基本方法论的角度出发，现在大量人文学科研究主要是叙事和阐释。阐释是通过很多现象得出结论，叙事除了得出结论之外，能够还原事件。在历史学研究中，叙事和阐释两派体现得非常明显。人文学者最根本的需求是对研究基本方法论的提炼，任何研究都有研究过程，现在采用数字化的方法，研究过程可能会有很大的不同，但是学者的需求没有改变。

我认为现在数字人文最大的问题是还没有让人文学科领域承认的成果，因为现在数字人文是模仿人文学者的研究，还是传统方法论的技术呈现，只是数据量更大，样本量更大，范围更广，没有产生突破性的成果，所以一定要从方法论的角度，解决根本性问题，这些问题很可能从跨学科角度提出。数字人文最终会产生大量新学科，而不是局限在传统学科范围，体现新文科的交叉性和融合性。

数字人文视域下的智慧图书馆建设实践

受访者 杨新涯*

采访者 梁益铭 谢小燕

问： 杨馆长，您好。您可否介绍一下您的研究领域和研究课题？

杨新涯： 我的研究领域是智慧图书馆，主要是做智慧图书馆的研究工作。最近有两个相关的国家社科基金项目。围绕智慧图书馆进行深入研究后发现，想再突破的核心就是"数据"。实际上，现在的论文大多是一些概念、展望或者建议，而且因为缺乏实践，很多展望和概念都不适用于实际工作。

另外，我最近对"资源史"比较感兴趣。之前陈定权老师邀请我写技术史相关的论文，后来我联想到数字图书馆的建设过程和数据库的发展也是一个历史，陈老师也觉得这个方向挺有意思，所以我现在也在做这方面的一些工作。而且因为工作关系，我可以和他们每个数据库的老总进行交谈，请他们讲讲各自数据库的发展历史。已经有一篇关于中国知网历史的文章，讲述知网是如何发展的。我们也访问了爱思唯尔（Elsevier）的全球副总，他讲了 Elsevier 的图书进入中国的过程、背景、相关的事件等。最近在做万方的访谈，万方是我们国家的第一个商业数据库。所以我现在的主要研究方向

---

* 杨新涯，重庆大学图书馆研究馆员。

是智慧图书馆和资源历史。但是作为图书馆的馆长，我也会关注图书馆的运行和管理，包括阅读推广、信息素养等相关内容，个人兴趣比较广泛。

问： 您和数据库的合作那么多，您是否有常用的数据库、数字工具或者访问的网站？

杨新涯： 实际上我没有常用的数据库，因为都很了解，而且我们现在有统一的知识发现系统可以获取需要的文献资源。根据研究需要，我比较喜欢用分析工具，比如通过 Web of Science 把数据导下来，然后放到平台上做下一步研究。另外，我正致力于让研究者学习使用文献分析工具，我们打算培训我们学校的研究者、学者，让他们学会用一些常用的文献分析软件进行研究，还有专利的分析和导航也需要重视。

问： 那对您来说，现有的数据库和数字工具能否满足您的科研需求，或者您觉得有什么问题或者不足？

杨新涯： 我们现在在实行"文献分析高级培训班"战略，给研究人员安排比较高级的培训班，进行数据库、数字工具使用的培训。因为理工科学校有一个很显著的特点，很多科研项目组都是团队作战，我们会要求这些团队从中派一至两个人来接受我们的培训，图书馆会自己主持培训，也会邀请外面的公司进行培训，像 EBSCO 公司等，一般安排二至三天的培训课程，而且我们学校的法规处、科学技术发展研究院都很支持我们，所以说我觉得目前数据库和数字工具肯定能满足科研需求。

问： 您是怎么看待数字人文的呢？

杨新涯： 数字人文确实是这几年才出现的新方向，我没有具体做这个方向的研究，但是一直都在密切关注数字人文的发展，因为偏重信息技术方面的研究，也常会用数字人文的方法。对于学者和图书馆人来说，两者之间一定会有一个边界，我们不可能去帮学者做很多事情。学者查找文献是研究过程中必要的一个步骤，通常不会让图书馆来帮助完成，因为他并不是要获取某一篇特定文献，在搜索的过程中想法也可能会发生变化，会有新的灵感，所以搜索文献的过程是不可替代的。我觉得包括人工智能都只是在一定程度上进行协助，这是一个度的问题，但是人工智能的重要性毋庸置疑，其重要性相当于一种科学范式的变化。20世纪80年代我们国家计算机还不普及，一般就是单位、学校里有一两台电脑，那时大家都觉得信息化很困难，所以如果看那个时候的文献，你会发现没有哪一个行业不谈计算机，就像我们现在写文章研究人工智能，每个行业都在研究人工智能的应用场景、方法路径、需要解决的问题，这和当时讨论计算机是一样的，后来我们发现，每个行业的确都在深入使用计算机，信息时代真的到来了。

谈到数字人文，我觉得它的范围稍微狭窄一点，只针对人文学科，利用信息化、数字化的方法改变原来的研究方式，如标引、识读、注释和历史地理的研究等。在这个过程中，一方面效率会提高，另一方面，对比纸本时代，会产生新的或是原来难以发现的研究领域。所以我觉得人文学科肯定也要走到数字化的道路上去。而且在绝大多数文献资源已经被数字化的条件下，肯定会催生数字人文这样的研究领域。

问：您在使用数字人文工具方面的体验如何？

杨新涯：我觉得文本分析属于数字工具的一种。我最近专门对国内外围绕智慧图书馆的论文、热点内容的文本进行了分析，但实际上在数字人文还没有出现的时候，我们已经在利用这些工具做文本分析，因为我们属于社会科学领域，对数字工具的使用比较娴熟，可能研究历史、中文的学者以前会比较少接触这方面的工具。

问：在图书馆领域，您了解的已经开展数字人文研究的项目有哪些，能否详细介绍一下？

杨新涯：我们这个学科在数字人文方面做得最好的确实就是上海，上海图书馆有一个团队在做家谱的研究。另一个比较大的项目，可能是我们重庆大学的记忆项目，我希望这个项目可以成为一个示范。因为在这次新冠肺炎疫情中，我对图书馆的职能深有感触，它一定要成为人类文明的记忆者和传承者，这个职能一定不能消失。在这期间，我对图书馆产生了新的认识：图书馆不仅是一个社会机构、一个二级单位，它还是人类社会重要的社会制度。机构和制度完全不一样，我们构建了图书馆运行管理的体系，书籍可以集中保存在里面，文明可以传承，知识可以传播，每个人的信息公平、共享权利可以保障，所以说图书馆一定要去做"记忆"。所以我们的目标数据是一百万件，如果五年以后有一百万件独一无二的和重庆大学相关的馆藏，是很棒的一件事情。另外，我计划在"十五五"期间，把"记忆"项目拓展成重庆市的记忆项目，那么我的使命就完成了。

数字时代，互联网公司也是随时在记忆，随时在删除，我们也不能保证大的互联网公司会一直存在。苹果公司曾经也差点倒闭，后来又活过来了；国际商业机器公司（IBM）原来是面向终端的，现在做基础设施和深度服务了。所以一切事物都在变化中，图书馆要有意识地保存这些东西。

我觉得在本学科领域，真正实施的研究项目就是上海图书馆的家谱项目。我之前请了上海图书馆的夏翠娟老师来做交流，当时是第一次听这个项目的整体介绍，最后我得出了一个结论，很多事情应该是国家层面的行动，需要国家承担一些信息基础设施数据的建设。因为构建一个知识库必须下大功夫，比如说历史人名数据库中，像鲁迅的笔名、皇帝的避讳和名号，还有公元纪年和干支纪年，以及历史地理地名的延续等，这些都是基础的数据。它应该是一个国家项目，比如由国家图书馆牵头，从国家层面把基础数据做好以后，我们在这个基础上再去做各自的文献数据化、知识关联和知识图谱就方便多了，所以任何一个图书馆单独做这一套基础数据都是很艰难的。

我们做重庆大学的"数字记忆"项目最困难的就是收集基础数据，但也只是做自己学校的基础数据。我们需要在学校档案馆仔细查询，包括自1929年建校以来的人名、地名、院系的变迁等。另外还要制定一些标准，比如重名的情况要怎样进行区分，还有院系调整变化都很大，所以这些都需要深度挖掘。

问：您认为什么是新文科，有什么特点？

杨新涯：实际上，我们在图书馆可能比较少关心这个事情，但是我也可以提一些建议。新文科肯定和数字人文有关联，但是二者并不是一回事，因为文科的范畴很大，像图书馆学、情报学也是其中之一，而且不一定要用到数字人文方法。新文科不一定用数字化、人工智能进行研究，它可能会涉及学科交叉的内容。举个例子，这两年在图书情报领域，有一位教授和医学结合研究医学信息、健康信息，这是很典型的交叉研究，但是和数字化、信息化没有太大的关系。所以新文科是一个很大的范畴，暂时也没有明确的定义。

因此，需要各个学校自己先给"新文科"下定义，总结关键词，才能更好地展开新文科的相关研究。我认为新文科第一个关键词是"交叉"，十几个学科门类都可以进行交叉匹配。第二个关键词是"手段"，重点是利用最新的信息科技手段做研究，把大数据融到文科范畴里。第三个关键词可能是"新的教学方式"，文科强调交流和讨论，要考虑构建一个虚拟沉浸式的教学体验环境。2020年新冠肺炎疫情突发，大家紧急利用腾讯、钉钉、Zoom等软件推出在线课堂，但是效果不是很好。所以怎样构建一个体验好的网络教学体系，怎样做到线上线下相结合，怎样支持讨论课，如何进行社会调研等，都是新的发展趋势。但是从操作层面来说，还是需要多调研，再制定自己学校新文科发展的方向和原则。

问：您认为图书馆学领域，新文科建设与发展有什么亟须解决的问题？

杨新涯：我觉得现在整体而言，图书馆学学科的发展和实践脱离，图书馆派和学院派分成两个圈。一些学院派不参与图书馆实践工作，图书馆派也不主动关注和了解图书馆学的最新研究内容，而他们的研究成果在图书馆实践中基本无法应用，他们的一些研究成果往往是总结图书馆做的事情，再对比国内外成果，有些脱离实际。所以我觉得这是我们学科面临的很大问题。

图书馆是一个很重要的社会制度，我相信很多学者教授其实不能够理解这一点，因为他们没有危机感，也不在图书馆，所以说有的教授就觉得不需要图书馆学这门学科，因为他们觉得学的内容没什么用处。

作为一个馆长，我认为图书馆学当前的最大问题是，在数字时代，图书馆学的方法论没有得到重构。纸书时代和数字图书馆时代不一样，方法和方式都不一样，整套方法需要重新构建，再讲授原来传统的东西，一是不适用，二是没法用，因为本身方法不对，所以我觉得图书馆学亟须解决的问题是课程体系需要进行全部的调整。

首先，原来的课程更多的是分类，"分类"的确是很重要的思想，但不需要一整门课学习分类，可以通过了解计算机怎么处理分类问题。其次，还需要学习不同标准的输入法，在数字时代是如何揭示资源的，比如陈涛老师利用资源描述框架（RDF）。另外，还要考虑数字文本长期保存的问题，在计算机上如何运行和提供服务。最后，还要学习整体的服务设计，可以提供哪些服务、线上线下的流程是什么，所以图书馆学的课程设计和我们实际工作脱轨，我们觉得课程改革是很重要的事情。在数字时代，我们需要通过计算机，利用各种数字工具，在自己会用的基础上，教会其他学者使用，提高工作效率，这就是图书馆的价值和使命。

问：您觉得哪些方面的学术资源需要及时安排在数字人文的建设规划中？

杨新涯：从我研究的角度，我觉得数字特藏是重要的学术资源。每个人手上都有很多个人的信息资源，比如照片、微博、书信等，所以我觉得，图书馆可以在个人自愿的前提下，帮个人保存筛选后的信息，如即时通信信息、日常照片、个人微博等。我已经规划了我们图书馆的数字存储方案，这些资源今后可能会成为社会学、人类学研究中重要的第一手资料。

举个例子，华为创始人任正非毕业于重庆大学，但是现在学校存有的相关资料不多，而刚才报告中展示的那张照片还是当年他的同学给学校提供的毕业照扫描件。假如 20 年后再出现一个像任正非这样的名人，我们还能找出他当时参加活动、上交作业、考试的记录等，这就是非常有意思的事情。我觉得这可能是数字时代背景下图书馆数字人文的一种呈现方式。

问：现在很多高校都在建设智慧图书馆，但在技术上比较薄弱，您有没有什么改善的建议呢？

杨新涯：首先要明确信息化是管理层工程，因为它涉及信息流程，所以每个流程怎样落实都必须有人来决策。其次"信息化"的"化"本身就是一个过程，包括从读者到图书馆的接受程度，现在描述五年后的愿景很容易，但如何一步步地实施、做数据，确实要和图书馆领导的愿景、技术人员以及已有的基础条件相吻合，所以我也没有办法马上给出建议。实际上，我觉得各个图书馆自己的信息化建设，和整个"十四五"规划是同等重要的。像我们图书馆正在实施我的信息化建设的分规划，比如数字存储是大的方向，还需要研讨确定每一步怎样落实，再与一些公司进行磋商，都是细节的事情。

问：您一直在建设智慧图书馆，您觉得你们学校或智慧图书馆可以怎样更好地为新文科服务呢？如何跟每个学院开展深入的联系？

杨新涯：通过做数据支持更好地为新文科服务是智慧图书馆的重要任务，我校已经有大量的文献数据，学科馆员和各个学院的联系人积极沟通，可以按照他们的想法去做数据支持。然后帮助年轻的研究人员去提高引用率，促使研究成果被发现。另外，我们还需要做整体规划来支撑学科的发展，所以在这方面我们更多类似于做一个智库的服务平台，服务于学院的领导和相关职能部门。所以如果图书馆要服务于新文科，可能也是类似于战略的、智库的，其次就是资源、教学方面的支撑。

问：那您能具体讲一下在实际操作中，图书馆应该从哪个角度对教学、资源做支撑吗？

杨新涯：首先教学方面，最近我们收到读者反馈，希望图书馆可以提供一个环境比较好的空间，让他们可以完成面试、答辩等，这是当前在线服务的一种方式。所以我们正在计划做这方面的工作，其他的方面我觉得好像难以直接支持教学。

其次资源服务方面，我们现在主要想做关于资源的推送。我有一个设想，为每个人做画像，然后整合我们的机构库和门户，研究人员在门户上点击"我在看什么论文"，看了以后在发表的论文中引用的权重更大，通过这个数据就更清楚知道他在研究什么内容，推送就会更加精准。

由于现在学科知识间的关联性被割裂，想要突破现有的资源组织方式比较困难，除非做更深入自然的后台处理，这是可以实现的，但是很难。举一个例子，有个研究者最近检索"新文科""数字人文"这类关键词，我知道他在关心这个领域，于是向他推送这方面的研究成果，这个是常用的套路，只是这中间权重有些不一样。

实际上，想要实现资源组织方式的突破，数据是大前提。操作上，后台再建一个处理平台，把研究者关心的关键词，如数字人文、新文科、智慧图书馆等糅合，再将全球的中外文资源整合在一起，找到比较相吻合的学者或是期刊，又或是数字人文和新文科融合在一起的全球文献的状态，可以知道他最近研究的相关内容，把这些关键领域目前全球的发展趋势也整理出来，将所有数据都计算完成后，再把结果反馈给研究者，这样推送里可能包含他关心的领域中其他学者正在分析的、有用的信息。这样精准的推送模式理论上可以做出来，但是我觉得很难，背后的计算量太大。

我觉得对图书馆来说，主动推送是正确的，但是现在的图书馆还没有哪一个能够做到推送给全部人员。比如有人从来不去图书馆，就应该向其推送；读者来图书馆从来不借书，也应该推送，但要区分推送的内容。针对这种情况，我有一种想法，但是还没有实施，不知是否有效。我打算让系统给那些没有来过，或者三个月不来图书馆的读者发送一封信，主题包括"图书馆要改变你的学习习惯""如何利用大学图书馆"等。或者以给读者派送电影票、文创产品、明信片等方式把他们吸引到图书馆里。

所以我想给我的馆员提出一个要求，他们推荐图书的任何场所，无论是线上微信，还是线下公告栏，推荐的任何一本书都要让读者一键获得，不要给他造成阅读障碍，避免出现系统给读者推荐一本很热门的书，到图书馆后已经被借走了的情况，这样会直接消磨读者的阅读热情。但是这个前提条件是已经建立了一个阅读平台，然后这个阅读平台包含不同的数据库，比如京东、微信、馆藏电子书等。所以，我其实想重构电子书的服务平台，平台构建后基本上就不需要推荐纸本图书。

另外，现在很多学者做研究也会利用电子书、电子文献，也流行听书等，所以我们的服务方式需要发生变化。

所以，我觉得智慧图书馆要从读者的角度出发进行规划，未来的期刊阅览室会留存部分纸质期刊，同时可能会增加一些大屏幕，大部分期刊会变成可触屏阅读的电子化资源。其次，获取读者的人脸数据，但不会强制要求，在图书馆的大屏前安装一个摄像头，通过识别读者的脸部，就能在大屏上显示他关心的相关论文，并附上论文获取方式，另外还可以显示研究者最近的论文被引用的情况等。所以在信息化时代，我们要把一些服务的场景重新设计，为读者提供更好的阅读体验，也提高研究人员对图书馆资源的利用率。

上海图书馆数字人文建设经验与启发

受访者 陈 涛*

采访者 苏日娜 韩 宇

问：陈老师，您好。请您简要介绍一下您的研究领域与研究课题。

陈涛：我主要从事数字人文领域相关研究，具体是基于各类特色文献资源，探索知识图谱、知识组织、关联数据和语义网等技术在图情领域的运用。2019 年我申请到数字人文领域的国家社科基金项目，主要研究方向是图像资源，探讨大量馆藏图像资源的有效利用，这与学界一直着力的结构化文本资源有所不同。

问：您常用的数据库、数字工具或者经常访问的网站有哪些？

陈涛：我原来在上海图书馆从事情报、智库工作期间，需要使用很多数据库，如文摘数据库、SCI 等，这些数据库在文献领域运用比较普遍。从事数字人文技术工作后，经常查找国内外的网站和数据应用工具来做一些二次开发，开放共享等。例如上海图书馆本体网站提供用户上传共享功能、RDF 转换工具等。最近研究图像问题，经常访问 IIIF 相关的网站，定期追踪国际

---

　* 陈涛，受访（发言）时为上海图书馆高级工程师，现为中山大学信息管理学院副教授。

行业前沿，如日本图像研究相关领域的网站。在数字人文领域，会以"数字人文+关联数据"为关键词检索，关注这两者新的案例。目前，很多专题库，特别是国外的数据库，将人物资料和其他信息进行融合，比如达·芬奇和伏尔泰的专题库非常值得我们借鉴。

问：现有的数据库、工具等能否满足您的科研需求？有什么需要改进的地方或者不足？

陈涛：就国内用于数字人文研究的数据集或者数据库来说，上海图书馆基于自身的馆藏资源自建一套开发流程，包括数据的清洗、采集、加工、组织、工具开发等，不但能满足上海图书馆的科研需要，也能满足用户的需求。因为研究具有非常大的不确定性或者个性，目前很少有现成的工具或者数据库能满足所有用户的需要，但是工具是通用的，我们开发的历史人文大数据平台希望能够为国内的数字人文研究探索一条可行的道路。

问：可否谈谈您从事数字人文相关研究的契机？

陈涛：我之前在中国科学院生命科学信息中心从事情报领域工作，主要是做生物学文献方面的研究。在这一过程中，掌握了一些通用的技术，积累了使用工具和开发工具的能力，如利用知识组织相关内容研究文献，学习本体的设计与发布等，这些成为后来我进行数据研究的基础。在上海图书馆做博士后期间，利用这些通用性的技术、开发经验与研究能力，在刘炜副馆长引领下进入数字人文领域，自 2015 年起从事古籍和家谱相关数据库后台的框架设计与核心代码的编程。

问：请谈谈您了解的数字人文技术有哪些新发展？

陈涛：上海图书馆很早开始规划数据的底层架构，建设基础数据并搭建技术框架，在理论研究与技术实践方面有牢固的基础。2015 年上海图书馆的家谱数据库技术使用了关联数据和 RDF 模型，之后逐步开始用大数据的思维探索处理大量数据的问题，根据国际上先进的 IIIF 标准处理馆藏图像资源，思考如何把人工智能技术和馆藏资源结合起来做内容的研究和揭示等，目前已经形成相对较为成熟的技术框架。2020 年上海图书馆呈现融合交叉创新的成果——历史人文大数据平台，利用多年积累的一致的数据结构，建立统一的框架，结果事半功倍。新文科建设也是如此，将文科不同专业、不同领域的数据按照同样的标准来组织，建设大数据平台或者新文科研究的交叉平台就变得很容易。当然，打造数据基础非常辛苦，在数据质量、数据模型、模型设计等方面耗费很多精力，需要为不同的数据设计不同的本体和结构来把它们全部融合起来。

问：图书馆不缺数据与资源，缺少呈现的架构与平台。

陈涛：图书馆最不缺的就是数据，而且标准化、结构化的数据也很多，如文献数据、MARC 数据、编目数据。但是如果只是使用传统的检索方法，这些数据不能得到有效地利用，无法与外面的机构做交互。RDF 三元组和本体就可以为上述难题提供解决方案。下一代图书馆的底层数据也在用这套数据结构和数据模型，武汉大学王晓光教授研究敦煌的成果和武汉大学数字人文中心网站上的本体发布、图像发布、图像标注等资源的融合交叉研究也是使用这套方案，可以广泛应用于公共图书馆、科研院所或高校图书馆。上海图书馆的这套技术方案花费了十余年的时间，其他机构没必要重新开辟，完全可以融合发展。上海图书馆秉持开放包容的理念，在技术、人员、成果、平台、工具等各方面开展共享。

问：您在研究过程中使用的数字人文工具都是您自己开发的吗？

陈涛：因为我是从事技术工作，所以我自己开发的居多，例如知识图谱。利用知识图谱工具将数据放进 Big Data，自动画出个人知识图谱。工具附件也是一样，输入数据自动生成图表。还有很多数字人文工具，如地理信息系统（GIS）可以处理大量的数字人文地图，DocuSky 可以进行文本分析。上海图书馆的历史人文大数据平台也有数字人文工具，如文本分析工具、可视化工具、百度 ECharts 工具，但是单独使用这些工具不足以完成一个项目，需要把它们集成在项目里，形成可视化的图表。

问：请谈谈您对图书馆建设特藏资源服务平台的建议。

陈涛：LIBRA 技术方案是一路探索而成的，完全可以借鉴。数据结构方面，建议按照知识组织、本体、关联数据技术方案，如果数据库底层结构不统一，即使整合到一起，数据也难以真正融合。图像数据的利用同样需要统一的标准，特别是体积大的高清图像。总之平台的底层数据结构需要基于关联数据与本体来建设。人才保障方面，建立团队，分工合作，图书馆要把握整体思路，确定思路和底层设计。上海图书馆有数据设计团队、开发团队、测试团队、底层设计团队，由顶层统筹小组把控每个项目的发展。确定思路和底层设计之后，设计好模块和功能，如 GIS、知识图谱、智能推荐平台等，再联系专业技术人员来开发。可以与软件公司合作，但数据库底层的知识组织、本体的设计、总体技术框架需要图书馆把控。

问：系统开发过程中如何体现学者的需求？

陈涛：上海图书馆在规划平台的需求模块时，一方面，站在用户的角度思考需求，调研国内外同类平台的功能，通过在典型应用场景下平台的功能呈现总结需求；另一方面，在与学者的交流中了解个性化需求。我们需要了解学者的研究领域，高校可以利用便利条件调研师生需要的资源类型以及平台功能，并且通过不断的反馈，改进与推进平台设计。

问：请您谈谈您对于数字人文未来发展的看法。

陈涛：我也一直在思考数字人文未来的发展，新文科的提出是数字人文发展的希望。数字人文名称无论如何变化，如建设系统或平台等，都是属于数字人文领域的研究，未来会一直发展下去，但是它以何种方式存在不得而知，有可能会和其他学科或者领域相融合，产生一个新的研究方向。

问：您认为什么是新文科？有什么特点？

陈涛：我理解的新文科强调创新、交叉、融合和共享。多学科交叉与融合是新文科最大的特点，新文科可能用到工科的工具、理科的算法，与农学、医学结合，以文科来主导多学科融合，构建出新文科。同时，新文科也是共享理念的产物，知识共享，数据开放，如果没有共享没有开放，也不会有新文科。

问：请您谈谈您所了解的新文科建设方面的成果。

陈涛：新文科的发展理念已经融入数字人文建设中，例如上海图书馆近年来持续举办的开放数据竞赛，2020 年数字人文年会优秀项目、优秀论文，都有文科院的学生参与，从事数字人文相关研究。中国历代人物传记资料库（CBDB）不仅是数字人文方面的项目，也践行新文科建设理念，涵盖了人物信息、人物运动的方法，体现工科和理科的思维模式。数字人文换个角度来讲也是新文科，包括文科学者、图情领域，历史系的历史地理信息系统，中文系的语言学，机器学习和机器算法等专业都在研究数字人文，共同建设数字人文。

问：您最希望通过数字人文中心获得哪些服务和资源？

陈涛：目前国内有不少高校已经成立数据中心，更多的还是面向研究人员。希望数字人文中心可以面向学生开放，最好让学生能够参与其中。上海图书馆发布的历史人文大数据平台，可以为历史系、中文系的学生提供服务，为他们的研究提供便利。如果没有大数据平台，他们需要从海量的资源中搜集数据，然后才能做文本的分析。

问：您希望将哪些方面的学术资源纳入数字人文建设规划日程上来？

陈涛：科技数据，它很独特也很复杂。学者在研究过程中产生的数据非常多元，它不同于馆藏机构的结构化数据，而是包括图像数据、音视频数据，还有其他各种各样的数据。比如生物学基因蛋白的序列，我们目前还无法处理这样的数据；比如光谱数据，很小的一块图片，光谱扫出来的数据量有几百兆。这些数据要如何处理？不能简单把上述数据和想象中的或者建设中的数字人文数据等同来看待，它们是有区别的。对于数字人文建设来说，学术资源当然是越多越好，但每个数据都有独有的特征，很多数据也很难融合在一起。我们应当融合能够融合的数据，但是也不要轻易放过不能融合的数据。

问：在数字人文背景下如何创新性地发展新文科？

陈涛：数字人文是交叉领域，新文科也强调交叉属性。数字人文可以看作新文科建设中一个很好的实践案例或者研究方向。数字人文建设积累的经验，可以移植到新文科领域。新文科包含的内容更多，数字人文只是新文科发展的一个分支，但是交叉创新融合理念，不仅仅在数字人文，更应该落实到新文科发展建设中。我所在的学科领域，新文科的发展应该是数据的融合和学科间的沟通与交流。因为每个学科都有独有的特征。所以应该多走进其他的学科，一起来探讨有没有新的融合的知识。新文科发展过程中要注意不能丢失"新"的特点。数字人文虽然也体现交叉的理念，但没有新文科涉及的领域广泛，很少有数据库能够融合很多学科的知识，基本上还是一两个机构或者几个部门之间的融合，融合的数据类型还是一样的，例如都是文献或者数字资源。对于新文科而言，它的内容更加丰富，新文科的创新，这条路会非常艰辛，但我们还是要坚定地走下去。秉持合作、创新、共享、包容的理念，才能够更好地建设新文科。

新文科与数字人文都在不断发展变化，名称与内涵也非一成不变。马费成教授关于新文科理念的文章《新文科背景下我国图书情报学科的发展前景》（《中国图书馆学报》2020 年第 6 期），最后一句话总结得很好，"'变'才是最大的不变"。我们一定要不断地去应变求变，抱着创新的理念和思维去迎接变化。

近代汕头城市历史地理信息系统
构建的初步进展

谢　湜[*]

　　汕头处于韩江流域下游，近代以前只是普通的渔村。《天津条约》签订后，汕头成为通商口岸，洋人、洋货等各种西洋事物的涌入促使小渔村迅速城市化，至今仍可见部分当年的建筑遗存。

　　重建汕头历史地理分为三个阶段。第一阶段，重建历史空间的演变过程。鉴于粤东地区历史地图集和古旧地图集编纂相对滞后的现实，汇编城市古旧地图集，是呈现汕头历史地理的重要基础。经过四年多的努力，在诸多学界同人的帮助和指导下，《汕头近代城市地图集》2020 年 11 月由科学出版社出版，亦借此庆祝汕头经济特区成立 40 周年。该地图集收录了乾隆时期至 1949 年的汕头城区旧地图 38 张，其中包括中国传统方志地图，以及现藏在世界各地的地图，如日本、法国、英国等收藏的由外国人或中国人绘制的近代汕头埠区地图，这些地图风格各异，反映了不同时代的制图者刻画、展现和规划城市及港区空间的不同方式。

　　第二阶段，地图的矢量化和配准。20 世纪 20 年代后，汕头市政厅制作了精确且具有测绘意义的街区地图。课题组将该地图进行矢量化处理，并与现代地图叠加，提取旧地图中的点、线、面等空间信息，如街道、路面等，形成了一套基础的城市历史地理底图。基于这套底图所建立的历史地理信息

---

　*　谢湜，中山大学历史学系教授。

系统（HGIS），呈现出汕头城市在不同年代的空间肌理。

第三阶段，将历史文献、信息和数据整合入系统。1930～1940 年编纂出版的《汕头指南》类似于今天的政府黄页，罗列了当时汕头各行各业的商铺、经营者、地址及所属行业等信息，其功能主要是服务前来汕头的经商者或外国人。课题组将《汕头指南》中各产业的属性和归类以数据库方式加以处理，从而呈现了 20 世纪 40 年代城市百业兴旺的境况，比如侨批业、旅店的空间分布等。其数据条目合计超过 2700 条。这项工作的难点之一，在于如何将商铺的旧门牌号关联到 40 年代的地图上，重建百业空间分布情况，并在此基础上，关联更多的文献，譬如书信、各种商业票据，以及图书馆收藏的具有时空信息的各类文献。这种方式有利于盘活和整合各类城市历史地理资料，为进一步考察城市的商业活动和人群活动提供了重要基础。

潮汕侨批是海外华侨寄给国内亲属家眷的书信与汇款的合称。侨批文献包含了丰富的历史信息，譬如批封上有寄信人的姓名、所在国家、币种、货币金额、收件人的地址和姓名、经手的商业机构及侨批局等，封里是书信。因此，侨批业实际上是一种民间通信汇兑的行业。在汕头，直至 2007 年仍有民众使用侨批寄送钱信，可见这一传统影响至今，它勾画出中国人在南海甚至更大的地域里一百多年来的文化网络。

以往的侨批研究在制度分析和区域传统方面着力较多，但由于侨批现存总量庞大，有必要构建定性与定量分析相结合的框架，建设专题数据库，开展深入研究，即不是将侨批视为孤立文献，而是对其进行标准化处理，从每份侨批中提取时间、地点、人物、金额、汇款数量等十多个字段，以便据此建立文献的相互关联。数据库的字段设计必须经由一流专家的严格学术论证，从而保证数据库的学术质量，最终建成的数据库可通过 PC 端与手机端访问，且免费向全社会公开。同时，建立侨批共享机制，希望每个侨批持有人都能将侨批拍照并录入数据库，系统后台也可代为录入，实现散布在世界各地的上百万侨批在一个平台上共享。

此外，在郑振满、刘志伟等学者的倡导下，我们专门去台湾大学拜访了项洁教授，向他的数字人文团队请教数据库建设方面的经验。在项教授的启发下，我们在侨批数据库中嵌入一些简单的在线分析工具，譬如用户可利用工具生成时间、地点的分布网络，从而有可能进一步细化研究，如从时间和空间维度呈现一个或多个侨批局的经营网络，进而研究一百多年来南海华人经营网络的拓展过程。

我们还尝试分析侨批的在地化经营网络，考察在城市中如何经营侨批局，哪些人经营侨批局，侨批局分布在哪里。为了将侨批局按旧门牌号落实到具体位置，我们又不得不通过大比例尺的地籍图的矢量化，重建城市旧街区内 8000 多个地块的地理信息。接下来，我们将国土资源信息系统收藏的 20 世纪 40~50 年代房地产登记卡片中的信息关联到数据库，如房地产登记者的籍贯、年龄、性别、华侨身份、地块地价、房屋造价、建筑材料、楼层数等，进而获得达到建筑物层级的非常精细的城市街区历史地理信息，这令我们打开了城市历史研究的微观视角。我们欣喜地看到，40 年代城市的天际线得以重建，老城区的老建筑和它们的故事得以更精确地追溯和定位，当时城市的职业分布和人口分布也更加清晰，这将为推进城市的文化遗产保育提供重要的基础。我们还从房地产经营者的籍贯分布图中发现了新的研究课题，即在 20 世纪 20~30 年代的经济危机中，商会里不同籍贯的人如何通过房产抵押，发行商库证充当救市的临时货币，在这项研究中，我们从数据重建发现问题，进而回到传统的文献分析法，再通过历史地图的绘制检验观点，细化分析。后来我们又有新的发现，当时的商会里有三个派别，分别是专门经营汇兑业的"海天派"，主要经营者来自潮安、澄海、饶平；经营南北货的"商运派"，主要经营者来自潮安、普宁、揭阳；第三个派别主要由客家人构成，客家人所投资的房地产集中分布在离码头很近的地方，其中的奥秘还需要我们进一步探索。

实践证明，数字人文的基础性工作能够启发新课题，数字化研究与传统文献研究更不是非此即彼的替代方案，而是互相促进的自觉循环，在这样的工作方式中，数据、观点乃至前提都有可能得到反思、检视和拓展。

在历史地理信息系统建设的过程中，大学图书馆其实可以承担起搭建人文研究大型数据基础设施的责任。图书馆提供基础数据与平台支持，各领域专家通过平台开展专题研究并共享数据，或许是数字人文时代推进人文学科研究的良性发展之路。

民间历史文献领域的数字人文与跨学科融合

受访者 郑振满*

采访者 石声伟　叶　湄

问：郑老师，您好。可否介绍一下您在民间历史文献研究领域开展了哪些数字人文项目？您对数字人文和新文科建设有什么看法或建议？

郑振满：数字人文当然是大趋势，下一代人都将生活在大数据环境中，社会发展与新文科建设也必须适应大数据时代。如余志教授所言，在大数据时代，人大概需要重新定义。在新的时代，要依据人的需求与生存状态来规划整个人文社会科学及其发展方向。

2008年6月，我在哈佛大学参加了一个关于中国研究的数据库会议。当时哈佛大学东亚系的博士生已经尝试使用数字人文方法做毕业论文，他们的口头禅是"不懂数字人文，就没有面试的机会！"这对我有很大刺激。我在会上报告了我和丁荷生（Kenneth Dean）教授建立的"莆田平原历史地理信息系统"，当时担任费正清中国研究中心主任的柯伟林（William Kirby）教授很感兴趣，会后主动提出合作建立中国地方史数据库的计划，我们于2009年签订了合作协议。2013年，厦门大学启动人文社会科学"繁荣计划"，把我们的数据库建设项目列入重点资助项目，并扩充为"中国地方史

＊ 郑振满，厦门大学人文学院历史系特聘教授。

与民间文献数据库"。这几年，我们的很多学生都参与了数据库建设项目，在实践过程中学习数字人文知识。我们认为，未来的学生一定要有数字人文的概念，一定要学习数字人文技术，否则将看不懂国外的研究成果，更谈不上引领学术潮流，紧跟国际学术前沿。

我们目前的建设重点在两个方面。一是探索数字人文研究的可能性，尽可能为未来的研究领域准备一些基础条件。由于经费不足，我们目前只能建设实验性的小规模数据库，包括碑刻、契约等专题数据库。与此同时，尝试建立跨学科实验室，与信息技术学科的老师共同指导学生，利用民间文献资料做毕业设计、软件开发等。二是人才培养。我们依据新文科的发展思路，一方面正在组织数字人文学的相关课程，尽可能把数字人文概念引入课堂，让学生主动学习数字人文学的理论和方法，关注数字人文学的发展动态；另一方面，组织学生参与数据库建设和科研项目，引导学生把民间文献纳入数字人文学的研究范畴，利用大数据的分析技术，寻找新问题与新方法。

问：中山大学图书馆正在建徽州文书数据库，您可否从使用者的角度谈谈希望数据库能提供什么内容或功能？

郑振满：首先，做好编目，尽可能完整提取关键信息，这相对于全文录入容易实现。编目要遵循学术规范，避免遗漏重要信息，保证检索结果的准确完整。同时，应该思考利用编目数据开展文本分析的可能性。目前，文本分析需要较多人工介入，如数据标记和挖掘、建词汇单、前缀后缀、词频分析等，以便计算机能够识别。不同的课题、不同的研究取向，对数据库的要求可能并不一样，图书馆的数据提取很难一步到位，满足所有需求，但可以制定阶段性目标。

其次，与专家合作开展文本加工。理论上，不仅限于历史学科，未来很多学科的研究都会用到这些资料，我们无法预期未来学者需要什么样的文本或工具。比如，哈佛大学的一篇关于西北地区生态环境变化的博士学位论文，将地上是否有树和地下是否有井设为分析指标，依据这些设定来推论生态变化；另外一篇关于《清实录》中的话语系统的博士学位论文，研究不同时间、不同级别的官员在向上级报告当地社情民意时应该怎样说话，比如对于不同季节和年景的各种骚乱，应该如何分别描述。这些研究都需要对文本重新加工，数据的标记和挖掘必须服从于不同的研究目的。

问：您认为民间历史文献以后的研究方向会有什么突破？还有什么值得继续探讨的课题？

郑振满：我们主张从民间社会研究中国历史，希望历史研究具有宏观视野和整体思路，努力寻找内在的逻辑和机制，即注重历史过程的整体性和连续性，不要割裂日常生活的不同面相。就地方史研究而言，最好是"从地窖到顶楼"，首先是从人的生存状态出发，搞清楚最基本的生态环境，然后是人口过程和生计模式、社会组织形态、文化价值观念等。我们注重民间历史文献，就是因为它"接地气"，能够让我们了解百姓日常生活的真实状态。特别是那些没有被扰乱的、比较原生态的部分，是持续几百年的，有内在联系的一套系统性资料。我们希望通过解读民间历史文献，提出中国历史研究的新概念、新理论和新方法。

我们研究福建契约文书，首先是通过课程、工作坊、读书会等形式精读文献，力求读懂读透，发现文献中的有效信息和表达方式、逻辑联系，再建立相关的编目系统和数据库。其次，找出未来的研究方向，设计具体的研究课题。比如，研究山地文书就要考虑山上长什么树，研究一个山头上几百年以来树的变化，以及背后涉及的整个社会经济结构的变化。不同类型的文献资料，可以提供不同的历史信息，如民间契约文书通常有"上手契"，可以反映长达数百年的产权流转过程，可以开展系统性的社会经济史研究。而族谱、碑刻、账本、书信、礼仪文书、诉讼文书、医药书、堪舆书等，反映了社会生活的其他不同领域，资料的性质不尽相同。所以首先要读懂文献，然后再考虑如何做研究。最后，数据库建设是为学术研究服务的，未来的研究取向决定了怎样整理文献，怎样加工出计算机可理解的文本，设计出什么样的数字人文分析工具等。

目前民间历史文献研究的总体水平不高，大多数学者还是停留于"找资料"层面，对民间历史文献缺乏整体理解，很容易就事论事，流于"碎片化"。我认为，民间历史文献的研究方向，应该是从"找资料"转向"读文献"，即学会在具体的历史语境中解读民间历史文献。为此，需要解决如下问题：一是建立民间历史文献学的学术体系，即适用于民间历史文献整理与研究的目录学、版本学、校勘学、诠释学等；二是回到历史现场，在具体历史语境中解读民间历史文献，揭示其形成机制、史料价值与文化内涵；三是运用大数据技术，建立民间历史文献的专题数据库，发展数字人文学研究方法。

问：如果仅仅建立或研究契约文书数据库，是否有局限性？会不会对社会整体的研究产生制约？

郑振满：契约文书是规范性文献，在民间社会研究中具有不可替代的作用。不过，现存的契约文书大多是零散的，很容易脱离具体的历史语境，导致断章取义。因此，在建立契约文书的专题数据库时，最好是同时收集当地的其他历史文献资料，包括地方志、族谱、碑刻、账本、礼仪文书、诉讼文书之类，为研究者提供相关背景资料。我们现在通常是采用 GIS，把同一地区的历史文献汇集起来，并通过时间、地点、人物、事件等"元数据"，建立跨文本的检索系统。我们可以借助于数字人文工具、数据库技术，建立不同文献系统之间的逻辑联系，帮助研究者重建历史现场。

问：您会觉得数字人文在史料越少的时段作用越小吗？比如社会网络分析，可能在史料不太丰富的魏晋或隋唐研究领域比较难开展，而在史料越来越多的晚明、清或近现代研究领域能做出更多成果。

郑振满：数字人文技术的运用，当然依赖资料基础和数据库建设。在史料比较贫乏的上古、中古时代，开展数字人文学研究的空间可能比较有限。不过，我们对史料可以有不同的理解，不一定局限于文献资料。考古学研究领域的资料更少，但他们可以从碎片、垃圾中发现历史，何况我们研究的是有文字的时代。在文字资料之外，图像、实物、口头传说、生态环境等都是史料，关键是要发挥学术想象力，从人的生存状态出发研究历史，重新挖掘和组织史料。在某种意义上说，为了充分利用各种非文本和超文本的史料，可能更需要运用数字人文工具和数据库技术。

问：请问您对人文学科融合或交叉性研究有什么看法？

郑振满：学科融合可以开拓学术视野，形成新的学术增长点。我们开展中国社会的历史人类学研究，就是得益于学科交叉与融合。现在教育部提倡新文科建设，主要着力点之一是推动学科交叉与融合，培养具有跨学科能力的复合型研究人才。不过，目前关于人文学科交叉与融合的讨论，大多仍是局限于建立跨学科的平台、社群和机制，让不同学科背景的学者可以合作和交流。我认为，新文科建设的重点是人才培养，必须在教学过程中打破学科的界限，引导学生学习不同学科的理论与方法，形成跨学科的学术思维能力。因此，我们的师资队伍、课程体系和教学模式都要有所调整，这是比较复杂的教育改革工程。

大学图书馆应该可以创造条件，建设跨学科的学术平台，促进学科交叉与融合。例如，目前很多大学都在建设数字图书馆和数据库，就可以突破原有的知识分类体系，开阔学生的学术视野。在此基础上，可以引导学生学习数字人文学知识，参与数据库建设和数字人文学研究，在实践过程中找到新资料和新课题。当今的学生对数字化环境比较亲近，很容易形成运用数字化工具学习和研究的能力，关键是要帮他们创造条件，提供支持。

问：人文学科传统的学术训练，如精读文本，在数字技术下还能保持原来的独特性吗？传统的研究范式还会一直存在吗？

郑振满：在人文学科的学术传统中，有些训练是必不可少的，永远不会过时，这和运用数字化技术并不矛盾。我认为，人文学科的终极关怀是人的可能性，必须从人性出发去思考问题，去训练学生。我们要读懂历史文献，特别是民间文献，首先必须明白人应该怎样说话，怎样与别人打交道，有时还要诉诸精神和心灵的层面，这些是很难通过电脑去解读的。在新文科建设中，传统的学术训练和数字人文技术应该如何配套互补，形成新的人才培养模式，这是需要深入探讨的问题。

在数字化环境中，人文学科的传统研究范式必然会改变，但可能是潜移默化的，很难一蹴而就。我们现在组织学生参与数据库建设，开展田野调查，回到历史现场解读文献，学习从当事人的立场思考问题，其实就是探索和建立新的研究范式。你们可以考虑吸收学生参与徽州文书的数据库建设，从文书的整理、编目开始，逐步进入数据标记、挖掘、分析的层次，在实践过程中培养学生的兴趣和能力，可能很快就会出现拔尖人才。

孤岛时期左派妇女的抗战活动

——以《妇女界》社会网络为例

柯佳昕[*]

  我将为大家介绍我曾参与建设的数字人文资料库未来计划开展的课题，以及数据库在资料利用、议题开拓上的作用。报告分三个部分：首先简单介绍研究主题和研究难点；然后提出解决途径，即数字人文如何作为一种分析工具来解决研究难题；最后简要介绍台北"中研院"近代史研究所妇女期刊作者研究平台。

  我目前关注的一个课题是左派女性在上海孤岛时期怎样利用有限资源对底层妇女展开宣传与救国运动，研究的文本是孤岛时期的妇女刊物。孤岛时期是从 1937 年 11 月上海沦陷到 1941 年 12 月太平洋战争爆发的这 4 年。这段时期的特殊性在于，20 世纪 30 年代是中国妇女创办刊物且蓬勃发展的时期，此前，中国女性刊物多半由男性知识分子创办。抗战全面爆发以后，女性知识分子依然想尽各种办法来办刊物，宣传救国。例如，当时特别著名的刊物是 1938 年 4 月蒋逸霄创办的《上海妇女》，得到共产党与左派妇运者支持。但这本刊物被女性知识分子当成了宣传工具，其内容对于下层女性是一道障碍，因此无法完全触及下层女性。1940 年 2 月，《上海妇女》被迫停刊，停刊前两个月，著名妇女运动人士茅丽瑛女士遭汉奸特务刺杀。一个月后，汪伪国民政府成立。如果妇女运动者继续留在上海办妇女刊物，她们将面临更严

---

  [*] 柯佳昕，中山大学历史学系（珠海）特聘副研究员。

144

峻的挑战。另一份刊物是上海的《妇女界》，1940 年 3 月 15 日创刊，用于对上海地区下层女性的宣传，自称妇女生活喉舌的妇女杂志。《妇女界》的编辑声明，她们是一群来自上海民间各行各业的女性，有家庭主妇、职业妇女、女学生等，她们有一个共同的目标：一面学习，一面为姊妹们服务，愿意回答和解决女性读者的任何问题，欢迎广大女性来信。该刊编辑主要强调她们不依附任何团体，不标榜著名人物，只是平凡人做平凡事。表面看来，该刊持中立立场，但经过考证，编辑其实受地下共产党员的领导。

刊物在研究上有几个难点。第一，期刊上虽然有主编姓名"蔡鲁依"，但查不到其相关资料。第二，该刊的作者群体多数使用化名或笔名，除非知道当时作家群体的笔名，否则无法进一步收集资料。第三，很多发表文章的作家在当时并不出名，主要的约稿来源于人际网络。

我的解决思路是，如果有一个资料库收集了很多二三线以下作家的信息，甚至妇女运动者的个人生平传记资料等，那么研究就会获得更多线索。下一步可以分析，这群办刊的女性面对严苛的环境考验时怎样获取资源，钱从哪里来，写稿人都是谁。我认为数字人文的网络分析方法可在这些研究中使用。

接下来，我将介绍曾经参与建设的妇女期刊作者研究平台资料库。该库的主持人是台北"中研院"近代史研究所的连玲玲教授，主要规划架构的是叶韦君博士。我们以当时很有名的女报人王伊蔚为例来使用资料库。在首页搜索获得王伊蔚的传记资料，在网页左边，右上角是家庭关系图，右下角是社会网络图，最下面是"前往人物资讯整合系统"的链接以及相关人物（见图 2-1）。所有资料都有详细标注来源。资料库主要是以人物、组织、报刊与事件作为标签（见图 2-2）。点击上海妇女界救国会，可以看到王伊蔚跟上海妇女界救国会产生关联的各个人物节点（见图 2-3）。《女声》是当时所办的一份期刊，女声社是《女声》下属的一个组织，这些节点人物都与其相关（见图 2-4）。点击人名，可以发现人物之间的关系，例如郭箴一和王伊蔚有关系是因为《女声》和女声社，她们也是上海复旦大学的学生（见图 2-5）。另外，社会网络图可通过勾选某一项或几项来简化，如人物、报刊。前往人物整合信息系统，则会链接到近代史研究所的另一个资料库——近现代人物资讯整合系统，系统会反馈所有与王伊蔚相关的资料，可能是期刊或其他类型资料。该资料库还有很多研究工具，可做妇女期刊关键词分析、关键词年代分布分析、作者属性分析等，分析网络图也都可以下载。

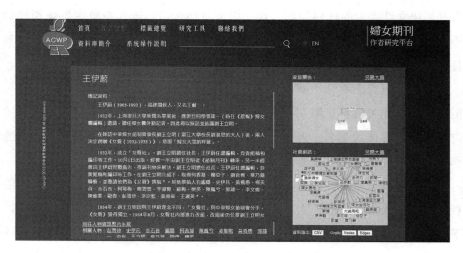

图 2-1　王伊蔚主页

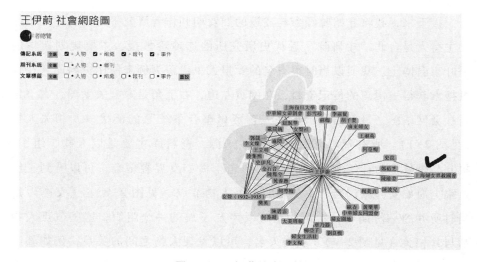

图 2-2　王伊蔚社会网络

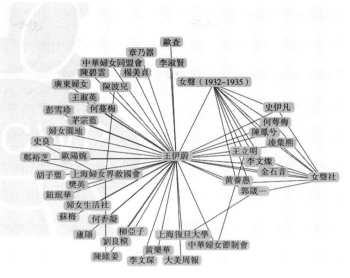

图 2-3 上海妇女界救国会与王伊蔚

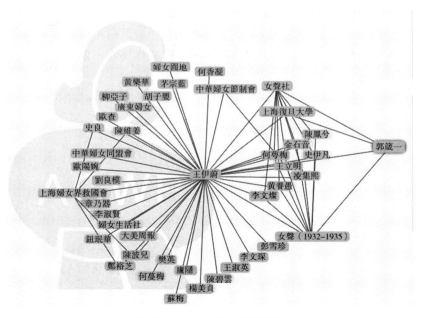

图 2-4 《女声》与王伊蔚

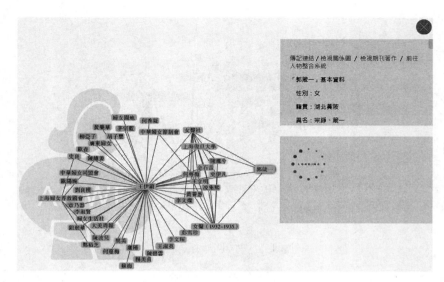

图 2-5　郭箴一与王伊蔚

　　妇女期刊作者研究平台原本是基于近代妇女期刊资料库建立的人物传记资料库，设置的标签以及各种分析工具主要有助于从行动者的角度探讨期刊在建构现代女性文化过程中所发挥的作用。资料库还在不断完善中，欢迎大家使用并反馈。

基于数字人文的新文科与通识教育新探索

严　程[*]

在数字人文和新文科方面的一些探索，我们主要从以下三个方面来报告：一是项目群组，二是数字人文课组，三是教改课题。

第一，项目群组（如图2-6所示）。清华大学有很多自发的数字人文社群或者工作群都是由项目支撑的，我们的数字人文社群基本上是源于刘石教授的"基于大数据技术的古代文学经典文本分析与研究"项目，我从2018年开始参与申请这个国家社科基金重大项目。传统的人文项目可能是由很多

图2-6　项目群组构成

---

* 严程，清华大学人文学院讲师。

学校或者一个学校很多人文专业的老师合作申请，但是我们这个项目由清华大学中文系、统计中心、计算机系等联合申请。项目立足于中文系老师长久以来的研究积累，由计算机系"九歌"项目组的孙茂松老师的团队负责诗歌和传统文本的处理，统计中心的邓柯老师利用 Topwords 分词工具提供人文统计技术支持，另外还有来自中华书局和中华字库的基本文献的支持。刘老师表示这个国家社科基金重大项目只是起点，项目组未来的计划是"古典知识工程"。我们期待通过新文科的理念，将历史、人文甚至社科的知识融入古典知识的构建中，利用新的知识图谱技术以及 Topwords 工具，把 20 万种古籍中包含的古典知识变成活的知识库，以此来滋养学界，贡献给未来的学子和研究者。

我们现在形成了良性循环的项目群组，并且孵化出了一些新的可能性，比如创办了桑海老师提到的《数字人文》期刊。另外，项目还孵化了数字人文系列工作坊，邀请了国内外很多专家来给同学们开设短期课程、培训以及讲座。最新的一次是邀请天津大学何捷老师的团队来交流关于《李娃传》所代表的小说以及《全唐诗》中的诗歌在数字人文方面的发掘。何捷老师的团队实际上不是中文或者历史的团队，但他们处理的文本恰恰是我们所关心的。项目组在技术方面的探索也帮助了 Topwords 2 的发展，还生发了由李飞跃老师领衔的国家社科基金重点项目"中国古典诗歌声律统计分析与研究"，以及人工智能研究院和国强研究院支持的一系列相关探索。

第二，数字人文课组。从 2015 年开始，清华大学计算机科学与技术、统计学、公共管理、经济管理等很多专业，以及传统的与数据打交道比较多的社科类专业，联合开设了大数据系列课程。这个课程在学生中影响非常大。因为清华大学以理工科学生为主，所以该课程对人文学科的学生来说可能还是有点门槛，而且对人文专业来说实用度不是特别高。因此，从 2018 年开始，中文系就借助数字人文相关项目的支持举办系列数字人文工作坊，最多是为期 3 周 6 次课程，也有一两次讲座的。邱伟云老师去年就在清华做过一期 20 课时的工作坊，讨论诗歌的数据库构建和分析。历史系更是开设了一门叫作"数字人文课程"的完整学分课，2019 年秋季开课，由 CBDB

的前任项目经理王宏甦与历史系方诚峰老师合开，从 2020 年开始又邀请来自中国人民大学的老师合作开设这门课程。目前项目组正在探讨如何形成基于项目的课程建设，如果成功，那就不仅仅是文史专业的同学受惠。

基于强基计划，2020 年清华大学还成立了以文史哲为基础，面向本科生教育的日新书院。目前，书院也正在规划以通识课程为基础的数字人文课组，建设面向人文专业本科生的大通识、大人文的课程。基本的规划是以课组的形式汇集国内外专家讲课，先让本科生知道什么是数字人文，获得一些比较前沿的认识，然后结合学校已有的大数据课程等系列课程和技术优势，让学生基于自己的兴趣开展在数字人文方面的研究型学习。

第三，教改课题。清华大学从 2018 年开始成立了写作与沟通教学中心，我有幸成为其中的第一批员工，已经连续两年承担写作课的教学工作。"自动批改"专项课题是中心第一批教改课题之一，由计算机系的孙茂松老师和统计学研究中心的邓柯老师所带领的自然语言处理、知识图谱和人文统计方面的团队共同参与研究。课题组现在致力于联合不同的专业，结合老师们实际的教学体验，以及统计学研究中心所承担的学校教学评估工作，研发集查重、纠错、评价、文献推荐、成长追踪等全过程功能的工具。这些功能面向数据处理、教学、学习和评价等各种使用场景。其中要特别提到关于数据处理的使用场景，事实上，在数据处理的场景中，课题组共建了一个中台，这个中台服务于多个项目。在对中台的构思中，课题组希望它能够实现数据对接和共享合作。最后，希望将来有机会能够获得各位老师对这个问题的指导，听到老师们的卓见。

数字人文建设项目的实践与认识

受访者 严　程*

采访者 苏日娜　叶　湄

问： 严老师，您好。您能简要介绍一下您的教育背景、研究领域、正在参与的课题与项目吗？

严程： 我硕士就读于上海大学文献学专业，博士在清华大学读文艺学，主要做女性诗文研究，刚毕业两年。我最初做研究时也很传统，当时上海大学的文献学有比较好的氛围，即利用计算机技术方法做文献工作，这个氛围给了我很好的启发。我在博士阶段最初做明清女性诗文研究时使用传统方法，曾经花费大半年的时间去图书馆抄书，因为很多古籍都没有全文数字化，我就越发感到数字化的重要性。

我真正接触数字人文是在博士阶段，最初是在格非老师的叙事学课上。我认为叙事学里的叙事单元、叙事频度、自然时间、阅读时间以及一些讨论都可用可视化方式呈现，于是我第一次非常笨拙地使用了这种方法做研究，后来还用那项研究成果参加了南京大学 2017 年的数字人文会议。但那项研究不算是真正的数字人文研究，只是运用了数字人文的理念。我将自己当作计算机，为自己制定规则，手动切分和呈现，最终发现做出了不一样的成果。

---

* 严程，清华大学人文学院讲师。

　　在南京大学数字人文会议之前，我在杜克大学访学，当时举办过一场比较前沿的会议，会上报告的都是一些博士、博士后最前沿的人文研究，其中一名在美工作的北京大学博士做的江湖诗人网络给我留下深刻印象。我父亲是自动化领域的，我从他那里得知北京大学博士展示的是"信息图"，当然"信息图"是计算机领域的叫法。于是我开始使用"信息图"研究人文问题。后来我咨询了软件等问题，自学了 Gephi、CAD、Matlab，虽然最终没学会 Matlab，但 Matlab 是很好的工具。回国之前，我到哈佛大学拜访了当时在 CBDB 项目工作的师兄王宏甦，他向我推荐了 R 语言、Python 等工具，我发现原来很多工具都可以运用于人文研究。2016 年回国之后，我将这些工具与自己的研究结合，开展了清代女诗人网络研究。当然，这些是前期的"野生"探索，但这反映出在缺少数字人文团队时做相关研究的一个过程，即研究者有需求或要研究清楚某个问题时会运用各种方法以解决问题。最近我对何捷老师的项目很感兴趣，因为在做王安忆老师的《天香》的空间研究时发现平面二维无法解决问题，我希望三维图可以从"时间维度+空间"的视角表现出人物行动轨迹。后来我了解到何捷老师的《李娃传》研究，其中的方法可以解决我之前的问题，因此也很愿意加入他新项目的研究团队。所以，问题导向对数字人文研究很重要。

　　我认为图书馆应该面向项目提供定制服务。如果图书馆直接提供资源，比如数据库导航，学生一眼扫过之后不会点开查看或使用，只有当真正需要时才会记起其中的某个数据库，再使用。与其每次购进新数据库就给老师发通知邮件，图书馆可以尝试主动询问老师最近的研究，向其介绍可用的数据库。

　　就现在的学生来讲，要让他们进入数字人文领域，我认为不应教授一套方法，如数字人文方法、传统细读方法、文献检索方法等，而应让学生在第一次体验研究时先提出问题，老师提供一些有针对性的解决方法，这些方法应纳入数字方法中的数字工具，作为学生基本的备选方法。不需要每个人文学者都做数字人文研究，而应在其需要时提供数字人文方法。

　　我自己正在参与的项目是"基于大数据技术的古代文学经典文本分析

与研究"，是清华大学刘石教授领衔的国家社科基金重大项目。我之前参加过另一个国家社科基金重大项目，叫作"清代诗话全编"，那个项目完全由人工完成，团队先访书，然后抄录并录入计算机，最后出版。当时出版了很多书。在新项目中，团队将基于大数据处理更大量的文献。清代诗话的文献量并不大，我们做了十年都没完成，但中国古代文学经典文本上万部，全部古籍可能有 20 万部，不可能一部部整理和出版。因此，我们先基于 OCR 和大数据开展已被学界认识的分析研究，以验证和培养数据方法，之后把方法推广运用于整个中国古典知识、文献领域。有些书没必要出版，但它的知识应纳入人类文明的历史，因此可使用这种方式盘活文献。

这个大项目的优点在于"培养人才"。我们新招进一名具有自然语言处理背景的学生，他的专业是古典文学，但他的博士论文选题是梳理唐诗知识图谱，即我们通过项目培养了学生，让他们进入数字人文研究领域。我们团队同时与统计中心合作，他们整合了以前的分词工具、统计工具，以更好地为古典文献服务。孙茂松老师原来已经使用自然语言处理技术处理诗歌，但仅基于人文计算的角度，如果他与人文学者深度合作，在人文计算的工具、算法等方面都将有所提升。这种合作机制使得更多数据拥有者愿意与我们团队合作，比如，现在中文在线、国学宝典、中华书局，以及基于中华字库的一大批文献，都有可能纳入我们的项目，有助于推动"古典知识工程"的启动。这个项目也经过中国人民大学代表提案，提案者作为传统人文学者，呼吁以国家之力推动这个项目，不只是清华，所以希望大家都参与进来。

这是大项目，在它的基础上又生发出几个小项目。我们申请了基于人工智能的文献处理项目，我现在深度参与的是红楼梦文本溯源与分析，即以文本为基础讨论红楼梦中人物、诗词的来源，进而分析红楼梦的文本来源，最后分析曹雪芹的学养理路等，研究过程中可能会借助前面所讲的知识库。另外，我们也在做知识图谱。我自己在做基于写作课的 AI 批改项目，计划在未来能够广泛用于教学。AI 批改不仅纠错，甚至能提供建议。例如，一名学生从大一开始使用工具，四年之后，工具可以评价其写作能力的成长过程。对老师来讲，这个工具可以评价老师的教学效果等。它甚至可以对接图书馆资源或中国知网，进行文献推荐，即根据一个人文章中的主题模型、主题词等推荐一些前沿研究。这个项目目前还处于起步阶段，后期会慢慢成长。另外，我也有幸与邱伟云老师一起参与了何捷老师团队的一些研究。

问：从您的研究领域出发，您希望能获得哪些学术资源方面的支持？

严程：从图书馆提供资源的角度来讲，因为人文学者只能偶遇可以合作的老师，而图书馆的优势在于可以接触各个专业的老师，那么图书馆可以通过收集各个老师的研究方向进一步组合资源，然后为各位老师提供可供合作交换的信息。杜克大学的图书馆员在这方面做得很好，当然他们自己会做研究，更重要的是，他们清楚自己手中的资源和学校老师需要的资源，因此能专门面向某个团队提供定制服务。例如，当一个研究团队咨询时，馆员会提供馆内可用资料，或在其他机构为研究者查找资料，或提供可进一步咨询的对象。如果其他团队在研究与之相关的内容，图书馆可为两个团队"牵线搭桥"。目前高校内部没有单位可以做到这些。图书馆本就是一个资讯单位，以前图书馆提供实体馆藏，现在每个老师是一部活的图书，应该将他们"收藏"进图书馆，贴上很多标签，最终建立联结机制。当一个老师提出问题时，有其他老师可供借阅，每一个老师在服务别人的同时也被服务着。图书馆甚至可以对外联系学者，实现跨馆借阅。

问：针对古典文献资源，现阶段各级图书馆都在建自己的资源库，您认为应该如何将这些资源整合起来？

严程：前面提到清华大学的刘石教授呼吁的"古典知识工程"项目，申请国家层面成立工作委员会，进而汇集全国各个图书馆的力量，共同推进这个项目，就是期待资源整合。这是一个大工程，甚至超过中华字库。这当然需要各家图书馆改变思想，积极响应，但顶层设计必须由身处高位的领导者不断推进。人文学者、图书馆人的责任是具体实施，彼此合作。即使我们这一代人无法完成项目，后辈也可以继续完成，关键是现在应启动这个工作。但是，目前还存在两个问题。首先，中国高校之间存在竞争，仅靠一家很难汇集多方力量。其次，现在缺少负责统筹规划的上层领导者。高校除了相互竞争，也同承一个文化传统，前人给我们留下古籍、出版物等，我们应给子孙后代留下数字资源，而且不是各个机构的独套数字资源，应汇集成一体。

清华大学也在做一个小项目，即构建数据管理和项目管理中台。我们会提供非常友好的接口，其他机构可联通接口，进而使用清华大学的中台管理自己的数据，中台也会为每个项目单独开启专门的项目管理界面。很多机构可能希望自己构建中台，这其实很浪费，各机构可共用一个中台，数据都在中台上汇集，大家共同管理。有的机构担心数据安全，或不愿汇集数据，可选择共用中台算力、数据存储云空间等，但各自保有"钥匙"。清华大学之所以做中台，是因为有"神威·太湖之光"超级计算机等，拥有强大的算力；也有自己的存储矩阵，可进行大量的数据管理；还有统计中心，很多工具可直接嵌入中台，在技术上也比较成熟。我们的总体思路是，应该有接口，甚至国标，如果以后各机构自建的数据库只有十年或二十年的所有权，到期之后将开放，这时候就可以利用接口将这些数据汇集起来。

问：请问您常用的数据库有哪些？

严程：我做女性研究，麦吉尔大学的明清妇女著作数据库对我的帮助最大，因此我非常感激该库的主持人方秀洁老师，也想特别介绍一下这个数据库。我访谈过方老师，询问了数据库的整个建设过程等问题。方老师远在加拿大却愿意建设这样的数据库，而且几度中断，老师仍坚持了近二十年，所以整个建设过程非常不易。明清妇女著作数据库是图像数据库，检索项主要是标题、籍贯、人名等基础项，因此在今天看来已经是上一代数据库，因为没有全文。当然方老师也想做出全文，但缺少资金，因为数据库是免费开放的。我们作为中国的人文学者，包括图情档学者，看到这样的数据库由外国机构所建，会觉得惭愧。我当时讲，希望国人能做这个数据库，方老师也希望有人接手，只要有人继续做下去，老师会很高兴。

从需求的角度来讲，研究女性的文本不多，如果能建成新一代的中国古代女性数据库，实现全文阅读、图像查看、校勘、对读、知识谱系构建等，并配有各种工具，那么它对学者而言将是巨大的助力。我跟华东师范大学、国家图书馆，以及上海图书馆等机构都谈到方老师的项目，我非常希望中国有实力的机构合作来完成这个项目。

会上做报告的柯老师也做女性研究，他们的民国女性期刊作者资料库已经实现网络分析，可以检索，比我们做得更好一些。台湾数字人文的起步更早，大陆起步晚一些，但大陆人才众多，资料丰富，经费充足，所以我们必须做好这些事情，责无旁贷。清华大学经常呼吁建设古典知识库，但清华大学不可能以一己之力完成，因此各家图书馆都应承担责任。

问：您认为现有数据库能否满足您的科研需求？还存在哪些问题？

严程：这主要取决于图书馆购买了哪些数据库。现在有一个问题，数据库越来越多，有些还是重复的，图书馆也买了很多，还让学者荐购，但学者不会因出现一个科研需求就立刻推荐图书馆购买一个数据库，或新建一个数据库。而且如果是做最前沿的数据方面的研究，现有数据库不可能满足需求，否则就表明科研退步了。

至于问题或不足，一方面是信息不足，即没有获得最新的信息的支持。比如，我们可能不知道有人在做与自己相同的研究，这会导致重复工作。另一方面，我们会希望自己的工具能共享给大家，并获得其他人的意见和建议。因此，如果图书馆能提供信息交换整合的平台，使老师互相联系，对大家的帮助会很大。

问：您可否谈谈对新文科的理解？

严程：关于新文科，我们几位老师在《中国社会科学报》上发表了一组文章共9篇，其中每个人的看法都不一样，可以参考。

我认为新文科反而是回归传统的桥梁。从《尚书》《论语》的时代开始，我们就希望"通"，如古代强调的"六艺"。当下这种因西方大学教育体系而形成的分科是不得已而为之，因为当时需要控制教育成本等，最初的社会阶级分工也需要这些专业。但在数字时代，分科仍然必要，"通人"更必要。美国本科阶段设有文理学院，我们以前也有，这表示学生在初读书时应博，应通识。我认为高等教育初始阶段的新文科应该博，让学生长见识，有选择机会。学生在高考选专业时不懂得如何选择，不知道可以选什么，不知道各个专业是做什么的，那么本科教育阶段的新文科是给学生"试水"的好机会，学生可以先了解学科和专业再做出选择。清华大学基于新文科和强基计划创建了书院，它仍然有文、理、工、医大分类，其中文就是对新文科的尝试。很多学生起初不知道自己想学什么，学院则将各个专业打散成课程、研究项目、问题、兴趣组，教授给学生，学生可随意体验，最终选定将来的人生职业。新文科的宽入口反而提供给学生找到更具体人生道路的机会。例如，一个中文系的学生现在并不清楚将来要选择古汉语还是当代文学，如果他对"何以五四"感兴趣，他会获得哲学、历史、人文等各个方面的指导，将来也可能成为一名近代文学研究者，或者思想史研究者，甚至社会学者。

问：书院的师资是如何配备的？如何指导学生？

严程：具体我不是特别清楚，因为我不在书院工作。我略有了解的人文方向的书院叫日新书院，有很多层体系，跟学生接触最密切的是导师体系，一个导师配五六个学生，这些导师都是大家。学生在四年学习中也可以更换导师。导师之下是课程体系，书院院长聘请各个专业的老师给书院学生开课，甚至会根据学生的需求聘请一些老师来开课。书院不仅聘请清华老师，也从校外寻找老师，比如去年聘请过牛津大学的老师讲哲学课，未来数字人文课题组也计划外聘老师。课程之下也有很多自发环节，比如有院长交流日等。此外比如我们写作课下也有写作协会，是学生自己组建的协会，支持朋辈学习。

问：您能介绍一下清华大学数字人文中心的组织架构、功能吗？

严程：清华大学数字人文团队现在没有成立机构，与《数字人文》期刊共用一间办公室，但没有挂牌。我本身在清华大学人文学院工作，也服务于数字人文团队。实际上我们团队的工作有很多面向，有很多项目和资金，还有北京市双一流高校建设的支持，也有自己的刊物《数字人文》季刊，还经常办讲座，举办大型国际会议以及工作坊，也培养了学生。我想这就是清华的"行胜于言"。我们经常向学校层面呼吁发展数字人文，学校领导也已经了解到数字人文，虽然中心还没成立，刊物也没刊号，但我们就是先做起来了。

事实上，团队成员基本上是"志愿者"，比如我在学校有工作，同时又是数字人文团队的成员。中心有人文、统计、计算机等几个方向，每个方向有 2~3 名老师和 10 名学生，总共五六十人。当然成员之间的联系是松散自由的。

问：团队的技术人员是如何构成的？

严程：核心和前沿技术方面的老师来自统计学相关专业和计算机系。在中台创建上，我们可能会从校外聘请团队，我们提供技术、想法，让他们实施。

数字人文学术期刊发展与困境

受访者 桑 海[*]

采访者 叶 湄 曹甜甜

问：桑老师，您好。作为《数字人文》的负责人，您对国内现有的数字人文研究学者和研究内容一定有一个全面的了解和认识，希望您能够和我们分享一下您的想法和建议。《数字人文》的创办，它有什么契机？或者在您参与的时候，有什么样的故事？

桑海：好的，那我就大致介绍一下。我和数字人文产生关系大概是在2010年，当时我在《清华大学学报》担任编辑。那个时候我对学术期刊的发展就有一种危机感，就觉得学术期刊发展面临很多限制条件：首先，一些综合性期刊要考虑专业化的问题；其次，学术期刊过于分散，和海外大型期刊出版集团相比，中国的学术期刊编辑部规模很小，又分属不同的机构；最后，有一个最大的问题——数字化问题，当时已经可以很明显地感受到纸质的期刊其实是在走下坡路。期刊要怎样面对数字化浪潮，这是我们当时极为关注的问题。后来我们进行了很多关于学术出版数字化的讨论，这时主要还是在考虑文本的数字化传播。

然后那时就做了一件事，就是把中国的一些重要的学术期刊，主要是高

---

[*] 桑海，《数字人文》编辑部副主编。

校的学术期刊联合起来，成立了一个联盟，把期刊里面发表的文章进行了数字化重组，就是通过一个数字平台，按照学科、二级学科这样的结构重组，然后进行精选和细分。这个工作的成果叫作"中国高校系列专业期刊"，在中国知网上线差不多有10年了。我之后就一直在跟进平台建设，目前平台收录有140多家期刊。

问：这是中国知网上的期刊库吗？

桑海：这个平台和中国知网还不太一样，因为中国知网其实是一个海量的数据库，并没有实现精选和进行很好的分类。但是我们在与知网合作的过程中，它或许也在逐渐地吸收一些我们的想法，所以现在知网也在做主题出版等分类的产品。

大概到了2013年、2014年的时候，我们就有了一些进一步的想法。比如说要建一个更完善的平台，这个平台不单单是做末端文章的分类，它应该也包括从一开始审稿，到评审，到最后的出版和评价，将整个数字学术的生态环境都包含进来。当时也是和知网、超星等公司谈合作，但是中间有一些波折。之后提出的"域出版"的概念，也是从这件事情发展出来的。

到了2016年、2017年的时候，一位朋友开始向我介绍一些数字人文的内容。他是做欧美文学和文化研究的，一直很关注海外的学术新动向，其中特别关注的一个领域就是数字人文。他在《山东社会科学》杂志上开设了一个数字人文专栏，是中国最早的数字人文栏目之一。栏目创设的时候，我们在一起讨论过专栏相关内容，算是有了一些参与。2017年的时候我又去参加了南京大学的数字人文会议，和数字人文接触越来越多，了解的也越来越多。

至于《数字人文》办刊的契机，其实是因为2018年清华大学中文系申请到了一个国家社科基金重大项目，就是"基于大数据技术的古代文学经典文本分析与研究"，这是由刘石老师牵头的一个项目，我也参与其中。2019年夏天，我到北京与项目组部分成员会谈的过程中，大家形成了一个比较清晰的办刊设想，最后确定在 2019 年末创刊。大家很紧张地把稿子筹齐，在 12 月的时候我们出版了创刊号并召开创刊会。所以真正的筹备时间只有三个月左右，就把这个期刊做了起来，现在还要继续做下去。

问：您对中国数字人文的发展有什么想法？或者您觉得数字人文的未来应该是什么样的？

桑海：我觉得现在总体发展趋势是很好的，和几年前相比，现在关注数字人文的学者很多，主流的、官方的机构，也开始加入进来。上午讲到从全国哲学社会科学工作办公室到各个重要高校其实都很关注数字人文领域，都陆续成立了中心或者课题组，还创办了一些期刊，2019 年和 2020 年数字人文的相关活动数量也在迅速增长。越来越多的研究者也开始接受数字人文方法，至少现在提起数字人文，即使是一些不从事数字人文研究的老师，接受度也在提高，所以整体来看数字人文发展趋势还是很好的。

期刊面临的问题主要还是难以收录到一些比较扎实的学术成果。现有文章大部分都是介绍性或者实验性的，就是研究者尝试用某种方法和工具来展开研究，和数字人文稍微有点关系。但是在比较深入的理念或者是精神层面，其实还没有实现真正的数字人文化，研究者只是在利用一些工具，而不是用真正的数字人文应该有的思维模式或者理念去做项目，就有点表面化。当然，目前数字人文还处在初步发展阶段，出现这样的情况也很正常。还有特别重要的一点就是，我认为还没有出现那种能够直击某一个学科核心的产生颠覆性影响的成果。所以目前数字人文的发展既有好的一面，又存在着不足。我还是很期待有更多的，特别是某一学科里面本身就比较活跃的年轻学者，在这方面多投入些精力，然后更深入地理解数字人文的理念和方法，这样可能做出一些新的成果来。这些成果反过来会推进学科的整体发展，给学科带来一些新的内容，这就是一个良性的发展。

问：现在全国高校或者机构都有一些数字人文中心的建设，您对中心建设情况有所了解吗？您觉得数字人文中心应该给高校或者是这些学者提供什么样的帮助？

桑海：现在各个高校都比较积极地推动数字人文建设，像北京大学、中国人民大学，还有比较早的武汉大学、南京大学，它们已经建成了数字人文中心。由于每个学校情况不同，这些中心也各有各的特色。中心在学校里面起到的作用，包括它的主导人或者服务学科，都是不一样的。但我觉得这些中心对学科的发展一定是有促进作用的，而且也可能会整合或者激活学校中分散的一些学术资源。各个学科专业可能都会借此提高对于数字人文的关注度，或者吸引正在做数字人文研究的人联合起来，推动各种合作，干一些大事情，建一些新平台。

问：现在还有哪些资源可以纳入数字人文的规划之中？

桑海：数字人文中心，其实它应该起到一个资源整合的作用，或者是整合之外还要增加一些新的资源，应该有一个专门的负责人或者工作小组来把资源向这个中心汇集起来。现在学校里的数字资源并不少，关键要把它们汇总在一起。以清华大学为例，清华大学有很多理工科的研究者，他们在开展数字化研究，比如人工智能与人文这样的课题，然后类似的或者相关的课题历史系也在做，中文系也在做，甚至艺术系也在做，当拥有了一个数字人文平台以后，这些研究者就能够汇集在一起，合力去完成更大的项目。一些海外的资源，社会机构的合作，也可以通过数字人文中心进行整合。所以我觉得成立数字人文中心还是很重要的。不久前上海图书馆举办的数字人文年会上成立了一个联盟，叫作数据中心联盟，公藏机构等可以通过这个联盟进行合作，这个方式也是很重要的。

法国各类文献机构的数字化现状及其参考意义

郭丽娜[*]

今天我将分享我所了解的"古老欧洲",尤其是法国的文献数字化状况。

2003年起,我在中山大学历史学系读博士,毕业后一直从事中法文学与文化关系研究,不论做文学还是史学研究,都须有扎实的文献基础。十几年来形成文献收集和整理的习惯,也有一点自己的心得。

在法国,文献和档案两个概念之间没有清晰的分界线,一般包括档案馆的文本收藏、图书馆和博物馆的文本与物品收藏。法国是私有制社会,档案或文献的收藏方式和我们不太一样,它有公档或称公共文献,还有私人文献。在这两类文献中,私人文献的数量更大。法国是文化帝国主义国家,有很多私人协会,道路两边可能都是古董,甚至每个家庭的阁楼上都藏有古董。

法国学术界偏爱定性研究,当然定性研究和数字化之间并不矛盾。另外学科不同,数字化程度也会不同。我没有做过数据调查和统计,仅从日常调研和进出图书馆、档案馆的经验判断,法国社会的数字化程度应该远低于美国,文献和档案的数字化程度也低于图书。当然,像法国国家图书馆这类国立图书收藏机构,会对部分藏书进行数字化处理,比如数字化图书馆Gallica,不过书籍的数字化比例也不高。公共档案馆内也设有数字化图书

---

* 郭丽娜,中山大学中国语言文学系教授。

馆。由于资金原因，私人档案馆大多数档案未做数字化处理，比如我常去的遣使会和巴黎外方传教会档案馆，家庭档案一般会捐赠给公共研究机构，委托其进行数字化处理。另外，法国人的版权和物权意识较强，可能也是文献数字化程度不高的原因之一。

我在法国做文献和档案调查过程中，有一个有趣的发现，法国政府把公共档案和文献作为资源进行调配，与旅游资源的调配政策完美结合。法国的面积仅四川省那么大，不过文化资源和文献储存量非常大，巴黎本身就是文化遗产城市，也是联合国教科文组织所在地，旅游资源丰富。

法国的公共档案，比如国防部、外交部、海外部等部门的档案原先多数保存在巴黎市中心，后来分散于全国各地保存，尤其是保存在自然环境优美、旅游资源丰富的城市或地区。比如外交部档案有一部分保存在大巴黎，另一部分保存在海滨城市南特，海外部档案则保存在著名的旅游胜地埃克斯·普罗旺斯，海军部档案主要保存在法国最大的军港布莱斯特港。南特和布莱斯特的直线距离不远，不过从布莱斯特乘坐高铁到南特查阅外交档案，路费比从布莱斯特到巴黎、再从巴黎到南特更高。因此，我一般会选择以巴黎为起点，到其他城市查阅文献。换言之，在文献查阅的同时，也"被动地"旅游。所以，法国的文献数字化程度偏低，也可能是法国政府的资源调配策略之一。

关于文学文献的数字化，西方自然科学意识萌发较早。19世纪法国象征派诗人阿波利奈尔曾经提过"立体主义"的概念，部分含义指电气化时代之后，诗歌创作凸显可视的艺术效果，这应该可视为文学意义上的数字化意识萌芽。目前法国文学界认为，把诗歌等文字文本做可视化和可听化处理，有助于促进国际文学交流。

近代两广地区邮递通信史料的数字化工作

张子健*

我主要介绍近期进行的近代邮递通信史料数字化工作。中国传统社会的通信呈现出官民两分的局面，公文书通信通过驿递系统传递，私人文书通过商人或旅客传递，在很长一段时间内并没有专营的通信机构。

在史料中，直到清中后期，有些文献中才开始出现自称信局的机构。最早的史料是宁波天封塔道光二十四年的通裕信寓碑。碑上记载："据林春元、吴文宏、黄廷萱等呈称，向在甬江开张通裕信寓，递送瓯、闽等处，及苏、杭、绍寄往瓯、闽带回信扎（札），并押送各号商银包由来已久。"尽管我们竭力寻找类似的碑刻以及一些地方文集中的通信材料，但由于大部分民信局经营者是资本很少或社会地位不高的商人，留存到今天的史料非常少，绝大多数相关史料还是书信类材料。这一研究最集中的史料是近代大清邮政局出版物及邮政档案中的相关材料。大清邮政于1897年成立，由清政府委托海关建立，近代海关编纂了很多出版品，邮政报告是其中一种。这一文献自1904年出版第一版，至1943年结束，连续出版30多年，每年一版，每一版记录一年中建设的邮政点及其通信情况。除此以外，海关造册处绘制了一系列邮政舆图，十分精美，乍看起来已经很像现代地图。我主要介绍这些舆图的数字化工作。

中山大学历史地理信息系统（HGIS）研发团队已经利用地理学的一些

* 张子健，发言时为中山大学历史学系博士研究生，现为南京师范大学社会发展学院讲师。

方法和软件处理了其中一部分舆图。第一步的工作是舆图信息的矢量化，一般方法是：先取一张地图与经纬网做匹配、校准，再把校准后的地图描绘下来，即可获得地图的经纬度数据。近代邮政地图虽然看似精确绘制了经纬网数据，但图上的点是根据相对位置所绘，无法进行配准。最终，我们通过对应古今地名，将两广和海南1700余个邮政点对应到现代地名，获得今地名和古代地图上各点的经纬度。因为1936年邮政网点几乎覆盖了国内主要城镇和乡村，因此经过转换的地图不仅可以用于邮政领域，也可以作为这一时期的地名系统，近代史料中很多调查表、统计表均可在此基础上对应到其空间位置。

基于矢量化地图可以继续开展进一步的工作。例如，同样也是邮政出版品的邮政题名录，记录了每年在哪些地方开设邮政局的资料，可将其在矢量化地图上呈现出来，进而获得多个时间断面的邮政点分布情况，在整个广西以及广东的一些区域，甚至可获得邮政点的逐年增长情况，可进一步讨论近代邮政机构的空间增长模式和空间分布特点。除此之外，也可利用地理相关软件做空间分布分析，如将邮政网点与驿道、河流、地形数据进行比对；还可以利用核密度软件生成邮政网点核密度分布图，得出邮政网点的空间集聚情况及其变化。

目前发现的民信局材料很少，既有的民信局研究多数依靠文字性描述和书信，多对全国民信局的情况缺少整体认知。我们团队在海关档案中发现了民信局登记表，该登记表记录了民信局的创办时间与地点，提取这些信息可以生成不同时段的民信局空间分布情况，从而进一步探讨民信局发展变化的情况。一些口岸调查了民信局经营范围、地点，将其与地图关联，可以考察口岸与内地的联系方式以及民信局的经营方式。

在上述工作的基础上，我们团队还花费了大量时间整理南京中国第二历史档案馆的邮政档案。邮政出版品有明确署名，由邮政总办写给总理衙门，可见邮政出版品并不是行政运作过程中形成的材料，而是行政运作之后对前一年情况的总结，类似于述职报告。档案馆也藏有邮政系统的内部材料，如邮政的申呈（Despatch）、半官函（S/O）和备忘录（Memo），以及非常详细的调查报告。在建设每个邮政网点时，邮政局首先会调查地方社会的情况，如商业、商人、民众的情况，邮政网点建设完成之后，邮政局会派职员调查该网点建设、落实、运作的情况。当用地图展示近代邮政空间时，易将地图上相同图例的点当作同质性的点，但相同图例的点所对应的人群活动和地域社会情况可能差异巨大，所以需要通过档案文书并结合地方文献，尽可能丰富具体邮政点背后的人事活动与具体运作，从而进一步用更加综合的视角分析近代邮政的空间分布及其形成机制。

人工智能技术在数字人文领域的应用探索

聂　昱[*]

以目前计算机技术的前沿研究及其在数字人文领域的应用为重点，分四个方面论述。

第一，计算机"看"的能力，即"机器之眼"，从图像中获取信息的计算机视觉技术，目前在多个子领域已接近人类水准，在数字人文领域最常见的应用是光学字符识别（Optical Character Recognition，OCR）。OCR 技术对印刷体和标准语言的识别已经非常准确，当前的挑战主要在于手写体、古籍以及小语种的文字识别。文档的识别还包含对表格的识别与理解，首先通过图像识别技术检测表格的存在，然后识别行与列。目前带框线表格已经达到很好的识别效果，而无框线表格的识别效果还有待改善。文档识别还要进行版面的识别，文档可能包含很多小版面，需要通过深度学习技术进行版面切割。以国家图书馆数字方志为例，方志繁体竖排，既有树状结构，又有表格，需要通过采取定制化训练来优化算法以达到较好的识别效果。此外，OCR 的最大难点不在于单个文字识别，而是在文字大量混杂、字体大小存在差异、排版变化很大的情况下，如何把各种字体的文字识别出来，并进行正确组合。

第二，计算机"读"的能力，即"机器之脑"，从文本中获取信息的自然语言处理技术，目前以深度学习中的卷积神经网络（CNN）、循环神经网络（RNN）为主流，其在准确性方面与人类还有一定的差距，但是对于大

---

* 聂昱，汉王数据技术有限公司大数据事业部总经理。

规模语料的处理效率远胜人类。"读"最经典的场景之一是实体抽取，即从文本中抽取人名、地名、机构名、时间、地点等要素。目前，实体抽取的技术已经比较成熟，在有足够多训练数据的前提下，准确率可以达到90%甚至95%以上。进一步则是知识抽取，知识抽取就是要表达实体之间的关系，或者实体和属性之间的关系，通常用三元组表达知识条目。知识抽取难度较高，目前准确率通常能达到80%左右。金融行业对于运用AI来开展知识抽取非常积极，比如发现上市公司专利诉讼案与公司股价的关联，南美洲某个港口发生火灾的新闻对国际市场上白糖期货价格的影响等。

此外，基于机器阅读理解的机器问答也是比较前沿的研究领域。机器问答就是给机器输入一段短文以及一个问题，机器从短文中找到相关的答案，类似阅读理解试题。机器问答技术应用空间更为广泛，传统的实体抽取可以抽取人名和地点，回答什么人、在哪里、什么时间等问题，而机器问答不限制问题类型，可以回答为什么、怎么做等问题。目前，机器问答的局限是原文本不能太长，通常只限几百字，同时无法实现自动归纳答案，答案一定要来自原文。

第三，计算机"写"的能力，即"机器之手"，是基于自然语言处理技术让机器自动生成文字内容的一种能力。机器翻译就是属于典型的写的场景，除了跨语种翻译，还可以把人类语言翻译成机器语言，把图片翻译成文字，甚至做文本摘要，目前已经可以实现机器逐字编写而成的生成式文本摘要。此外，还可以进行古籍文本自动句读。

第四，AI在数字人文方面的应用。以徽州文书数字化工作为例，在"看"的方面，利用OCR技术进行文本识别、印章识别，建立印章数据库，可输入印章对比判断真伪。在"读"的方面，可以做自动分类，徽州文书类型多样，包括契约、账单、信函等，机器依据几千篇已经分类的文档自动学习分类特点，对后续的几十万甚至百万篇文档进行自动分类，分类准确率通常在90%以上；此外，还可以通过对族谱的结构化处理建立亲缘关系网络，抽取契约的关键数据建立交易关系与内容网络，抽取账簿信息建立物价、债务等数据库等。在"写"的方面，可以给文书生成自动摘要，用一句话概括文书核心内容。

第三章

数字人文机构建设

第三章

中国人民大学数字人文中心建设经验

受访者 冯惠玲*
采访者 苏日娜

问：冯老师，您好。请您分享一下中国人民大学数字人文中心的建设经验，包括中心的组织架构、功能、服务方向、人员职责等具体内容，也想了解您对于数字人文中心建设的构想和看法。

冯惠玲：从现有建设情况来看，尽管大家都是在数字人文的大框架下开展数字人文中心的建设，但是中心的架构和定位并不完全相同。中国人民大学的数字人文中心是由信息资源管理学院牵头，多学科参与，图书馆、书报资料中心等机构合作共同组建的，共有十个学科近六十位兼职研究员。因为数字人文学科跨度很大，又是一个新兴领域，我们采用了"自愿报名+核心小组"的组织形式进行人员招募。

问：您可以简单介绍下核心小组的人员构成吗？

冯惠玲：在数字人文中心，每个参与学科都会有一位负责人，主要的参与机构也会各自选出一位负责人，这些负责人共同组成核心小组，我们会定

---

* 冯惠玲，中国人民大学信息资源管理学院教授。

期召开会议，讨论一些项目。

问： 那么有哪些在研的项目？这些负责人具体做哪些工作？

冯惠玲： 中国人民大学数字人文中心成立时间并不长，刚成立就遇到了新冠肺炎疫情，所以我们线上沟通比较频繁。考虑到数字人文领域的特色是科研、教学和项目的三位一体，中心就按照这个特色分别逐步往前做，目前数字人文中心的工作仍然是立足数字人文科研、教学和实践展开探索和实践。

问： 中国人民大学的数字人文中心是否仅聚焦于图情档领域？是否包含其他人文社科门类？

冯惠玲： 数字人文可以分为两个大方面：一是人文领域，二是数字技术和方法。在我看来，图情学科比较像是一个中介，它要掌握人文学科的需求和文献，也要掌握现代的文献和数据的加工方法。同时图书馆、档案馆在自身数字化转型过程中，很多工作内容也会和数字人文建设叠加、重合，所以图情档学科在数字人文建设中是一支非常重要的力量。数字人文建设也不能忽视文学、史学、哲学、社会学等一系列人文社会科学，我们要保持对人文社会科学的关注度，每个学科在数字人文领域都有着特定的位置，都能发挥特殊的作用。

问： 中国人民大学的数字人文中心在未来发展中有什么具体规划吗？

冯惠玲： 中国人民大学开展数字人文建设之前，有些学院和科研院所已经开始了初步尝试，信息资源管理学院"数字记忆"项目已经做了七年，清史研究所联合香港科技大学建设数据库，并且独立开办了数字清史实验室，这两个项目比较成熟。数字人文中心成立之后，我们又开始探讨新的可能。我之前组织过一次中国人民大学所有人文学院院长的座谈会，邀请了文学院、历史学院、哲学院、国学院、艺术学院五大学院的院长。尽管几位院长的研究领域不同，但是他们一致认为数字方法需要进入，甚至是必然要进入人文领域的研究中。他们也提到数字人文领域有"门槛",需要一个学习的过程。他们希望数字人文中心能够带领他们共同开展一些项目。这就说明人文学科对这种新的方向、新的研究范式是接受的,是有热情的。现在数字人文中心也在计划开展一些新项目,中国人民大学图书馆也有意进行一些特藏资源的数字人文项目实践。缺乏数字人文项目会导致中心缺少根基,无法落地,所以我们用了大量时间去推动数字人文项目。

问:您能和我们更加详细地谈一谈中国人民大学的数字人文课程建设吗?

冯惠玲:中国人民大学的数字人文课程建设起步较早。开始是各院系分别建设,信息资源管理学院当时开设了数字记忆课程,这门课程开设已有五年,现已进入国家级一流课程。历史学院也针对本科生和硕士生分别开设了数字人文相关课程。另外我们面向全校开展了"第二课堂"项目,同时开设了中国人民大学"数字人文荣誉研究辅修学位"。此外,2020年学校学位委员会通过了数字人文的硕士点申请,已列入招生简章,2021年就可以正式招收数字人文硕士研究生。在全国高校中,我们是第一个系统开展数字人文研究生教育的学校。

上面讲到的本科课程、硕士课程以及"第二课堂",这三个领域的数字人文教育都在进行中,课程建设对数字人文有着很大的推动作用:首先能够推进研究的深入,开始这些课程之前授课教师要把课程内容梳理清楚,这就要求他们对数字人文领域投入更多的关注和研究;其次能够推动项目的开展,因为课程中有实践部分,授课教师必须依托项目进行讲解,如果没有实际项目作为案例,学生对数字人文的理解就很难到位。因此,数字人文教学对科研和项目都有推动,而且相互支撑。

问:您觉得图书馆在数字人文中心和新文科建设工作中可以发挥哪些作用?

冯惠玲:图书馆大有可为,但是图书馆需要先进行一些数字人文项目的尝试。图书馆承接数字人文项目和传统图书馆转型还有所不同,在理念上、方法上、功能上都会有所区别，它有非常强的开放性，有很多新的可能。数字人文本身是一个开放性的概念，只有做了项目，才有可能进入数字人文领域。现在上海图书馆在数字人文领域就做得很好，图书馆界可以去上海图书馆进行交流和学习，应该会有直接的启发。

凡是过往皆为序章：北京大学数字
人文建设回顾

聂　华*

本文题目定为《凡是过往皆为序章：北京大学数字人文建设回顾》，是因为感慨于近年来数字人文急速发展的繁荣态势，过往的努力和积累，以及今天的会议皆会在不远的将来成为数字人文发展历史上的一篇序章。本文也将以此为基调，借讲述故事的形式分享北京大学数字人文建设的实践和进展，实事求是地回顾北京大学数字人文建设的历程。

从主导主体的角度，北京大学数字人文建设实践可以分为两个阶段：第一阶段是图书馆篇，第二阶段是数字人文研究中心篇。

第一阶段，图书馆篇。大学图书馆的重要使命之一是支持所在高等教育机构的科学研究，而数字人文是人文学科研究范式的提升和嬗变，新文科和新工科建设与创新是一个不容回避和忽视的学科发展的"风口"与"增长点"。自2016年起，北京大学以图书馆为主要发起方和牵头方，开风气之先，开始进行数字人文研究和实践两方面的探索。数字人文是一个新兴的多学科和跨学科领域，大学图书馆在数字人文建设中，其定位、角色、作用和价值如何确立、彰显和发挥，在工作伊始还没有十分明确的发展方向和建设路径。但这并不能成为障碍。图书馆以既有的资源和能力为基础，从学科发展的需求出发，从比较细节或微观的层面上考虑，筹划相关工作。

---

* 聂华，北京大学图书馆研究馆员。

首先，北京大学图书馆组织馆员形成团队，对国内外大学图书馆在数字人文领域的创新服务和项目进行学习和研究，并归纳总结出大学图书馆应该且能够从"普及支持数字人文的信息服务"、"建设数字人文网络基础设施"、"构架跨学科合作的桥梁"以及"促进数字人文项目孵化"等四个方面着手，以图书馆的资源和能力为依托，进行数字人文领域的实践。

其次，北京大学图书馆开始有计划有目标地与校内外人文专家学者广泛沟通，了解人文学者对数字人文这一新兴领域的认知、看法和观点，及其对图书馆提供相应的资源与服务支持的期许和需求。北京大学人文社会科学研究院，是以人文学科与社会科学等基础学科为主，推动跨学科交叉研究的学术机构，旨在"探索学科之基础原理及前沿领域，推动跨学科交叉合作，为知识积累和思想创新提供学术支撑"。文研院院长邓小南教授是著名历史学家，并长期深度参与由哈佛大学费正清研究中心、台北"中研院"史语所与北京大学中国古代史研究中心合作建立的 CBDB 项目。邓小南教授以历史学家和数字人文早期践行者和积极倡导者的双重角色，提出"'数字人文'是数字化、智能化环境下多学科汇聚的学术增长点，为人文学科的发展提供了新方法，注入了新活力，也在某种程度上突破了传统史学的格局……"更为重要的，"'数字人文'是迄今为止理念最为开放、成就最为显著的跨学科研究与运行方式"。① 北京大学图书馆与人文社会科学研究院在关注和推进数字人文发展上达成了共识。

2017 年 1 月，哈佛大学东亚语言系教授、哈佛大学副教务长包弼德教授到访北京大学，并与图书馆、文研院以及来自多个学科的师生进行了数次有关数字人文方面的交流。从人文学者和大学管理者的双重身份出发，包弼德教授对图书馆在数字人文方面的作为提出更高的要求。他认为除了前文提到的四个方面，图书馆还应该牵头主导并且积极参与建设持久而稳定的数字人文计划，进行包括平台、队伍和建置等方面的研究和建设。来自学者的需求和期许，给予北京大学图书馆开展数字人文建设的原动力，着手遵循前述

---

① 邓小南：《数字人文与中国历史研究》，《中国文化》2021 年春季号。

四个方面制定数字人文建设规划，并在规划的指导下开展具体的数字人文实践。

截至 2016 年，中国的数字人文研究尚处于蓄势待发的早期阶段，进行数字人文研究或实践的机构、学者都还呈零星之态。集腋成裘，发出声音，是中国数字人文得以发展的首要需求。北京大学图书馆数字人文建设规划的愿景是打造不仅仅是跨学科，而且是跨机构的、完全开放的全国性学术交流平台。因此，北京大学图书馆牵头，与北京大学文研院合作，自 2016 年开始举办"北京大学数字人文论坛"。

第一届论坛的主题是"跨界与融合：全球视野下的数字人文"。根据当时已积累的数字人文研究和实践，广泛邀请国内外数字人文领域的专家学者参会交流。会议得到国内外数字人文领域参与者的积极响应，会议从早上九点一直持续到晚上七点，会期一天，讨论深入，气氛热烈，座无虚席，更无人提前离开，与会学者均对数字人文表示强烈关注，热切期盼，并渴望交流。本次论坛后来被《文史哲》杂志与《中华读书报》评选为"2016 年度中国人文学术十大热点"之一，相关报道的标题为"新工具还是新范式？'大数据'走上人文研究的前台"。

第二届北京大学数字人文论坛于 2017 年举办，主题是"互动与共生：数字人文与史学研究"。当时在数字人文领域，与其他学科相比，历史学的基础设施建设和研究有较为充分的积累，因此第二届论坛着重于史学研究方向，主要内容包括数字史学与量化史学、数字工具与史学研究、史学与历史文献数字整理，以及史学研究数字环境与基础设施的建设等。

2018 年举办的第三届北京大学数字人文论坛的主题是"孵化与实践：需求驱动下的数字人文项目"。此次论坛希望成为展示国内外有关数字人文的技术工具、人文文献数字化整理和揭示等方面的项目成果的平台。但实事求是地说，到 2018 年，真正质量高、规模大且效益凸显的项目还不是很多。这也表明数字人文并不是一蹴而就的工作或项目，需要来自多个领域的参与者的合作，需要建制化的投入和支持，更需要沉下心来扎扎实实进行长时间的积累。

　　"无心插柳柳成荫"，北京大学数字人文论坛举办了三届，为"孤军奋战""各自为战"的数字人文学者提供了一个"短平快"的学术交流平台。另一方面，参加论坛的不仅有来自国内外的学者和学生，还有众多的文化机构和业界伙伴，比如图书馆、档案馆、博物馆的管理者和研究者，以及来自中华书局、书同文、汉王、中国知网、Gale 等的业界伙伴。北京大学数字人文论坛的一个突破是跨越了图书馆的固有壁垒，力图将有志于数字人文研究和实践的参与者凝聚起来，构建跨界、融合、多学科、多样化的数字人文学术社区。以论坛为平台发起建立的数字人文学者微信群，聚集了众多国内外数字人文学者，构建起数字人文学术社区，成为论坛休会期间持续"运行"的学术交流平台，本身也是一个值得关注的学术交流新生态演变的新现象。

　　从图书馆发展的角度来看，数字化转型带来巨大的冲击，驱动图书馆在价值提升和定位转型方面有所作为。而在数字人文领域的探索对图书馆来说既是难得的发展机遇，也是对自身价值提升和能力重塑的挑战。

　　当时北京大学图书馆数字人文工作规划的另一个重点是在对馆员进行数字人文研究方法和工具技术培训的基础上，开始面向多学科背景的学生和青年学者开展数字人文意识培养和技能培训。笔者始终认为，除了提供传统的纸本资料的借阅，以及以商业数据库为主的电子资源和数字资源的发现获取之外，大学图书馆的核心价值应该通过聚焦于对大学的教学、科研、学科建设，尤其是新学科建设和跨学科建设提供支持而得到彰显和提升。图书馆支持新学科建设并做出不可替代的贡献，其中最重要的一项储备是图书馆专业人才的持续培养和人才知识结构的不断重塑。北京大学图书馆组织青年馆员学习数字人文相关的理论研究成果和技能、技术、工具等，边学边开办讲座，向校内外的学者和学生开放。第一次开办数字人文讲座时，除了本校师生，还有天津、山西等地青年学者专程赶来参加，后期反馈也非常好。从图书馆转型的另一个角度，图书馆信息素养教育亟待升阶，提升到数字素养教育、数据素养教育的高度。

　　第二阶段，数字人文研究中心篇。图书馆在学校的地位日趋边缘化，如果没有学校自上而下地推动，如果没有来自人文学者的关注和参与，如果没有一个跨学科的学术交流社区，如果没有在机构建制上有形可依，仅仅依靠图书馆的力量推动数字人文，要做到有所建树，是不现实的。2019 年，在前期工作积累的基础上，依托于数字人文论坛建立的学术网络，北京大学一些院系的学者，尤其是青年骨干自发地组织起来，由信息管理系牵头，联合历史学系、哲学系、艺术学院、考古文博学院、外国语学院等院系以及图书馆，向学校提出筹建跨学科、跨机构、跨院系的数字人文研究中心。中心自2018 年开始酝酿，经过 2019 年紧锣密鼓的筹备，直到 2020 年 3 月终于正式成立。

相较于图书馆，在学校层面建立的数字人文机构检视数字人文建设的视野会更宏大和宽广。数字人文也是数字学术和整个社会数字化转型的一部分，人文学科传统的研究范式大都是定性的，但在数据密集型科学发现的背景下，新的科学研究范式正在快速演化。其中一个方面体现为数据正在成为所有学科的研究基础，即使是在人文领域。随着传统文献资料以及其他形式的资料不断地数字化、数据化、文本化，一切文献都将成为可计算、可计量的数据。如果研究所依托的基础产生了根本性变化，那么不言自明，研究范式也要变化。数字技术将进入人文学者教学和研究的整个生命周期，让学者可以选择更多的研究方法，无论是定量的还是定性的，抑或是定量加定性的。但最重要的并不是利用工具辅助研究，而是要基于工具的支撑和辅助，从全新的视角提出全新的问题，并且重新界定过去已经确定的研究问题，去质疑、修正、推翻或者颠覆它，至少是重新审视它，重新提问并回答传统人文领域已经有结论的问题。

在这样的大背景下，北京大学数字人文研究中心在不断地讨论和探索中，在机遇和阻碍中不断调整目标，原则则是尽可能地突破既有的学术边界、组织边界和理念边界，融合文科、理科和其他学科，为多学科的交流和协作提供平台。这个平台必须是以人文学科研究为导向的跨学科的基础设施。学校最根本、最核心的任务是教学和研究，数字人文研究中心的任务也应万变不离其宗，也就是要支持学校的研究和人才培养。北京大学数字人文研究中心是跨学科研究虚体，核心目标是打造智能信息环境下人文学科发展的信息基础设施，致力于建立人文社科学者与理工科学者的交流与协作渠道，一方面推动大数据、人工智能等数字技术在人文社科领域的应用，另一发面为技术创新提供人文精神的指向，推动信息技术与人文社科的双向融合发展。（关于我们：http：//digitalhumanities.pku.edu.cn/）

成立伊始，北京大学数字人文研究中心 2020 年度的重点工作是建设数字人文开放实验室，以人文计算、人文设计来推动人文创新，并广泛寻求合作，包括与哈佛大学费正清研究中心展开全面合作等。基于此，北京大学数字人文研究中心在学校层面和国际合作方面都获得了不少支持。在学校层面，北京大学主管副校长对数字人文研究中心的支持体现在很多活动都到场参加。作为一位哲学教授，他对数字人文有着独到的认识，敦促数字人文研究中心一定要打破边界。所谓"打破边界"并不仅仅局限于跨学科交流，而且从机制上就一定要打破边界。在国际合作方面，数字人文研究中心成立后，与哈佛大学费正清研究中心等机构酝酿深度合作的可能性，希望依托北京大学数字人文研究中心合作举办数字人文工作坊、开设数字人文课程，并建设数字人文学者迫切需要的数据平台、优化现有系统的用户查询界面、联手建设可靠的数字人文基础设施等。

北京大学数字人文研究中心的工作之一是打造和培育开放的数字人文学术社区，促进跨学科交流。除了前文提到的全国性数字人文学术社区之外，以数字人文研究中心为主还培育了六七十人规模的跨学科校内数字人文学术社区。在社区中，来自不同学科的学者经常性地交流数字人文相关研究和问题，比如年轻学者会对工具和数据等提出非常具体的需求。在这样的跨学科数字人文学术社区里面，学者有更多的机会相互发现，相互碰撞，为未来可能达成的合作奠定基础。

数字人文有几个关键词：跨界、融合、积淀、超越、共生。笔者认为其中最关键的是共生。在很多大学里，图书馆层面的数字人文建设实践各有所长、各有特点，所谓一方水土养一方人，重要的是要根据本机构的学科建设需求、学术研究需求、资源优势和自身特色进行数字人文建设。北京大学数字人文建设至少需要关注两个重点：一是深耕细作，二是扬长避短。所谓"深耕细作"就是一定不能急于求成，数字人文研究的终极目标是人文学者的深度参与，主体是人文学者，不是数字人文研究中心，不是图书馆，也不是其他领导机构，要聚焦于培育人文学者的深度思考能力和研究兴趣。所谓"扬长避短"是希望能依托北京大学庞大的人文院系体量和深厚积淀，促成、培育相关院系有深度、有密度的结合，在数字人文领域做出北京大学应有的高度和厚度。

高校图书馆在数字人文建设中的角色定位

——以北京大学图书馆为例

受访者 聂 华*

采访者 苏日娜 李晨光

问：聂老师，您好。可以简要介绍您的研究领域与研究课题吗？

聂华：我的研究领域宏观地说应该是图书馆管理。自 2008 年到 2019 年这十一年间，我担任北京大学图书馆副馆长，负责数字化、信息化、图书馆技术应用和图书馆转型创新，这些工作涉及的归根到底就是图书馆管理。如果分阶段的话，早期主要研究数字图书馆建设、图书馆自动化集成管理系统，以及图书馆的其他信息技术应用。

最近几年，随着图书馆数字化转型和学术交流生态环境演化，研究重点开始转向学术交流、开放科学、开放获取、科学数据和数字人文等领域。一方面，跟踪国内外高校图书馆，尤其是研究型图书馆在相关领域的发展态势，对相关领域的技术和政策进行研究；另一方面，在实践层面上，结合北京大学图书馆的愿景和规划，开拓创新项目，进行技术探索，开发系统并且落地应用。比如，我们自 2012 年到 2015 年，构建并投入应用北京大学学术信息资产体系，包括北京大学机构知识库、北京大学期刊网、北京大学开放

---

* 聂华，北京大学图书馆研究馆员。

研究数据平台以及北京大学学者主页等四大系统。在这样一个变革的时代，大学图书馆面临着快速变革和价值重构的挑战，如何突破传统定位，不再拘泥于传统功能，从而避免在变革过程中被边缘化，甚至被取代，抓住不可多得的价值重构的转型良机，是北京大学图书馆特别关注的，而且行动较早，也取得了一定的成果。另一项工作就是数字人文。从 2014～2015 年开始，我们就一直在关注和追踪数字人文发展态势，思考大学图书馆在其中的定位和作用，以及更为重要的是图书馆如何借势转型。到了 2016 年，北京大学图书馆开始牵头举办数字人文论坛，创建学术社区网络，以及参与筹备学校层面的建制。

我个人的研究课题也主要是围绕这些方面，包括与数字图书馆相关的国家社科基金项目，与开放科学、开放获取相关的国家自然科学基金项目，以及开放期刊、学者库课题，还有研究数据管理或科学数据管理等方面的课题。因为担任国际图联图书馆管理与营销委员会委员及国际图联图书馆营销奖评委，图书馆营销（Library Marketing）也成为我关注的研究领域，这个领域与图书馆转型创新密切相关。另外还有图书馆馆藏及特藏数字化，我从 90 年代开始一直负责图书馆这方面的工作，做过一些课题和相关工作。今天杨新涯馆长提到音视频资料作为一种宝贵的馆藏资源亟待保存的问题，其实北京大学图书馆多年以前即开始对音视频资源进行采集、管理、保存和使用。北京大学建有一个专门数据库"北大讲座"，从 2000 年开始，在北京大学举办的任何一场讲座，只要我们人力足够就都会进行录制，然后上传到"北大讲座"平台保存，并根据报告人选择的版权许可，在相应的范围开放。大部分是完全开放的。这是北京大学做得比较早、数据量也比较大的数据库，是图书馆的数字特藏之一。我本人曾是全国图书馆标准化技术委员会委员，所以也涉猎相关的标准规范研究，例如图书馆馆藏资源，尤其是特藏资源，包括拓片、舆图、音频、视频资源加工规范和元数据著录规范等。

问： *您的教育背景是图书馆学还是偏技术方向？*

聂华：我本科是电子工程专业，之后在美国学习图书馆与信息管理，获得图书馆与信息科学硕士（Master of Library Science，MLS）学位。因此回国后在北京大学图书馆工作，主要负责技术方面的工作。两方面的学科背景都可以在工作中得到充分的应用。

问：能否谈谈您最常用的一些数据库、数字工具或者访问的网站？现有数据库和工具能否满足您的科研需求？有什么问题或者不足？

聂华：这个问题以及随后的几个问题应该是针对人文学者设计的。而我的主要角色是图书馆员，因此更多地从馆员的角度来展开回答。这要根据实际需求判断，作为研究者，最常使用 Google scholar 进行检索，并定点跟踪几个图情类的数据库和期刊。所使用的数字工具或者访问的网站会根据近期的研究领域随时变化。对我来说，目前能够获取的数据库和工具基本够用，但在使用体验上还有很多需要提升的空间，比如全文获取的便捷性，在研究的整个生命周期中，可以提供的各种辅助功能和工具还有很大的优化空间。作为图书馆员，我关注的另一方面，是我们的服务对象，大学的教授和学生，对图书馆资源的获取和利用的满意度，对支持其教学科研整个生命周期中的各种工具及其辅助功能的满意度。从这方面来说，我认为图书馆还大有可为，比如与人文学者和研究团队合作，开发专门的数据集和场景化的辅助工具，真正达成所谓嵌入教学科研流程中提供高阶的学科服务的目标。目前来看，图书馆拥有大量的纸本资源和数字化资源，但学者能够"信手拈来"其研究方向或者研究的具体问题所需要的资源、数据、工具还远远不够，目前很多这方面的工作，还是由学者及其研究团队承担并完成。大学图书馆是应该并且能够填补这个角色和功能的空缺的。

问：您在研究过程中是否接触过数字人文或从事过相关研究？您是在何种契机下开始的？

聂华：作为图书馆员，我更多是从图书馆如何支持人文学科的发展和数字人文建设的角度从事数字人文的研究。我认为数字人文是未来人文学科发展的一个重要的方向。作为教学科研支持单位，图书馆必须对新的学科发展比如数字人文，有所关注并有所研究，进而在关注和研究的基础上，找到从图书馆的专业角度，即从图书馆资源和服务角度，应该做、可以做的事情。在此基础上，迅速地调整业务和服务，提升专业能力，调整专业馆员队伍结构，与时俱进地为师生提供相应的支持。这其实是图书馆和图书馆员的使命，也可以说是图书馆的价值和转型的契机。北京大学图书馆以及我本人一直对国内外高校图书馆的发展趋势比较关注。简单举个例子，美国大学与研究型图书馆协会（American College and Research Library，ACRL）有一年发布的"大学图书馆发展趋势"报告以及当时的很多文章，都敏感地捕捉到数字学术、数字人文的兴起。北京大学图书馆主动开始做数字人文方面的跟踪和准备工作，一旦时机成熟，就基于前期的充分准备开展工作。其实除了研读论文和研究报告之外，我们还密切关注国内外做得好的图书馆和其他文化机构，比如博物馆等的具体项目。我们长期跟踪哈佛大学费正清研究中心与北京大学历史学系、台北"中研院"合作的 CBDB 项目，与项目团队保持密切的联系和交流；调研斯坦福大学图书馆的跨学科数字研究中心，考察其规划、组织、功能和人员结构等；学习大英博物馆如何从一个文化机构的角度，不拘泥于传统的文化遗产保存、保护和管理的功能，而进一步面向大学和其他研究机构，跨界引入研究团队，以大英博物馆丰富而独特的馆藏为对象，组织进行数字人文研究；等等。

问：您是怎样认识数字人文的？

聂华：早期我曾经这样认识：数字人文是围绕人文社会科学领域特定的研究对象、知识本体的数字化保存和应用，所进行的相关信息资源的采集、加工、组织、服务、研究、教育等活动的总称。从 2015 年到现在，我们的观察是，数字人文一直是动态发展变化的，现在有一个看法是认为数字人文是一个大帐篷，很多东西都可以包含在里面，从这个意义上，我现在倾向于不一定要去给它下固化的定义。每个人文学者根据自己的研究方向、研究方法和研究问题，都会产生一个狭义的定义。如果讨论宽泛的定义，那就是数字加人文。2020年在上海图书馆举办的数字人文年会上，我们也观察到不再有人刻意地探究数字人文是什么，大家明白每位学者都有自己的诠释和定义。这个概念可能仁者见仁，智者见智，它的内涵是非常丰富的，一个定义倒是显得单薄了，不能涵盖它。

问：您是否使用过数字人文工具？体验如何？

聂华：我更多的是从图书馆研究人员，而不是人文学者的角度使用和考察数字人文工具。我们做数字人文工作坊介绍时比较通用的是 Markus、DocuSky 等工具，图书馆购买的 Gale 数字学术实验室（Gale Scholar Lab），还有其他人文学者或者数字人文团队开发的小工具也都体验过。比如，Gale 数字学术实验室是一个基于云的文本挖掘平台，让研究者能够在一个研究平台上，运用系统内置的、易用的自然语言处理工具，对 Gale 原始档案（Gale Primary Sources）的海量原始文本数据进行分析。我认为这是一个很好的从仅仅提供资源转向提供系列研究辅助功能的尝试，可以通过整合一些常用的开源工具简化复杂的研究工作流程，便于研究者以传统精读无法实现的方式分析文本，并且允许对工具和内容集的自定义设置，在一个研究环境下满足用户的特定需求并生成可视化结果。

个人体验永远有不满意之处，而且我觉得数字人文尚处在早期发展和探索阶段，现在推出的工具很多都是尝试性和探索性的，体验上不能追求完美。简单比较过人文学者和社科学者对一些特定工具的体验，他们的期待不同，本身的学科背景不同，因此体验也不同。人文学者对这些工具往往没有什么特别高的要求，认为能够解决一些问题、提升一点效率就已经不错，比之前翻阅资料要好用得多。但是社科学者往往已经用过很多相关工具，他们会提出更高的要求。比如台湾大学项洁老师开发的 DocuSky，很多人颇为赞赏，但是经济学专业学生就表示不能认同，因为他们平时接触的工具很多，社科类的工具也更成熟，所以对他们来讲 DocuSky 就不那么好用。因此，我觉得人文学科数字化转型相对来说起步较晚，相应的工具和技术还有很大提升空间。

问：您了解的本学科领域开展的数字人文研究项目有哪些？或者您可以讲一个最新的数字人文项目。

聂华：我谈谈中国历代人物传记资料库（CBDB）。CBDB 是一个很老的项目，很长一段时间里，技术架构和用户界面未曾更新，所以用户体验有一定的缺憾。北京大学数字人文研究中心主任、信息管理系王军教授的团队最近开发 CBDB 查询功能的第二版，用户体验提升了很多。CBDB 做的是中国历代人物的数据库，北京大学图书馆曾经计划基于它的框架，利用北京大学图书馆丰富的民国时期的特藏和北京大学档案馆的独有资源，开发与北京大学有关的中国现代史人物数据库，就像台湾历史人物传记资料库（TBDB）一样，做北京大学现代历史人物数据库（PBDB）。图书馆领域的重要责任和优势就在于牵头，或者至少作为主要参与方，以开放合作的态度，凝聚各方资源和力量，从体系结构的层面，从标准规范的层面，进行数字人文基础设施的规划和建设。

问：可以谈谈您对于所处学科领域数字人文未来发展的看法吗？您认为如果想要获得发展，需要怎样的技术与资源方面的支持？

聂华：数字人文意识的培养，学术合作网络的编织，以及技术和资源方面都需要大量的支持。比如，技术方面的支持，最基础的计算能力、最基本的存储能力，还有数据管理计划，前面屡次提到的专门的数据集开发，数据及网络基础设施等，现在老师个人研究和项目团队的数据的存储和管理都还处于不甚理想的状态。其实研究数据管理、科学数据管理与我们讨论的数字人文，在基础设施底层都应该是互通互联的。大学的相关机构，包括图书馆和信息管理部门，应该建设互通互联的数据基础设施。数字人文学者的各类研究数据都应该得到妥善保存和管理，并且能够获取和再用。北京大学图书馆曾经向北京大学科研部和社科部提交大学科研流程管理和研究数据管理的方案，学校应该统筹规划科研综合平台，提升研究能力，比如将机构知识库的成果数据、研究数据、学者数据、期刊数据，以及相关的管理数据、专利数据、项目数据等都纳入进来。目前部分已经实现，未来应该逐步把图书馆的数据融入学校科研管理和数据管理的大框架下。在学校层面，这就是数字人文技术和资源支持方面的基础设施。

具体到图书馆馆藏资源开发方面，我认为图书馆可以提供类似王军教授团队开发的《宋元学案》的资源，以及拓片、古籍、民国报刊、人物资料等资源。但是这些资源目前的组织和呈现形态，还不是以学者具体研究问题为导向和出发点，而是以"我有这样的资源你要不要用"为出发点。更重要的是学校或图书馆有一定的能力和机制帮助有研究问题的老师，开发并提供需要的数据集。现在我们观察到的是学者自己或者项目团队在搜集研究资源，他们对自己需要的资源很熟悉，也有项目经费的支持去获取资源。但是人文学科的研究问题要获得充分的和长期的经费支持并非易事，学者的研究需求如果得不到满足，可能就会放弃，或者做得不够理想。因此，图书馆应该当仁不让地在这方面承担责任，发挥作用，为老师们按需定制和提供研究资源。这个可能投入会比较大，但是我觉得完全可以做。现在图书馆实体书的流通率逐年下降，那么是不是可以更多地思考图书馆资源建设的新的增长点，比如将建设支持数字人文相关的数据资源建设纳入图书馆资源建设的框架中？这样的事情做起来见效反而很快，能直接呈现为学术成果，而且图书馆有机会无缝地嵌入科研流程中发挥作用。图书馆如果有能力做这种事情，对各方来说都是非常有意义的。

问：如果学校成立数字人文中心，您认为数字人文中心的组织架构应该是什么样的？应该具备哪些主要功能？您可以谈谈北京大学的经验吗？

聂华：我先简单介绍北京大学数字人文研究中心的情况，然后谈谈理想中的数字人文中心的组织架构。北京大学数字人文研究中心于 2020 年春季学期成立，像学校其他研究中心一样，是虚体机构。从架构和人员角度，我想可以大致划分为这样几个层次：数字人文研究中心学术委员会/专家委员会——指导咨询，工作委员会——核心人员，北京大学数字人文学术社区——多学科网络，以及校外合作机构/人员。数字人文研究中心共有五位核心成员，信息管理系王军教授是中心主任，我来自图书馆，其他三位老师分别来自历史学系、哲学系和外国语学院。工作委员会成员在数字人文研究中心成立前后深度投入和参与相关工作，包括召开会议、开办工作坊等具体的事务性工作。在数字人文研究中心倡导和推动下，北京大学已经建立了一个有六七十人规模的数字人文学术社区，社区成员来自北京大学多个院系，覆盖了多个学科专业。依托这个跨学科的数字人文学术社区，中心主办正式的学术会议和学术交流活动，同时也组织很多非正式的跨学科交流活动，并得到社区参与者的积极响应和参与。数字人文毕竟是一个新兴的跨学科领域，特别需要培育学术社区和编织合作网络。我认为数字人文学术社区非常重要，并具有至少两个突出的特点：第一，打破了学科界限，很多跨学科合作已经或者未来有可能在这个学术社区中形成；第二，打破了老中青界限，年轻老师有很多机会提出问题，分享自己的研究并请求建议和批评。这就是一种跨学科的学术交流，而非只是在各自院系或者固定的学科领域中交流，我觉得这对年轻老师尤其有帮助。这个社区的成长还处于初级阶段，但是结构非常好，未来它的网络会编织得越来越密，越来越结实。我认为这是一种很好的、弹性的、自生长的机制，跨学科合作可能就是要依赖这种机制。

北京大学数字人文研究中心可以说是由老师自下而上发起推动、学校给予支持而建立的，这样一个架构和运作形式具有明显的北京大学特色。主管校长和学校社科部很支持中心的工作，尤其在教育部提出新文科建设的背景下，学校更加认识到数字人文在新文科建设中的地位。但是如果说要更为理想的话，我更加认同像斯坦福跨学科数字研究中心的架构，它是一个相对比较独立的实体机构，有人员编制，能够招到专业人才。它还具有一定的协调能力，比如协调全校的数字人文相关项目，建设覆盖全校数字人文项目的数字人文网页栏目。其中包括各个院系，学者个人及其团队负责的各种数字人文项目，也包括图书馆的数字特藏项目。数字人文不是一个独立的学术研究方向，它最大的特点就是跨界、跨学科，在学校层面上，应该有通盘考虑和规划，数字人文研究中心应该具有协调全校数字人文项目、资源和人才的功能。

问：您认为什么是新文科？有什么特点？

聂华：我觉得新文科尚无明确定义，也不能期望教育部给出明确定义，这是一个导向，就是给学者一个自由的、创新的空间。之所以现在大家都用一副不是太确定的口吻谈论新文科，是因为很多研究浮于表面，真正高质量的原创性的成果并不是太多。我认为新文科还需要一定时间的积淀，不可能快速产出成果，所以我今天做报告时讲它可能在十年、二十年以后才能初见成效。新文科其实就是一个比较开放的需要不断去创新的概念。但另一方面，比较确定的一个特点是，新文科会进一步模糊专业之间和学科之间的界限，打破边界是新文科最重要的突破和特点。从主动的方面来说，我们要打破学科边界；从新文科本身来说，它确实是边界比较模糊的学科。相对而言，文科的跨界较为滞后，其他学科早已开始打破边界，跨界做项目。例如，2013 年，欧盟发起了人脑项目（Human Brain Project），有 600 多位学者参加，专业涵盖生物医学、人工智能（AI）、神经心理学、伦理学等，科研机构遍布欧洲，有庞大的经费支持。当然这是比较特殊的例子，但这就是我们可以期待的未来，跨学科交叉、打破边界是它最显著的特点。

问：能否谈谈您所了解的本学科领域新文科建设方面的成果和亟须解决的问题有哪些？

聂华：从北京大学图书馆的角度来说，既有的数字化资源、数字化能力、专业馆员的数字人文素养和能力，以及图书馆通过举办论坛和工作坊在数字人文社区营造、网络构建方面的积累，是可以在新文科建设中发挥支持作用的宝贵积累。图书馆参与新文科建设，或者具体到数字人文建设，亟待解决的问题有三个：意识、馆员能力和资源。

第一，意识。对数字人文的支持应该是图书馆未来像编目、流通、咨询、学科服务一样的业务和服务方向，而不是一次性的项目，数字人文也不是一个独立的业务，而是在既有的业务中，从资源采购、数据和数据集建设、基础设施建设、馆员能力培养到信息素养教育，都要嵌入对数字人文的支持模块或者要素。耶鲁大学的 DH Lab 提供 R 语言、Python 等课程，学生可以在图书馆学习这些课程，而不一定要到计算机系学习。现在小学生都要学 Python，图书馆员也要紧跟时代潮流，像今天余志老师说的，"你要不这么走，你就被淘汰了"。北京大学的机构知识库最初由图书馆技术部设计开发，跟其他业务部门没有任何关系，但最终成为图书馆的一项创新业务，而且在学校各方面获得很多好的反馈。北京大学的科研管理系统也采用图书馆的机构知识库，只是名称不同。原来的科研信息管理系统没有全文数据，但机构知识库有；原来的科研信息管理系统的元数据特别不专业，但机构知识库的元数据丰富、逻辑性强、遵循标准。技术变成驱动力，就可以走到前台成为创新的原动力。因此，如果图书馆员认为自己可以什么技术都不懂，只需要会编目录，那肯定是要被边缘化的，必须与时俱进，学习新技术。

第二，馆员能力。2020 年 3 月，北京大学数字人文研究中心和图书馆合作，为文史哲、考古、文博等院系的师生举办了四场讲座，由图书馆员介绍中文相关数据库以及使用方法和检索技巧，数字人文研究中心王军教授的学生讲述数字人文的概念、工具等。我在想，其实这些讲座可不可以全部由图书馆员讲授，而不是由信息管理系的学生讲授。如果馆员现在还不具备足够的能力，那么就需要有计划有目标地学习和培训，成为数字化时代具有数字素养和专业能力的合格馆员。以此为例是希望图书馆员也要打开视野，只了解资源、会编目、懂分类法已经不足以做数字化时代的合格馆员。国外很多机构不仅为馆员提供培训和学习规划，也会直接招聘有相应能力的人。比如前面提到的斯坦福跨学科数字研究中心共有七位成员，学科背景都特别强大，例如有的拥有历史学和计算机博士双学位。耶鲁大学图书馆也招募计算机学科背景的馆员，人文学科的学者可以和馆员讨论自己的研究项目，馆员会根据研究项目的情况，指导学者可以采用哪些工具和资源，推荐学者参加图书馆的相关课程和工作坊。

第三，资源。其实资源已经是显性问题了，大家今天也都在谈论资源，所以我觉得有人说的问题倒是不用担心，反而没有人说的问题可能更需要关注。当然资源方面也存在一些问题，例如网络基础设施建设的标准化、规范化，以及灵活性和开放性，在技术转型升级以后，能否不断地兼容、迭代等都是要考虑的问题。今天我们也谈到跟业界公司合作，就会涉及这些方面的问题，如果使用的技术比较封闭，不开放，后期迭代不灵活，不能够快速地适应新的需求，就不是一个特别好的选择。从管理的角度，如果学校要做数字人文和新文科发展规划，需要在资源、领导层意识、人才引入和既有人员的能力培养等方面给予整体考虑。

华东师范大学调查与数据中心建设

受访者 许 鑫*
采访者 苏日娜 谢小燕

问：许老师，您好。您可否先介绍一下您的研究经历、学科背景？

许鑫：我是信息管理学院情报学专业毕业。原来在华东师范大学经管学部工作，是工商管理学院的副院长，因为有计算机背景，所以学校把我调到人文与社会科学研究院（以下简称"文科院"）工作，负责调查与数据中心建设，做学科交叉方面的工作。

问：请问调查与数据中心是哪一年成立的？

许鑫：2016 年成立，但前期一直没有怎么推进。大约在 2018 年底，学校正式安排我负责这个中心，目前为止，中心只运行了一年半。我们现在的工作属于"补课"，只要学校愿意投入，"补课"还是比较容易实现。现在推进了一些项目，其他兄弟院校也做过，但我们有后发优势，不用走其他单位走过的弯路，直奔目标。先发优势在于可以抢占一些核心数据资源，后发优势在于模式和机制创新可立于前人的基础之上。所以什么时候都不晚。

---

* 许鑫，华东师范大学经济与管理学部教授。

问：华东师范大学文科院在这方面做得很完善很成熟，想向您请教数据分析、数据管理方面以及调查与数据中心建设方面的经验。

许鑫：简单介绍一下我们学校通常的操作。其实我们也有很多与数据有关的事情，有一些采购项目等。采购以前都由图书馆来做，在经费允许的情况下，购买很多院系老师都会勾选的数据库或者数据集。

我们学校的文科实力还不错，包括教育、艺术等单列项目的国家社科基金项目总数排在第一位。那么，这马上涉及一个问题，现在已经位列第一，以后怎么保持项目数，争取更多经费？常规操作已经很难争取更多经费。我们可能面临着高位无法保持下去，因为华东师范大学的文科科研能力基本上已经被挖掘出来，重大组织、选题的申报、过程的控制等已经做得很细致了。

学校一直在思考这个问题，最后提出一条路径，既然要做标志性成果，就要有针对性地投入经费。于是学校推出了一系列项目，比如，某个团队或某个人需要某个数据，只要能够做出标志性成果，学校就投入经费。此时，项目由专业团队向文科院提出申请，学校科学研究委员会进行论证。文科院由原来的社科处升级而来，包括原来的社科处、文科发展中心、期刊总社、智库，所以文科院的规模比较大，有近 30 人。这样做之后，整个论证流程和采购流程与图书馆的传统做法就不太一样。于是我们成立了调查与数据中心来负责这类事情，它是学校直属部门，挂靠在文科院。调查与数据中心承担着学校文科公共创新服务平台的建设任务，核心工作主要涉及两方面内容：第一是调查，即搜集一手数据；第二是整理，数据中心负责整理二手数据。二手数据包括三方面：一是中心自己采集的数据；二是购买的商业数据；三是集成特藏资源，进而打造成的数据集。

问：从 2018 年到现在，中心大约承担了多少个项目？

许鑫：因为我们也在建其他几个学科的平台和公共平台，应一些教授的需求建专题库，总共有二十几个。有国际话语、创新等领域的专题库，也有古籍研究所的专题库。

问：你们的平台上目前大概有多少数据集？主要是哪些类型的数据？

许鑫：现在应该有上百个数据集。其中一部分数据集是我们特有的，社会调查数据集是特有的，如长三角居民生活方式调查；老子文献特藏也是特有的。自己整理的数据集价值比较高。一部分是购买的，是学校的数据资产，比如人口迁移数据、POI航班数据、百度人口流动、银联刷卡等比较专业的数据集，这些在全校范围共享。还有一部分是我们自己采集整理的数据集。

问：在数据方面，调查与数据中心怎样跟其他院系、机构或学者沟通呢？如何达成合作？

许鑫：他们有一些特藏，我们将其数字化，然后共享出来，有些是有条件的共享，有些暂时不想共享。原则上凡由我们经手，最终目的都是共享。这些单位可以有优先使用权，比如调查数据，调查团队有优先使用权，也可以先获取论文。但既然是通过学校的经费来做这些事情，我们可以设定半年到一年等不同的优先时间级，从长远来看，要让学校所有的老师和学生都能使用。

人文社科研究数据共享平台正好在2020年新冠肺炎疫情期间上线了。目前，数据使用量达到26万。对于校外用户，我们要求出具一个单位盖章的证明，声明使用背景，类似于馆际传递，这样就可以共享。

我们本想做成校际联盟，但是在联盟链上，大家只想用其他单位的数据，不太愿意贡献自己的数据。就我们部门来讲，部门里的一些东西也不方便共享，比如智库专报，因为涉及意识形态安全，涉及保密。部门内部也在思考是否共享。现在我们采用的基本方式是双循环。各个院系各个部门有自己的本地化平台，学校有大数据的研究平台，整合各学院各部门的数据；学校与其他学校部门之间有一个联盟链，这类似于大循环。同时，里面有小循环。我们自己的数据库中有部分精品数据集，可通过比赛或其他方式利用精品数据集做不落地分析，会产生图表、DOI，然后走数字出版的路线。大循环受阻时就进行小循环。如果联盟做不下去，至少小循环能继续运行。所以我们不停地举办比赛，就是将数据最大化利用。

问：在特藏方面是主要与图书馆合作吗？

许鑫：不只是图书馆，还有一些老师。古籍研究所、思勉研究院等自己的图书馆里也有特藏，但它们与教研室有关，与图书馆不是隶属关系。

问：在特藏数据方面，你们跟图书馆、古籍研究所合作的主要方式是什么？

许鑫：项目制，第一要有资料或数据，第二要有想法，还需学校愿意投钱。我们的科学委员会里有文科科学委员会，负责论证项目。先有兴趣、有钱、有人、有思路，再来开展。具体操作时要判断精力是否充足，也不可能接下太多项目。

问：你们与图书馆的合作多吗？中山大学图书馆主导建设数字人文平台计划从特藏资源着手。

许鑫：特藏是数据问题，数字人文平台包含资源、工具、服务，所以你们要进一步界定一下，即特藏数字化之后，你们计划如何做下去。数字化之后，涉及语义、文化 IP 等，在关联数据方案上，可直接借鉴上海图书馆的经验。但你们的目标肯定不是跟随上海图书馆，所以要清楚最后的目标。我们跟上海图书馆是战略合作关系，上海图书馆做过的项目我们不会做，它的一些接口我们会直接用。我参加上海图书馆的有关评审会，了解上海图书馆做得好的那些成果，因为它本来是公共服务机构，我可以直接用这些成果，没必要重建。除特藏数据以外，中山大学在服务和工具开发上有什么特色？要先有这些构想，才能实现，否则最后做出的成果还是特藏，只不过是更高层面的收藏。

对中山大学而言，如果技术力量不够，基本上有两种选择：第一，找有经验的技术方或咨询方；第二，找同行专家征求建议。寻找有共同目标的合作伙伴，而不是简单的采购供应商。只要想清楚模式，总是可以操作的。

你们也可以与我们合作，有一定的互补性。如果你们需要这边的数据，我们可以直接传递过去。或者我们打包一些工作给你们做，你们打包一些工作给我们做，这在某种意义上来讲就是资源互补。如果有校际合作，我们可以共享你们需要的某些内容。我们可以加强合作，大家可以共享某些技术实现思路。

另外，我们也可以联合举办数据集比赛。我们最近举办了三次比赛，第一次是关于运行信息，第二次是关于长三角科创共同体的挖掘，第三次是关于老子文献的知识发现。基本上一季度举办一次数据比赛。为什么要办数据比赛？因为在很多情况下，持有者不愿意共享数据，但又需要数据。因此我们采取了数据沙箱的机制，在这样的分析环境中，数据可以不落地分析，进而产生图表和报告。比赛有奖金，这些数据通过比赛就慢慢积淀下来。这种机制有两点好处：一是数据被活化，二是参赛者可能会成为之后的技术网络方。比如，我们有相关工作，可以直接找他们合作。中心的人员太少，如果以后要继续承接本校老师的项目，没有一个保障机制就不可能无限制扩充团队。中心也不可能包办全部事情，所以现在必须设计好所有模式。要构建学者网络，学者网络是发包网络；要构建技术网络，技术网络是收包网络。

问：你们还专门做培训吗？

许鑫：我们会发通知，面向学校所有师生开展培训，类似于图书馆举办的讲座。基本上每周都有培训，每周讲解培训手册上的一项内容，大概一学期完成整本培训手册上的内容，师生各取所需。数字工具，比如标注工具、采集工具缺乏公共性，这次培训不太涉及，这次以平台和采购为主。2020年主要提供在线服务，2021年开春之后，可能会进入下一轮培训。目前有基础版手册，现在在策划进阶版，之后还会有高阶版，有不同内容。

问：您可以介绍一下后期的实施架构、人员管理吗？

许鑫：我们部门有七个编制，现在到位五个，两个暂时被冻结，因为学校在实行定岗定编。定岗定编需再明确岗位职责，学校认为整个文科院部门的人太多，需要进一步讨论。

问：这七个编制的学科背景是怎样的？

许鑫：我们当初设计的是，一个属于行政，两个归于调查，调查可能分成一个社会学和一个经济学，现在有一位厦门大学和南开大学经济学背景的成员。另外两个人偏向图书资料系列，做数据。最后两个人偏技术，偏向工程实验系列。他们都是专业技术岗人员，与图书馆人员一起申请评职称。现在还缺一个社会调查成员和一个数据成员。

问：在人员方面，你们会考虑与图书馆合作吗？或者采取其他形式？

许鑫：我们和图书馆有交集，但是中心会有自己的边界。从长远来看，图书馆的服务力量更强。实际上中心没有很多服务力量，项目只是在文科院相关部门孵化出来，之后会被移栽到其他单位，不排除图书馆。当然，也可能移到其他部门，我认为可以开放性地选择。如果你们是由图书馆督导，可能就不用移栽。

问：如果由图书馆主导，在推动数字人文研究上，您有什么想法？

许鑫：从在学校里做事的角度而言，很关键的问题，一个是目标，一个是路径。在你们学校，文科的科研管理部门委托图书馆做这件事情；在我们学校，实际上科研管理部门直接做这件事情。那么，图书馆要注意把握分寸。图书馆是一个服务部门，没有管理职能，没有资源调配的能力，这就是问题。在公共服务方面，调查与数据中心和图书馆的定位相吻合。但是，中心还有管理职能、建设职能。虽然图书馆也会有一些建设，但建设目标与中心不同，比如特藏建设用以满足大多数师生需要，而中心的建设目标完全是结果导向，就是要出成果。

问：您刚才也提到，要对接人文社科学者的需求，请问前期采用什么模式和方式？

许鑫：我们的方式很简单，即"又推又拉"。我们有经费，如果老师有跨学科交叉的需求，就可以申请项目。我们有"幸福之花"共享基金、"幸福之花"学科交叉基金，文科项目经费额度达到 100 万元，理工科项目经费达 200 万~300 万元，基本等同于国家社科基金重大项目标准。我还没到文科院工作时，有一个"幸福之花"项目，关于大数据下学术共同体的构建。这项研究需要大量数据，需要学者数据，我现在积累了 3300 多万条全球学者数据，有完整画像，共有几十亿的记录数据。如果没有这项经费，我不可能做到，比如，只租用云服务每年就需要几十万元。这属于"拉"。"推"是指学校布局一些项目，我们将与项目有关的各学科老师聚集起来，然后通过行政命令使他们往一起聚合，由行政主导。当然，有些专家可能会拒绝，他们习惯独立做项目，也不需要这种经费。

问：课题的主题由您列出吗？

许鑫：校领导会列出一些课题主题，比如老子思想研究、文科国际化、量子思维、音乐画等。项目组组长是校长，文科院负责组织协调推进，首席专家是学科老师。课题由一个团队或专办负责推进。

问：这样更容易推进吗？

许鑫：磕磕碰碰地往前推进。当然，有些老师的研究达不到预期，这很正常，规划做得很好，但实施过程中总会面临各种各样的困难。应做好有投入无成果的心理准备，但不投入经费就一定不会有成果。所以从学校层面而言应该大胆去做。

问：这种项目性的布局能否惠及所有学者？

许鑫：不可能满足所有学者。首先，在立项阶段，学者会先报选题，之后再上报论证。如果专家觉得选题不合适，学者也不必再论证。论证之后，会召开开题会议，之后就正式拨款并启动项目。如果有些学者只想利用项目获得经费，这不太容易实现。

问：现在有学者使用平台的统计数据吗？实际效果怎么样？

许鑫：有的。大家对数据比较感兴趣，反而对工具类不是特别感兴趣。有些老师甚至不想使用平台，直接带上 U 盘或移动硬盘拷贝数据，但对在线服务的感受不是特别明确。其实直接拷贝数据并不划算，尽管他们认为拷贝数据就是获益，但是他们本可以获益更多，比如让我们帮忙做一些事情。每个人对平台的认知有差异，他们的收获也会有差异。有些老师常常让我们帮其清理数据，这种工作虽然与中心相关，但加大了中心的工作量。因为缺少内部结算，中心无偿提供这种服务。从长远来看，中心希望出台服务结算标准，只是在当下不现实。理工科的公共平台有收有支，文科暂时无法做到，我们中心只有支出，提供服务，没有收入。

问：很多学者可能认为工具或服务与其日常研究无关，对此是否应进一步做宣传？

许鑫：是的，学者是否会利用这些，取决于他们是否有意识为原来的研究赋能。

问：您最初做这项工作时遇到过一些困难吗？

许鑫：没有，我以前就是学校的论证专家，比如 3A 论证、4A 论证等，原来论证的是创新机制、数据驱动服务科研等。几次会议之后，学校就调我到中心，我从听汇报人变成汇报人。复旦大学数据库建设方面工作由图书馆负责。我们有一部分公共平台，自己建设，提供服务；有一部分学科平台，由院系建设，我们负责指导和协调；还有专门的项目协调部分；另外还有由文科实验室统筹的部分，是可用于培训的共享性内容。

问：这就是跨学科研究支持服务吗？

许鑫：是的，数字人文就属于这一类。我们有套设备可能与特藏文献相关。我们的精密光谱科学与技术国家重点实验室在做高光谱分析，通过分析可以知道古文书等的材质、修复的情况。以前修复用的是植物性颜料、矿物质颜料，现在修复使用化学物质。在可见光下看起来修旧如旧，但光谱分析会呈现出不同涂层。目前高光谱分析已经有这种成熟的应用，我们在闵行校区搭建了完整的设备。比如，通过对比古文书的光谱特征判断生成年代，高光谱分析可以把可见光下不可见的特征也呈现出来，类似于碳测定。国外的高光谱镜头价格为两三百万元，我们与理工科合作，成本控制在 1/3，这是我们的硬性优势。

问：高光谱已经可以在器具鉴定上应用了吗？

许鑫：还不可以，因为载物台是平面，能用玻片夹住的平面材料可进行高光谱检测，比如纸、帛、纱等，但花瓶等器具不可以，可能还需要花费几百万元进行设备改造。

问：检测已经达到一定的准确度了吗？

许鑫：其实不是准确度的问题，而是模式匹配，这项检测并非用于断代或鉴别真伪，而是告诉人们更多信息和特征，以便更好地做判断。比如，检测结果能呈现两种材质的相似度，或分辨出油画的原始颜料和后补颜料。在公安局的鉴定中，洗净的沾过血迹的衣服在高光谱下仍能被识别，我们只是把这项技术运用在了数字人文领域。

问：华东师范大学最初的数字人文规划是怎样的？

许鑫：我们最初做文字识别，这是 1.0 时期。当时做刻本的文字识别，还包括札注处理。在 2.0 时期，做抄本的文字识别，包括句读。在 3.0 时期，做图文混排的文字识别和元素的选择，比如截取印章，也包括众包。之后，计划做图文混排中看得见和看不见的图，引入高光谱。1.0、2.0、3.0 已经完成规划，按部就班进行即可，4.0、5.0、6.0 的预研究工作也在推进。我们现在主要做人工智能、算法、众包、句读。

问：贵校各位文科专家教授对数字人文的看法是怎样的？在数据方面，他们接受与中心的合作吗？

许鑫：达到双赢效果的，他们都接受。如果太烦琐，他们也会为难，比如前期商量得很好，后期不了了之。我们只能尽量宣传，尽可能归拢需求。就像漏斗，最后漏下来的需求总是少数。我们也无法满足太多需求。

问：数字人文刚好契合国家新文科建设需求，您可以介绍一下新文科建设的情况吗？

许鑫：在新文科领域，我们主要有研究数据集，比如计算社会学、计算语言学、计算新闻学等，都已经有很多学科的交叉融合。首先要清楚哪些可能是国家关注且学校具备基础的，我们学校有数字人文、社会计算、健康管理、智能教育、大数据治理。之所以选这五个方向，我的态度很明确：第一，这五个是国家关注的；第二，学校有学科基础；第三，我觉得这五个比较合适。中山大学可能会有自己的五个方向，数字人文肯定在其中，还有另外几个，但不要只列自己关注的领域，还要兼顾其他领域，特别是有前瞻性的领域。

全球视野下的数字人文实验室及科研机构建设

邱伟云*

我报告的主题是我与我的团队在完成山东大学的委托项目"国内外历史学数字实验室调查研究报告"之后的一些思考与总结。团队主要访谈了国内外几个重要的数字人文实验室的首席及核心成员,例如德国马克斯·普朗克研究所陈诗沛、北京大学王军、清华大学严程、中国人民大学数字人文中心冯惠玲、南京大学王涛、武汉大学王晓光以及上海大学文科处处长曾军,还视频访谈了四位国外著名的数字人文实验室负责人。下面我分三个方面进行汇报。

第一个方面,团队在考察全球数字人文实验室建置的过程中,初步把实验室和科研机构分为四大类型。第一种是项目驱动型。项目驱动型数字人文实验室没有明确的实验室、社群倡议、研究中心的主张与建置,而是围绕一个重大项目组成的研究单位。这一类研究单位的优点是有共同的研究主题,所以能够很快地集中火力做出重要的成果;缺点是团队容易因为项目与资金来源的结束而终止合作。例如美国菲奇堡州立大学的文化遗产数字典藏重大项目,在过去很长时间有充足的资金支持,也产出了很好的项目成果,后来却因为资金的短缺而终止。第二种是实验室型。实验室型数字人文实验室的优点是机构设置与所需资源较少,且参与成员较少,向心力较强;缺点是资源相比研究中心有所不足,只能参与而无法主持大规模的跨国项目研究及支

---

* 邱伟云,受访(发言)时为山东大学历史学系副教授,现为南京大学历史学院副教授。

持国际学术交流，例如美国密苏里大学的数字历史实验室。第三种是研究社群型。研究社群型数字人文实验室没有实验室或研究中心的建置，而是采用社群倡议的方式。相对于具有主体中心性的实验室模式而言，研究社群模式相对松散，更倾向于形成无中心组织，但是更具有包容性和活力，例如英国爱丁堡大学的数字人文研究小组。第四种是建置最完备的研究中心型。研究中心型数字人文实验室在相关研究机构类型中是最完整、最齐全并且带有实质资源力量的单位。目前，全球设有数字人文研究中心的高校都是对数字人文未来发展具有信心和魄力的学校。但是就全球众多数字人文研究中心来说，有部分高校设立的是虚级单位。虚级单位是有数字人文研究中心名称，但是没有人员编制与经费的单位，这样的中心要开展数字人文大项目操作是有困难的。项目组根据调研得出结论：只有落实到实体单位，给予数字人文研究中心人员编制和启动经费，才能实际地推动高校的学科发展和有效提升学术影响力。英国谢菲尔德大学数字人文中心是相对好的研究中心范例。

第二个方面，在观察全球数字人文实验室之后，团队提出较好的数字人文科研机构应该承担的工作。第一步，基础数据库的建设。数据库的建设除了数字化之外，还有数据化工作，要把数字化后的文本进行数据化采集。第二步，从基础数据库中提取出数据并进行运算与分析，具体包含数据清理、数据计算、数据可视化以及数据分析等工作。第三步，成果转化。必须把数据计算与分析后的成果放在网络平台上展示，并做好成果的维护，即数字人文研究中心必须有能力与资源对网站进行长期的更新与维护。

目前，国内的大部分数字人文机构都能做到以上三个步骤，但第四步行政公关工作是比较欠缺的。据我的团队观察，全球成功的数字人文机构都设有一类特殊成员——行政公关人员。行政公关专门管理从基础数据建设至成果转化的整个项目工作，并把研究成果进行包装，借以向外部的企业寻求资金支持。如果只依靠高校的校内资金，那么机构资金来源有可能断裂。但是如果能把研究成果推向产业应用，跟企业进行合作，那么数字人文科研机构将有望维持长久的营运。

第三个方面，较好的数字人文科研机构的人员组成有两个特色。第一，多元且开放。团队成员由校内各领域人文学者与统计学学者、计算机学者以及项目管理人员组成。项目管理人员是非常重要的，好的项目管理人员能够让整个项目长期生存。如奥地利因斯布鲁克大学数字人文研究中心的团队成员包括建筑学、档案学、数学、计算机科学、物理学、工程科学、古代史与古代东方研究等领域的教师、学生。其成员构成多元，所以研究项目非常丰富，而且触角很广，可以伸展到各种领域，获得其他额外的资金补助。第二，有完整的梯队。一个完整的梯队必须有本科生、硕士生、博士生，还要有年轻教师乃至资深教师，梯队中每个人都能充分发挥作用。例如美国克莱蒙特研究生大学 DH 社群，其包含不同领域的学者，有博士生、硕士生和本科生。本科生可以做数据处理与数据清理的基本工作，硕士生和博士生因为长期跟进项目，所以可以指导本科生。当然，资深教师负责领导整个研究方向的产出与诠释。完整的梯队可以教学相长，并且能够让研究机构有序发展，像理科实验室一样，完整梯队对于文科实验室来说也是非常重要的。

最后，2020 年 8 月《中国社会科学报》刊发了一系列在数字人文视野下谈新文科的文章，当中就有学者论及中国应当积极发展数字人文学的战略性意义。目前在国家社科基金项目里虽然有诸多数据库建设的相关课题，但是还停留在档案数字化与检索思维之中。而数字人文研究不应仅限于档案数字化与检索文本，而且应把文本转换成知识源，将巨量复杂的文本打散成数亿个知识源，探究数亿个知识源间的关联性知识，找到"知识奇点"，这样才能展现出智慧大数据的能量。因此，仅仅是数字化工作是不够的，要走向数据化以及科研机构组织化，这才是数字人文与新文科较好的未来发展方向。

数字人文中心建设思考与数字人文项目实践

受访者 邱伟云*

采访者 苏日娜 叶 湄

问: 邱老师,您好。请介绍一下您的研究领域、教育背景和整个研究历程。

邱伟云: 我本科与硕士皆就读于高雄师范大学国文系,博士则在台湾政治大学中文系攻读,之后在政治大学历史与思想数字人文实验室从事博士后研究将近三年。台湾地区高校的中文系与大陆高校的中文系在课程设计上有所不同,台湾地区高校中文系的课程设计横跨文、史、哲三个领域,如我虽然在中文系学习,却能以思想史研究作为主要研究领域,相对而言,大陆高校中文系学生则以文学研究为主。就此而言,我之所以后来走向数字人文研究,可能是受到我在台湾地区高校所接受的中文系的文史哲兼通的教育机制影响,在研究上相对而言更具跨学科特性。

我具体研究领域主要聚焦在中国近代思想史,特别关注中国近代的报刊,之前曾在新闻传播学院开设近代报刊史课程。我处理的研究材料主要是近代报刊中的文字史料,同时也研究图像史料。例如现在正和台湾政治大学文学院数字人文中心主任郑文惠教授合作建设晚清"点石斋画报"数据库,

---

* 邱伟云,受访(发言)时为山东大学历史学系副教授,现为南京大学历史学院副教授。

现阶段由团队成员合作进行人机互动的图像标记工作。在思想史研究中，我们会利用文本探勘（即文本挖掘）方法计算和分析大量近代报刊中的文字史料。

我最近的研究重心在中国近代"道"的形成和演变过程，即老子所言"道可道，非常道"中的"道"。我明年将出版一本书，目前已发表其中的两篇论文，第一篇发表在香港中文大学创办的《新亚学报》，另一篇发表在台北"中研院"文哲所创办的《中国文哲研究通讯》。第一篇是通过数字人文技术先从宏观上勾勒出中国近代"道"的整体概念框架，在此文所计算出的概念大框架下，陆续又写出三篇文章，其中一篇天道概念研究即发表于《中国文哲研究通讯》，之后将陆续发表的两篇是"公道"与"人道"概念研究。那么，天道、公道与人道的概念为何重要？为何在谈论中国近代"道"的形成和演变时需要特别提出来进行进一步的研究？这三个概念的重要性是如何确定的？上述这些宏观思考正是来自于第一篇对"道"的整体概念架构的研究文章，是通过数字技术发现的。

通过这个研究案例，我认为数字人文研究能让未来的人文研究更具系统性与延续性，它是一条新的研究路径，即通过数字人文视野，人文学者将能先从大量文本数据中先行计算并掌握一个宏观的研究框架，其后可再针对框架中的细部议题进行进一步的研究，最后这些细部研究又能回应大框架中的问题，通过数字人文方法，人文研究者能够实现一种兼顾宏观与微观研究视野的诠释循环。以前，人文学者可能做了十年研究，才能汇聚一批研究成果，完成自己研究主题的宏大理论结构，这种大型理论结构与人文关怀是慢慢形成的。但在数字人文视野下，研究者有另一种选择，即可以先通过数字技术对巨量复杂的史料进行机器阅读，之后得出一个宏观的数据结构，并就此数据结构提出理论框架，再从框架出发进行细部研究。这是有别于过去人文研究方法的另一种研究路径，后者促使研究者可在先清楚掌握研究的整体框架后再进行细部研究讨论工作，使每一步细部研究都能时时回应总体理论框架。未来的人文学者可以自由选择采用这种新的由巨而细的研究路径，得出有别于过去由细而巨的研究路径，产生新的人文研究成果。

问：您可以介绍一下常用的数据库、数字工具或经常访问的一些网站吗？

邱伟云：我比较常用的是由台湾大学所研发的文本探勘工具 DocuSky。由于我主要从事的是概念史研究工作，特别关注代表概念的词语的变化。而基于过去的研究经验，发现近代代表某些重要概念的词语现在已经很少使用或不存在了，因此在运用文本探勘工具进行近代报刊史料的计算时，我们比较不倾向使用现成的分词工具，比如结巴分词。因为近代曾出现的某些重要词语现在可能已不存在，若用现成的基于现代汉语语料所研发的分词工具，可能就会遮蔽或忽略某些曾经存在的重要词语，因此在进行近代史料的文本探勘工作时，我们倾向的方法是人工与机器合作的分词法。先运用 N-Gram 工具对近代巨量文献史料进行断词，然后再由人工进行词语的判别与过滤，这样可避免某些现在已经不用，却代表当时重要概念的词语被省略的风险。

除了 DocuSky 文本探勘工具外，我还经常使用斯坦福大学所研发的网络分析工具 Palladio。虽然它无法如 Gephi 一样可以计算各种网络中心度或者呈现出节点与节点之间连线权重或有向性，却可以快速地给出网络节点之间的复杂联结现象，它是网络分析的初阶工具，适合初涉数字人文的研究者，以及想要快速掌握网络关系现象的研究者使用。相比 Gephi，Palladio 工具界面与操作方法对使用者来说更容易上手。

我还会使用一些统计学方面的工具。例如台湾逢甲大学的梁颖谊老师曾利用统计学中很简单的累积和的计算概念，制作了一种计算长时段中概念分群现象的工具 CUSUM（Cumulative Sum），意思是 Cumulativeproportion chart over period。原先统计学界是把 CUSUM 计算运用到货物品管分析中，例如，当品管一批一万件的货品时，可以运用 CUSUM 方法，计算出货品数量发生明显变化的时段。而我们就把这样的计算方法挪用到计算任一概念在长时段中发生明显变化时刻的研究工作中。除此之外，我们还曾利用统计学中的转折点分析法进行历史分期的研究。以前历史分期主要由人文学者主观判断，可能以朝代、帝王、重大事件发生时间等作为历史分期的依据，但这样的分期法容易落于主观的批评，而运用统计学的转折点分析法，则可以数据量的明显转折作为一种新的分期标准，过去我们曾利用这一方法对《人民日报》中长达70年的以深圳为主题报道的文章进行历史分期工作，产生了一些有趣的研究成果。

问： 您认为现有的数据库和数字工具基本能满足您的科研需求吗？

邱伟云： 现在很多机构或单位都在建设所谓的数字人文研究工具平台。我从2010年开始从事数字人文研究，到现在已经有十年了，2010年并未出现所谓的数字人文研究工具平台，大部分工具都是研究者一个一个基于人文研究需求，自发地从计算机学界、统计学界挪用过来的，最后才基于项目研究议题的需求逐渐拼出一套数字人文研究工具集。例如DocuSky收录的各种工具就是在一个一个人文研究议题需求下慢慢地研发，最后汇聚成数字人文工具平台。对学者而言，这种工具平台可以为研究提供许多帮助，但是，刚参与数字人文研究的学生则必须注意，不能被平台的工具限制住研究思维。假使使用者认为平台上的探勘工具就是数字人文的全部，那么数字人文就会丧失其多元发展的可能性。

现有数据库和工具能否满足需求是很复杂的问题。以情感计算为例，它非常复杂，但现有工具大多只是采用极大正负值去计算正负情感，研究者在使用时无法调整情感计算工具的参数设定。历史学界的情感史研究者早已指出，情感会因人的阶级、性别、年龄、工作、文化认同等而有所不同。目前的情感分析工具尚未完全考虑这些因素，因此当研究者使用这种考虑不周的情感分析工具做研究，其结果就有待商榷。一个比较好的处理方式是，各种数字人文计算工具应设有弹性调整计算参数的机制，可让人文学者基于研究材料的时代与历史特性去调试计算参数。由于参数调试需求是个性化的，不是大众需求，因此很少有商业数据库开发者开发这种具备弹性调整参数功能的计算工具，也因此这类不能调整参数的数字人文工具就因为无法满足各种研究材料的特殊需求，而难以被人文学界完全接受。据此而言，一个较好的未来数字人文工具应是具备动态调整参数功能的，而不是静态固定的一套僵化计算工具。

问： 您正式进入数字人文领域并开始从事相关研究的契机是什么？

邱伟云： 2010 年，正值我博士三年级，当时博论研究方向设定的是中国近代思想史相关研究，并且是通过数字人文方法来进行。这样新颖研究方法的构想，来自我自 2008 年开始从学于金观涛和刘青峰先生的学术因缘。两位先生在 2008 年从香港中文大学退休后，在台湾政治大学中文系郑文惠教授的极力邀请下到台湾政治大学任教。先生们在香港中文大学任职之际，即用词汇计算与数据库等方法与工具进行了一系列长达十余年的中国近代思想观念研究，我在跟随老师们学习的过程中，逐渐学习到运用计算方法进行思想史研究的路径。

两位先生建有包含 1.2 亿字的"中国近代思想史专业数据库（1830~1930）"，该库收录了中国近代重要政治精英学者的专著、清末民初重要报刊、重要西学翻译著作等。他们运用统计方法，计算各种影响近代思想观念发展的重要关键词的词频，观察在近代 1830~1930 年的分布现象，并从诸多数据线索中揭示中国近代思想观念的转型轨迹。当第一次听完两位先生的课时，我就认定这条新的人文学科研究路径是我想要继续学习与持续发展的研究方向。于是，从博三开始，我一直跟着金老师与刘老师学习，直到 2016 年我博士后出站，在这六年里，我每周都和老师们及台湾政治大学历史与思想数字人文实验室的团队成员开组会，讨论各种数字人文方法的开发与研究议题。

回想 2010 年是一个艰难的开端，当时团队只有金观涛、刘青峰、郑文惠老师和一群中文系、历史学系、哲学系的师生。最初，金老师每周都会召集团队成员开会，并分派题目给团队中的研究生。例如，有人做"自由"观念，有人做"平等"观念，有人做"国民"观念，有人做"国家"观念等。当时的分析方法是通过在数据库中设置的检索功能，下载数据库中所有与研究主题相关的研究词条语料，由研究者一条一条地解读原始文献，进行人工分类。例如，在"自由"观念研究词条中，就可看见黄宗宪的自由观，通过人工分类可归于传统类型的自由观，还可看到属于现代西方式个人权利之下的自由观，当时作为研究生的我们必须一条一条地读文献，一条一条地进行人工分类。同学们通常会先在数据库里搜索某个观念词的词条数量，然后选择词条较少的观念词进行研究，通常3000条左右语料的数据量，由人工阅读分析已是很大的负担，所以超过3000条语料的观念词就没有同学想选定来作为研究报告的主题了。记得当时老师开列的观念词中，词条最多的观念词就是"中国"一词，对应着19万条词条，没有同学愿意选。我当时觉得不过就是19万条，我如果每天都花大量时间阅读分析，应该也是能够做完的，就是在这样自我感觉良好的情况下，我选了"中国"一词作为研究主题。当时我利用课后以及平时空余时间，三个月后只阅读与分析完3000条语料，看完19万条则需要更多时间，况且看完之后只是做初步人工归类，还不能推出结果。另外，我也发现自己的人工分类过于主观化，我的归类与另一个学者的归类不一定相同。我问金老师该怎么做才能比较快地分析完19万条语料，老师让我先自己想想办法，于是我在网络上寻找解决的方法。

当时我从过去三个月的词条阅读经验中，归纳出自己分析和定义观念词的方法体系。例如，在"中国的疆界不可分割"这条语料中，我会因为出现"疆界/分割"两词，而将这条语料归类为谈论"疆域"问题的疆域中国概念；又如"中国在国际法上的法律地位是什么"这条语料，因为出现"国际法/法律"，我会归类为讨论"法律"问题的法律中国概念。基于上述人工分类经验，我正是通过找出每一条语料中与"中国"一词共同出现的其他关键词，来定义该条语料中"中国"观念的所属类型。在上述经验积累的基础下，我想，是否有可能让计算机帮助我找到19万条语料中围绕"中国"一词的其他关键词？我循着这一思路搜索解决方法。我发现曾有会计师用Excel的命令去截取批量文件中的信息，于是我如法炮制，将这种方法运用在19万条的"中国"史料研究中。由此，我在台湾大学举办的第二届"数字典藏与数字人文"研讨会上发表了第一篇数字人文研究的文章，现收录在项洁教授主编的《数位人文在历史学研究的应用》中，主要讨论的是《清季外交史料》中"中国"概念的变化。在研讨会上，我结识了计算机科学、图情学科等专业的学者，也发现我使用的方法在计算机领域叫作自然语言处理，是一个专门的研究领域。我们当时结识了同在台湾政治大学计算机系的同人刘昭麟老师，后来刘昭麟老师即应金老师与刘老师的邀请参与了我们的组会，并成为研究团队中的核心成员。再后来，台湾政治大学校长因应学校未来学术发展需要，提出创建校级交叉领域研究团队的主张，陆续推荐了外交学、统计学、语言学等学科的学者旁听我们的组会，团队规模变得越来越大，越来越多元。我完成了 19 万条词条的"中国"观念词研究后，金老师与刘老师很开心，鼓励我们未来要多与计算机科学、统计学等学者合作，在跨领域对话中找到新的人文研究方法。在这一契机之下，我们开始引入很多计算机研究方法，例如 co-occurrence 共现方法、相关性统计等方法，后续又研发出很多数字人文方法。

我们团队组建之初有很多学生参与，包含了本科生、硕士生与博士生，我和另外两个硕士班学弟属于当时团队核心成员，可惜的是，最后只有我仍留在团队，两位学弟都因工作与毕业离开了。数字人文研究是探索性极强的新兴领域，大家看到的往往只是成功案例，在开始探索之时，失败案例也不少，那些失败的经历消耗很多团队成员的时间及精力，数字人文研究者很可能付出大量时间却得不到成果。因此，在 2010 年时，对于要毕业或找工作的学生来讲，数字人文确实并不是一个很好的值得投入的研究领域。然而，我认为在十年前，学生可以因为数字人文尚处于探索阶段而拒绝接触数字人文。但在十年后的今天，数字人文已蓬勃发展，且掌握数字方法已成为人文学人的刚需，学生应积极地认识与接触数字人文方法，因为过去十年间，前人已在多方尝试下逐渐开辟出一条数字人文研究路径，今天的学生有遍布全球的数字人文研究成果与理论可以学习，并在既有研究的基础上进一步进行研究与发展。未来学子应更为主动与积极地亲近数字人文学，才能跟上时代潮流而有更为多元的发展。

问：您可以讲一讲现在您的团队开展的较有代表性的数字人文研究项目吗？

邱伟云：我和南京大学的陈静老师有很好的合作。陈静老师主持的大型数字人文项目是非遗数据库，现在主要做南京云锦工艺品研究。我的主要工作是协助陈老师开展南京云锦传统文献的文本探勘工作。先收集历史文献，找出有关云锦起源的文献记载。他们特别关注云锦的颜色，比如中国色。针对这个问题，我从历史思想研究者的角度介入，查找传统文献中对云锦颜色的记录及其政治意义。中国的传统颜色有"五色"概念，五色配合五方，五方配合五行，且不同的官府朝服有颜色等第，所以我会从思想文化的层面帮助进行云锦颜色的思想解读。

我之所以加入陈老师的团队，是因为陈老师这个数字人文项目是跨领域的合作项目，在团队中，能够深刻地感受到跨领域学人在同一主题上的思想激荡，那是非常令人开心的事。团队除了人文学界的学人外，还有化工和生物学科的学者，因为团队想通过文献记载和化学与生物工程的原理，还原出云锦的颜色。团队里还有中国社科院考古研究所的研究员，他从考古角度提出了很多看法。除此之外，团队在实物收集和展示方面与文博档领域也有合作。当然也有文献学者的贡献，比如"赤"在不同朝代的意义即要从文献学的角度分析。团队中还有社会学家，他们主要研究云锦从出现到现当代在社会意义上的转变。

除了参与团队项目外，我最近与金观涛、刘青峰老师团队在做"主义"概念的研究，主要问题是探究中国近代有多少种主义。2010年，我们做过主义概念的研究，当时通过词缀截取计算出1680种主义，现在使用数字方法并结合人工标注，在史料上还增加了3000万字的《东方杂志》，最终发现2409种主义。我们最新一篇研究成果将在台湾举办的数字人文会议上发表。这项研究最大的特点在于增加了语义学的观察。2010年，我们只观察"××主义"，比如自由主义、平等主义、资本主义、马克思主义等，但从语义学的角度观察，"主义"在"××主义"之前就已经出现，表现为"以××为主义"句式。我们这个研究团队里有词汇史学者，在词汇学中，所有概念都会经历词化过程，"以××为主义"句式的出现表明当时"主义"还未词化，"××主义"则表明已经词化。由此，我们推进了词汇史与概念史的研究，主义研究应往前推至前概念阶段，即概念还未成为辞典所收录词汇时间段的考察。在研究过程中，我们通过数据可视化技术画出了主义树，发现了主义的发展变化过程：主义树在 1877 年到 1899 年越长越大，1906 年时长得非常大；但 1906 年之后开始收缩，在 1910 年前后明显收缩；之后再次生长，1915 年时又长得很大；之后再次收缩。通过可视化技术能直观地发现中国近代主义类型发展的两重递进，第一重递进在晚清，第二重递进在民初。以前研究者可能使用文字叙述，如"在晚清时期有一次增长，在民初有一次增长……"但文字无法呈现出具体的增长过程，而可视化技术使人文研究者能够直接鸟瞰整个大数据。因为主义树图很大，无法在一张 A4 纸上呈现，所以我们将高清图存在网络上，并在论文中标明网址，读者可自行下载查看。开展数字人文研究会产生许多纸本无法承载的图和附录，要为读者提供原始数据和高清图档，必须从纸本过渡到数字世界，因此成果展示也需要数字方法和平台。

另外，我和天津大学建筑学院的何捷老师也合作了一个国家自然科学基金项目，主要研究《全唐诗》中边塞诗的空间人文。人文学者在项目中首先帮助定义边塞诗的概念，之后成员再利用各种空间分析的算法呈现出边塞诗中的人、物和时间点等，抽取出所有实体，最后形成关于空间意象的知识网络，此时人文学者可通过知识网络发现以前未意识到的向度，进而开展相关研究。何老师的团队之所以能申报国家自然科学基金项目，还在于他们能够通过测绘技术还原边塞诗中叙写的场景，从这个项目来看，人文学者与建筑学者也能进行交叉合作研究。

问：您所在的山东大学有没有专门的数字人文研究团队？

邱伟云：最近山东大学历史文化学院开始筹划建设文科实验室，请我主持调研了全球历史学领域中数字人文实验室的发展方向。经调研，我们发现，只要有资源、有能力就可以建成数字人文实验室，但建成的未必是好的数字人文实验室，好的数字人文实验室应该有明确的研究主题。例如，麦吉尔大学的老师方秀洁（Grace Fong）之所以非常出名，是因为她构建了明清妇女著作数据库，全球的明清妇女研究学者都会使用这个数据库，会关注这个实验室。山东大学历史文化学院的历史悠久，是全球历史学界义和团研究的翘楚，因为义和团运动发生在山东，山东大学的文献档案最全最翔实，且研究学者也最多。所以如果山东大学历史文化学院要建立全球知名的数字人文实验室，以义和团运动研究作为主题最为适合。因此我们学院未来可能会按这个方向建立数字人文实验室。

另外，山东大学威海校区有东北亚研究院，主要研究中日韩之间的交流史与当代国际关系，目前也已建立数字人文实验室，由东北亚学院和历史学院合聘的苗威教授主持。在东北亚研究中，通常会研读不同语种的文献，文献对读工具很重要，所以研究院先建立了一个文献翻译对读的平台，以供研究者使用。当然还有文本探勘、网络分析工具，现在还处于第一阶段，未来也会持续发展。

在山东大学的计算机科学与技术学院，有老师也在做相关研究，但目前较多做舆情分析，还没有涉及数字人文。其实社会媒体与舆情分析可算作数字人文大帐篷的一环。

对比全球的数字人文研究机构，中国目前已经成立的数字人文研究机构多是虚级单位，因此力量多有不足。就此来看，有打算建立数字人文研究机构的高校，应特别注意整合已有的研究团队力量，一个高校往往拥有各种各样的力量，这些力量已经属于学校，学校不需要额外付出就可以将其整合起来。中国人民大学的数字人文研究中心就是整合校内各领域与数字人文研究相关团队而建成的实体单位，由冯惠玲老师主持，她曾经担任中国人民大学副校长，所以能有效地统合校内各单位的数字人文研究力量，完成数字人文研究中心的建制建设工作。

问：根据您对全球数字人文中心的调研，您认为这种中心、机构应具备哪些功能？现有的中心存在哪些问题？

邱伟云：数字人文中心一方面要服务学术，一方面应对外争取经费，必须两者皆有。假如将一个中心的力量分为两部分，对外争取经费的力量必须占据一半，必须通过对外争取经费来支撑数字人文研究，因为数字人文研究的资金消耗量巨大，缺少经费支持很难持续。目前莱顿大学、根特大学的数字人文中心在这方面做得很好。斯坦福大学的数字人文研究团队很多，但还没有有效整合。假如数字人文研究中心是实体机构，中心就会有一批数字技术工程师、计算机学者以及计算机领域完整的研究生梯队，中心可以对外承包数字人文相关的横向项目工作，比如为业界建立相关数据库或做数字人文相关研究，这是未来必然的趋势。这种方式的优点在于数字人文团队在帮业界提供技术服务的同时，也发展了自己在学术研究上所需的数字技术。我认为这种结构非常重要，值得参照。目前国外还能维持的数字人文中心都有比较好的对外营运模式。

问：您认为数字人文中心的组织架构应该是怎样的？应该有专职的在编人员吗？

邱伟云：以中国人民大学数字人文研究中心为例，中心的研究员都是学校各单位的实职人员，比如历史学院，一位学者是被两个单位合聘，研究时间可能是各自一半。我认为这种方式还不够彻底，最完美的方式是专门招聘一批人，专职做数字人文研究。这里我想提一个想法，即数字人文领域里应该有三方学者，大概分为人文学者、计算机学者和数字人文学者。其中数字人文学者既懂人文学科又懂计算机技术，起传达沟通与宣传公关的作用。数字人文刊物的同行评议也应有三审，分别由人文学者、计算机学者、数字人文学者审查。人文学者可能认为文章的人文分析不足，计算机学者可能认为技术不够前沿，而数字人文学者却能同时理解数字人文研究在整合层次上的困难与亮点所在，可以在中间进行中立的审查，因此有意义的数字人文研究成果就不会轻易地被计算机学者或是人文学者单方淘汰，得以有机会发表。

问：从您的研究领域来看，您希望数字人文研究能获得哪些学术资源方面的支持？

邱伟云：以义和团研究的数字人文研究项目为例，研究者可能首先想知道与和义和团相关的文献在全球的分布情况，以及查看所有文献的渠道。例如，义和团运动发生时，法国的某个期刊可能会记载，但研究者可能不知道，图情档学者可能更了解相关档案资料的收藏情况。之后，研究者还需掌握全球范围内最新的义和团研究情况，这些信息应及时更新。接下来，研究者关注文献是否被数字化与数据化，可否直接获取文本。对于可下载的资源，应配备计算工具。进一步来讲，如果研究者不会使用工具，应有人可以辅助进行数据计算。如果计算之后研究者发现其他衍生问题，比如数据计算结果与以往人文学界的理解不同，应该有可与之讨论的研究成员，能帮助研究者进行计算方法上的调整。在成果发表方面，研究者可能希望获取全球学界中可接受数字人文研究成果的刊物及其排名信息。

问：您可以谈谈对新文科的看法吗？

邱伟云：我认为新文科不只包含数字人文，但数字人文或许可以成为新文科的先行方向。目前大家对新文科的关注点之一是课程的设计，例如，基于文理交叉，在中文系、历史系、哲学系等人文院系都开设计算机科学、统计学相关课程。但我觉得新文科应该有更大的范畴，除了学习基础的计算机科学与统计学课程外，还应打通中文、历史与哲学等人文学科壁垒。

新文科与数字人文的共通性之一就是都具备以问题为导向的思考。以南京大学陈静老师的云锦项目为例，在项目研究过程中会因应研究需要与相应学科的学者进行合作，并非仅由人文学者对云锦文献进行分析，而是将所有与云锦研究相关的学科组合起来，这样的以问题为导向的思考，我认为正是新文科的重要内涵。因此，我认为问题导向是新文科发展中比较重要的特征。

第四章

反思与展望

北京大学文研院推动跨学科建设经验
及新文科建设思考

受访者 邓小南*
采访者 石声伟

问：邓老师，您好。本次访谈主要包括两个主题：新文科和数字人文。请问您如何看待新文科呢？

邓小南：在我看来，新文科所谓的"新"其实是一个引领趋势。它不仅仅要求专业要"新"，或者一些具体办法，例如招生办法、培养办法，这些具体事项上的"新"，更重要的是要有理念的"新"，应该建设一流的开放环境，一流的前瞻思维，一流的沟通方式，一流的和谐关系，还要有一流的服务保障体系。换句话说，学术的组织方式要"新"。为此，我们也要对过去文科的发展进行切实梳理，总结文科发展中取得了哪些成就，又存在哪些问题。

近一二十年来，国家大大增加了对于文科的投入，对于教师、学生也提出过不同的目标，每个目标相较于之前的文科，都可以视作"新"的。现在既然要建设新文科，就应该梳理一下过去的那些"新"，哪些是成功的，哪些是不成功的，或者说成功、不成功的原因在哪里，这样才能真正做到有针对性。如果只是不停地提出一些新口号，寄希望于通过口号去推进新文科

---

* 邓小南，北京大学历史学系教授。

建设，并不能代表"新"。

新文科要面对未来，其实也是面对未知。未来很多事物、很多问题并不一定会在我们预期之中，如何培养出能够面对这些未知的青年一代，毕竟他们要面对的事物或者问题很多都是我们没有经历过，甚至是没有想到过的。

从理念上说，要有批判性思维、质疑性思维，而且在批判和质疑的基础上要学会说理，要有学理。现在网络上或宣传上的一些表述是非常极端的，非此即彼。这两端的声音相对来说是比较大的，或者说是比较容易被人看到的，但是真正善于说理的非常少。现在的青年一代，至少是面对新文科的新一代，应该知道什么是学理，知道如何去说理，怎么能和对方心平气和地进行讨论，怎么能在学理的基础上做出比较实在的推进。我想这些都是与理念有关系的。我们要明确新文科的建设目的是什么，要培养出什么样的人才。

另外，我觉得学术组织方式要"新"。所谓的学术组织方式，之前会提及一流大学一流学科，但是要想真正实现学科突破，仅仅依靠一流学科肯定是不行的。换一个角度来看，如何理解一流学科？什么是一流学科？如果学科之间的壁垒不能被打破，那么就不会有真正的一流学科，也不会有真正实质性的突破。各学科之间必须有沟通平台，如数字人文研究中心就是一个看得见的平台；此外还要有一些软性的、看不见的平台，要有一些类似于"神仙会"这样的交流机会，让关心不同问题的老中青学者和一些学生，有能在一起探讨共同关心的问题的谈话圈子，让大家彼此启发，从新的角度来考虑一些新问题。我觉得这是一个学术组织方式的改变，如果各个学科之间仍然是孤立的、隔绝的，恐怕没有办法真正建成一流学科。

而且大学也不是学科的叠加，并非有若干个一流学科的大学就一定是一流大学。大学需要重视校园文化，需要有重视追求学术、追求真理这样一种学术气氛。其实这些都和学术的组织方式有关。依我看来，新文科要有新理念，要有新的学术组织方式，以及一些新学科的出现。一般来说，新文科建设中更容易受到关注的往往是建立某个专业、设立某个研究中心这种看得见的或者说物理性的"新"，但是我觉得更实质的是如何把这些物理性的"新"组织起来，充分发挥积极效应，这是新文科建设必须回答的问题。

问：刚才邓老师您提到学科交叉，您所带领的北京大学人文社会科学研究院一直致力于推动跨学科交叉研究，您能介绍一下文研院的经验吗？

邓小南：在北京大学文研院成立之前，全国高校中已经出现一二十个高研院，这些高研院有的影响力很大，很成功，有的可能还在摸索中。尽管这些高研院的具体操作方式不同，但是整体目标都是提升人文社会科学在整个学科体系中的作用和地位。

北京大学很早就有了建立高研院的想法，杜维明先生也建立了一个文史方面的高研院（北京大学高等人文研究院）。后来学校想做一个平台更大的，包括社会科学的高研院，这项提案其实在2013年时就已经通过，但是到了2016年才真正开始进行。

学校希望由学者而非校领导来主持人文社会科学研究院的建设，所以最后由我和社会学系的渠敬东老师承担了这项工作。在刚开始的时候，我们并不确定文研院要进行哪些工作，于是就决定从基础工作做起。学校的期望是搭建起一个能够沟通人文社科各个学术领域，同时推进学术国际化的平台。我们也据此提出了三项宗旨：第一，涵育学术，激活思想；第二，近者悦，远者来；第三，清新风气，一流标准。这三项宗旨从我们2016年建成文研院到现在，一直没有进行增减，我们不想通过口号的翻新来促使工作提升，而是希望能够真正落实或是真正深化我们的这些想法。

在文研院开办之前，我们组织了多次恳谈会，与人文社科领域中各个年龄段的学者进行了讨论，了解大家如何看待文研院，对文研院有什么期待。校长有时也会亲自参加恳谈会。

第一轮的恳谈会中，很多老师都认为没有必要建立文研院，如果学校有资源、有资金，为什么不直接发放给院系？我也在想，如果我不负责文研院工作，而是参加恳谈会，我可能也会有这样的意见。所以一开始文研院的工作面临着很多质疑，但是我们坚信学科之间的交叉是有必要的。因此我们当时就有意识地邀请不同领域的学者来参与一些议题的讨论,例如学界聚焦的话题,或是大家都在关注的出版物。最早的时候学者的参与可能是礼貌性的,但是他们逐渐觉得这样的方式其实不错,于是有更多的学者愿意参与讨论。

我们也设计了讲评结合的系列讲座,主讲人和点评人往往不是来自同一个专业,但是他们关心的问题有相似之处,这样他们就可以有交锋和沟通的机会。另外一种更受欢迎的形式是论坛。我们会以学者共同关心的问题作为聚焦点来组织论坛。在互动过程中,我们也逐渐梳理出了文研院聚焦的基本主题,叫作"文明:中华与世界",我们认为这是文科学术应该关注的根本问题,希望沿着这样的整体思路去组织学者,展开交流。

这一论题中包含不同的子系列,例如"早期中国与中华文明",这一议题无论是考古学、历史学学者,还是文献学、人类学学者,都能够展开阐述。有了这样一个平台,大家可以从不同的角度进行讨论。有的老师也会提到,他们同一个办公室的各位老师,观点可能非常不同,平时各说各话,很少进行交流,而现在他们能够在北京大学这个平台上敞开对话。同时论坛也吸引了众多学生参加。

针对中古史研究,我们也设计了一个子系列,叫作"族群凝聚与国家秩序"。中古时期的族群问题、边疆问题与国家政治都是非常重要的研究课题,但是此前做国家秩序研究的学者专注于制度史和政治史,做民族史研究的学者则关注民族和边疆问题,两批学者可能交流不足。实际上,对于中古时期国家秩序的研究离不开对民族问题的讨论,民族与国家之间存在着冲突或者向心力,二者是关联紧密的议题。现在我们就可以通过论坛对话使这些学者在同一个议题中聚焦、交流。

第三个议题叫作"社会转型与精神重建"。春秋战国是社会转型时期,近代以来也有社会转型,社会转型要面对精神上的调整重建这样一个问题,这个议题是一个长期的脉络。我们最近三周每周六讨论的议题是"历史学、社会学、人类学视野下的中华人民共和国史",自当代史开始,然后是近现代史、中古上古史,一步一步地向前推进。这个议题也是在"社会转型和精神重建"这样的一个大框架之下进行的。

这三个议题是基于中国史的角度来展开的。另外还有两个大的议题是从"中华与世界"的角度进行阐释的。一个是"西学在中国",主要讨论西学东渐以后,中国人如何理解西学,西学对中国的学术发展乃至政治文化发展有什么影响。另一个题目是"文明的冲突与融合",我们先后组织了三组系列讲座,邀请相关研究者来讲述从历史到现今不同文明板块的特质,以及各个文明之间的冲突、理解与交融。其中一些讨论会涉及当代问题,我们是用学术的讨论方式来展开交流。

邀访学者也是文研院的一项重要工作。我们每个学期都会邀请一些校外的学者来进行访问,既有国内的,也有海外的。现在每期大约有 100 人申请学术访问,我们设立了遴选委员会,对申请人的简历、代表作以及他们的研究规划进行审核。遴选委员会成员在网上投票,只有支持票数超过 2/3 的申请人才能够来北京大学进行访问。中国社会科学院考古研究所许宏老师曾经开玩笑说,文研院的研究内容是中国特色的,但是遴选方式不顾人情,不顾关系,就很"不中国"。这样一种看来不近人情的遴选方式,却保证了受邀学者的学术水平。我们得以邀请一大批不同年辈的优秀学者进行交流,为学者之间、学科之间的沟通铺了一条路。

刘志伟老师当时评价说,这就是他心目中应有的学者相处的方式。我们也希望能够提供给学者一方比较自由开阔的天地,让他们能够在这里做一些他们想做的事情。

问:对于未来发展,北京大学文研院有没有制定什么新的发展规划,是否依然延续现有模式?

邓小南:新冠肺炎疫情时期,我们也在考虑文研院是否要有 2.0 版,在新的形势下增加新的活动方式,共同推进我们对于"文明"这一核心议题的交流与理解。文明作为一个根本关怀,它会涉及一些深层的问题,例如现在讲"人类命运共同体",其实就面临着诸多挑战,关系到各个文明不同的"底色"。这些挑战不仅仅来自于社会制度的不同,也涉及基底性的日常习俗与生活方式。我们觉得要想真正实现人类的相互尊重，相互理解，研究者需要更加重视"文明的冲突和沟通"这个课题。

学术组织方式受疫情影响，发生了明显的变化，线上活动数量增多，线下活动则空间有限。面对这种情况，我们希望能够强化多学科交汇的学术组织工作。认准方向，继续在"深耕"上下功夫，争取文研院的活动系列化、系统化。同时通过微信公众号建设更为丰富的板块，传递更加积极多样的消息。

疫情期间，我们开办了一个系列讲座，叫作"叩问生命"。生命科学院的学者从生命的起源开始讲述，一直谈到抗击疫情期间我们应该如何理解生命。"生命的生生不息"这样一个主题，就是非常明显的文理结合的范例。我们也和北京大学的科学技术与医学史系合作，开办了"科学与文明"系列讲座。其中处处渗透着人文关怀，例如医学的温度、医学是什么，也会讨论现有的科学评价体系。作为学科交叉的平台，目前的讨论已经不再局限于人文和社科之间，文科与理工科也进行了越来越密切的沟通交流。

实际上，文研院的发展就像是滚雪球，滚来滚去，体量越来越大，包含的内容越来越丰富，认可这种方式的学人也越来越多。很多事情都不是号召出来的，而是踏踏实实做出来的。事情做起来以后，才会有人感兴趣、被吸引，然后才会有关注、有凝聚。

问： 现在的历史研究很难摆脱像中国历代人物传记资料库（CBDB）、中国历史地理信息系统等数据库的影响。在这种情况下，您觉得未来这些数据库应该有什么样的发展趋势？或者说作为一名研究者，您对这些数据库会有什么期待？

邓小南： 今天的历史学研究者，的确很难摆脱数据库的影响。我觉得应该以更加积极的态度对待这一现象。数据库不仅仅为我们提供了便捷的信息搜检手段，也影响了学者的思维方式和写作方式。虽然很多学者批评数据库导致浅层的碎片化阅读、扼杀学生的阅读能力，但是无论存在多少问题，推进数据库建设仍然会是未来的一个重要发展方向。

说到具体发展方向，我认为主要有以下两个方面。第一，提升数据库建设深度。例如CBDB这样一个关系型数据库，它的界面可能过于复杂。我们古代史中心2005年就开始带领学生做CBDB的相关工作，尽管我现在仍然不能很好地利用这个数据库，但是CBDB在设计中考虑到揭示事物结构关系，这一点我觉得非常有借鉴意义。我们完全可以通过技术手段的运用来呈现事物间的深层次关系，并由此发现新的研究内容。

第二，丰富数据库建设层次。专题数据库服务对象有明确的指向性，但是数据库需要不同的类型、不同的深度，还要有不同的层面来满足不同人的需求。当然在展开这些构想的时候，我们可以尝试多学科研究者的深度介入。其实这也是一个学科交叉的方向，将来也可能会出现很多新的前沿议题。

如果真的能够实现不同领域、不同学科背景的研究人员的密切合作，实现深度互动，大家合力推进数据库建设，扬长避短，那么数据库在提升个人研究意识和研究效率方面，可以发挥很大的作用。

数据库不应该是消磨人的研究意识，而是应该让学者深化研究的。如果以为研究者可以放弃个人思考，通过关键词的搜索、材料的编排就能够完成一篇文章，这种浅层的想法或者运用方式无疑存在很大的危险，尤其是对于学生群体。

数字人文环境下的图书馆实践方向

受访者　黄　晨*

采访者　苏日娜

问：黄馆长，您好。能分享一下您研究数字人文的经历吗？

黄晨：十多年前，我们在全美图书情报专业排名第一的伊利诺伊大学厄巴纳-香槟分校（UIUC）做交流，UIUC 图情专业没有设置本科，而是从硕士开始培养，时任图书情报研究生院（GSLIS）院长 John Unsworth 教授极力地鼓吹数字人文，提出要建设信息基础架构（Information Infrastructure），对此我们进行了比较深入的交流。另外，他们还提出了文本编码倡议（TEI），而我负责的 CADAL 项目有大量的图书需要数字化，他建议所有的图书数据采用 TEI 的标准，也帮助推动项目的传播，但是当时国内像清华同方也在进行文本标记工具的推广，所以一方面可以采纳国内的标准，另一方面也可以制定自己的标准，所以我们对 TEI 没有太大的兴趣。

我认为数字人文从某种意义上来讲是一个虚幻的概念。John Unsworth 教授长期致力于推动数字人文发展，我和他专门讨论过信息基础架构和数字人文到底有什么实质性的内容，数字人文与传统学术研究有什么区别。John Unsworth 坦陈"数字人文"是一个新的名词，提出这个名词的目的是引起

---

*　黄晨，浙江大学图书馆研究馆员。

基金和媒体的重视，推动更多的人投入资金促进人文社会科学研究的开展。我参加了多次数字人文年会，暂时没有感受到数字人文真正做出了传统人文没办法做出来的成果。古人坐船和坐马车，现代人开车和坐飞机，最终目的地都是北京，虽然花费时间不同，但并没有因为交通工具的改变，现代人到达的北京就变大了。所以我的基本观点是，真正的数字人文最终应该要能揭示新的内容。

利用技术手段来开展人文学科研究，应该是学者的个人选择。就如是否学习英文也应该是个人的选择。学术交流中的语言问题完全可以按需自学，或者由专业的翻译机构来解决。同样的道理，人文研究的问题并不是出现了没有办法突破的瓶颈，而是人文研究者本身的人文素养不够。传统上，一个学者的养成可能需要十年、二十年或三十年，在这个过程中，他不需要精通数理化，只需要学习和研究人文，但现在要求全面发展和掌握多项技能。所以并不是现代人比古人笨，而是因为花的精力不够，试问现在有多少学者花了足够长的时间真正钻研自己的研究方向？所以没有足够的时间进行钻研，又妄想利用数字化的手段进行研究纯粹是天方夜谭。唐代陆羽《茶经》中有一句话是"茶之为用味至寒为饮最宜精行俭德之人"，这句话历代有多种不同的句读，但是不管怎么句读都无法给出令人信服的解释。其中的关键在于"精行俭德"一词的意义阐释，然而陆羽之后，"精行俭德"这个词几乎再未有所引用，确切内涵存疑。试问自动标点能解决吗？所以，利用数字人文工具对古籍进行自动标点就存在是否正确、读者是否认可的问题。古人文章没有句读首先当然是因为文言文的规范性，但同时具有的多义性在阅读过程中会带来再创作，后来的学者在阅读中还可以再发现。就像中国的古琴谱没有节拍标记，就是留下余地让演奏者自己创作，不同的流派演奏的效果都不一样。实际上古人在传统文化上留下了很多可创作的空间。

学者本人具有足够的阅读量和学养下，则可以通过计算机的记忆功能开展检索以辅助研究。谷歌图书对扫描后的图书进行词频统计，计算某个单词在某个时间段出现的次数，并且分析随着年代的变化单词出现的频次如何变化，如随着女性地位的上升，"She""Her"和"He""His"在书中出现的比例发生了变化。但数据只能是一个佐证，假如一篇文章只利用"'Her'和'He'的比例越来越接近"这一数据来表明19世纪20年代以后女性地位提升，则并不会被信服，同时还需要来自各个方面的大量资料进行论证。所以数字人文打开了一扇窗户，告诉我们一个新的方向。

实际上，不需要过多地强调数字人文，研究者也会利用数字技术作为辅助手段展开研究。我研究生时研究《周易》象数学，将汉代著作《易林》数字化，编程计算每一个字在书中出现的频率，分别出现在哪些周易的卦象中，再分析和这些卦象的关联性等。如果在过去，研究者要先背下《易林》的4096首诗才能进行下一步分析，但是现在利用计算机程序就可以进行分析，这也是数字人文。所以数字人文就像语言一样，只是普通的工具，只要对研究有所帮助，学者一定会去用。

问：您对目前国内数字人文的发展有什么看法？

黄晨：国内数字人文主要由社会科学领域的图情专业人士在倡导，很少看到人文学者在推动，有的话大多也是年轻的学者。所以，我认为目前国内数字人文本身还不是内生性需求，而是外部有人推动数字人文的发展。

将来可能会有很多文史哲的年轻学者参与推动数字人文的发展。一方面，年轻学者愿意拥抱新技术，利用新技术促进学习，提升能力；另一方面，也可能存在个别学者投机取巧的情况，比如仅仅通过全文检索对大量没有读过的文献内容展开研究。在后一种情况中，基于丰富的材料内容，可能觉得自己的研究做得比前辈更好，但恰恰相反，因为文言文存在一字多义性，即在不同时代同一字、词会有不同的指代，以及不同朝代会有不同避讳等情况，所以全文检索会遗漏掉非常多的信息，不能仅凭检索内容对中国文史哲展开研究。就像任何人利用爱思唯尔（Elsevier）的数据和工具，做出来的分析结果理论上都是一样的，体现不了个人的特点，所以我会用自己的数据和工具做情报分析。

做开创性的研究需要建立在个人对资源充分掌握的基础上，而不是工具对资源的充分掌握。实际上，数字人文希望把理工科的方法论引入人文研究当中，利用大数据的方法让研究者掌握更多的数据，再进一步梳理和证明。但从人文学者的角度出发，我们应当反思，当数据量超过一个阈值以后，它会走向相反的方向。比如，二十年前做数字图书馆是因为当时处于信息匮乏的时期，所以需要提供大量的信息，让任何人在任何地方、任何时间都可以访问任何资源，这是当时的客观需求，因此大规模数字化是必需的。但到了十年前，就发现信息量不是太少，而是太多了，比如你在百度查找信息，一般只会看前三页，而不会翻到第十页。所以当前做数字图书馆就应该致力于如何筛选信息精准服务。

问：浙江大学是否有建设数字人文中心的计划？

黄晨：目前浙江大学数字人文中心的构建还处于酝酿阶段，包括新文科建设、文科实验室建设等都还在摸索。理工科实验室主要包括各种仪器设备，而文科研究最重要的就是文献资料，所以图书馆肯定是文科实验室的核心组成部分，没有足够的文献资源不可能出学术成果。顶尖的学者在老旧的资料里、别人研究过的资料里可以做出新的成果，谓之老而新；大多数学者是在新资料里面发掘新成果。所以文献资料是否足够独特，对研究会起到很大的作用。

从图书馆的角度出发，如何利用文献资源组织能力从不同的维度向读者提供特藏资源尤为重要。一方面，一个人一辈子能够读一两千本书已经是大学者了，所以图书馆能否提供给学者所需要的一千本书，文献资料是否齐全十分关键；另一方面，从多种角度，特别是独特角度组织文献资源，使学者可以从独特的切口进入而做出不同以往的成果也很重要。

与理工科相同，文科实验室或者新文科建设强调通过各种技术手段进行碰撞、实验并产生成果。所以新文科应该有别于传统文科，数字人文的推动和存在也是应有之义，借助大数据、人工智能等技术进行辅助研究，为学者提供新的研究线索再做出新的成果。如果从这个角度出发，新文科建设肯定需要图书馆的大力参与，进行各种资源的特藏化，以及对各种特藏资源进行重新组织，帮助学者尽快地形成他们研究所需要的完整的资源。另外，在新文科建设中，除人文学者外还需要引进数据工作者，二者共同配合完成数字人文的建设。

问：您认为在数字人文建设中需要注意哪些问题？

黄晨：首先，要培养跨学科的人才，避免人文学者和技术人员不理解对方的领域，最后做出不尽如人意的成果，在培养人才的时候应该强调人文学者需要具备一定的信息素养，同样的，信息人员也要具有一定的人文素养，这样他们才能更好地合作并做出优秀的项目系统。其次，由于人文学科不能直接产生效益，理论上需要一定的资金和足够的兴趣才能开展研究，所以在建设数字人文的过程中，最基础的部分需要公共资源的大力投入，比如基础数据的公共平台、信息化的基础设施等。

所以从学校层面或是图书馆层面去推动基础设施建设，为学者提供信息处理平台、实现大数据计算等服务，学者才能够突破客观条件的限制，提出更加大胆且有创新性的想法。在这种情况下，数字人文和新文科建设才可能从不同维度实现和传统研究不一样的发现和创造。

问：您如何看待具备人文素养的图书馆员培养？

黄晨：实际上，图书馆员信息素养的培养是对馆员的挑战，我们从十多年前就提出，图书馆三要素是资源、服务和技术。

首先，技术肯定不是图书馆的强项。从技术层面，图书馆除了看家本领编目、分类，并没有其他技术，计算机技术并不是图书馆开发的，而是已有的成熟技术，所以图书馆不应该致力于在技术层面达到领先。在社会上，技术首先应用在最有活力的商业领域，因为可以创造经济效益，比如 2015 年支付宝就推出了人脸识别的支付功能，尽管 2020 年很多图书馆也可以刷脸进馆，但是不可能寄希望于 2015 年的图书馆可以做到这一项技术，因为成本太高。所以图书馆应该去观察成熟的商业领域，看看有哪些技术可以运用于图书馆，运用于图书馆的日常管理中。

其次，传统意义上的文献资源也不是图书馆的强项。比如谷歌、数据库厂商等有大量的数字文献资源，许多图书馆每年的采购经费大半使用在购买数据库资源上。数据库资源并不是图书馆独有的，只有自建资源、特藏资源才是图书馆特有资源，所以图书馆应该下功夫构建特藏资源。

最后，现在很多厂商提供的服务比图书馆更好。图书馆的资源最后可能只剩下实体资源和空间资源，作为除办公室和家之外的第三空间，只有图书馆可以提供这样的文化氛围，这种空间资源是图书馆独有的。另外，随着电子书越来越普及，大家会发现实体书的珍贵，图书馆可以提供实体书、实体资源以及现场体验感，还可以提供更实惠和公益性的智库服务，这都是图书馆可以努力和实践的方向。

所以，我觉得图书馆能够做的东西不太多，但是对馆员会提出更高的要求。图书馆中具有人文素养的技术馆员一定很受欢迎，一方面，他可以帮助人文社科的学者梳理文献和整合文献；另一方面，还可以在此基础上做情报分析和文献分析，帮助人文学者去实现一些想法，可能就会成为重要的实验室合作伙伴。在文科实验室中，图书馆员可能就是以具有人文素养的技术人员的身份，为人文学者的研究提供技术支持。

问：您是否也有意识地开展相关方向的馆员培养工作？

黄晨：我们现在承接了大量的情报分析工作，以及很多外面的课题，包括直接和院系对接等。一方面，我们会培训馆员的相关能力；另一方面，也招聘很多合同制人员，如十几名数据采集员，专职做数据采集、清洗和组织工作。图书馆工作人员会结合课题提升自己的研究能力，通过算法、分析工具等开展分析，得出结果再提供给决策者参考。

我们目前分成数据组、建模组、文档组和指标组，做很多项目都会牵涉这四个方面。数据组负责数据的采集、数据的清洗和数据的处理；建模组根据数据来进行各种模型的实验试算；文档组把测试结果形成一个文档，因为最后情报分析需要提交给客户，所以我希望文档组可以形成一系列专用的模板，快速完成情报分析工作；指标组不断地观测，并针对不同的项目调整指标和参数，以便数据组基于指标值进行采集工作。

浅议人工智能对人文社会科学的影响

余 志[*]

几年前，刘志伟老师和我讨论"五十年以后历史学应该研究什么"的问题，并希望我能给一些意见，这个"债"一直没有还。今天，我以人工智能技术的发展为切入点，谈谈人工智能将会对人文学科的发展产生何种影响，算是一个交代。

人类一万年的文明史，如果按粗线条划分，可分为三个阶段。第一阶段，公元前 8000 年至公元前 800 年的萌芽时期。这一时期，人和自然的关系主要是崇拜关系，人对自然的认知非常有限，以对自然的崇拜和神秘感为主。第二个阶段，公元前 800 年到公元前 200 年的轴心时代及其延伸影响期。这一时期人类社会的组织形态与思想认识都出现了巨大的变化。宗教、哲学、国家的形成都是在这一阶段，我国的老子、庄子、孔子，国外的亚里士多德、苏格拉底，都活跃在这个时期。轴心时代的出现是历史的必然还是偶然？我请教过不少历史学家，没有人做出明确的解答。现在看来，我认为轴心时代的出现是必然的，就是人类文明经过七八千年的发展、积累达到了一定的程度，然后在人类需求的推动下，自然而然地产生了社会上、思想上的变革，这些思想影响了我们 2500 多年。2000 多年后的今天，我们的宗教观念和哲学基础仍然没有改变。第三阶段，1500 年（16 世纪）至今的科技时代。尽管科技给人类社会带来了巨大的变化，但

---

* 余志，中山大学智能工程学院教授。

是它出现的时间并不久远，如果从哥白尼时代算起，科技出现的时间距今仅有 500 年，从牛顿时代算起，更是只有 300 多年。非常有趣的一点是，虽然科技给人类社会带来了天翻地覆的变化，但是，它到目前为止并没有动摇 2500 年前人类所确立的现代文明的基础。那么，这种不动摇是必然还是偶然呢？这种不动摇的状态会一直持续下去吗？在我看来，这种状态也是会改变的。未来 100～200 年的时段内，人类文明的基础将发生革命性的变化。我们现在的社会组织模式，包括国家和家庭等也都会发生巨大的变化，甚至有可能会消亡。因此，我把 16 世纪以来的科技时代至未来一二百年的这五六百年，称为新轴心时代。人类文明又将迎来一场巨变。而这一切，都和人工智能的发展密切相关。

大家都知道，自牛顿建立三大定律以来，共发生了两次科学革命、三次技术革命和三次工业革命。但是，这些革命给人类带来的变化都比不上人工智能。随着人工智能技术的发展，人类会进入一个新的轴心时代，人文学科也会受此影响，产生颠覆性的变化。人文学科会出现新的哲学、新的伦理道德观，甚至会动摇现有的宗教基础。为了更好地说明这一点，让我们先简单回顾一下，科技革命是如何影响人类发展的。

图 4-1 中的曲线图展示了若干革命性技术对人类生产和生活的影响。通过这些曲线我们可以发现，能够产生革命性影响的技术，它的普及应用速度一定会呈现出抛物线式的增长，并且会影响大多数人的生活。通信、化石能源和交通等技术都是如此，在短时间内实现爆发式的增长，从而改变人类的生产和生活方式。然而，迄今为止，这些变化主要是极大地提升了人类的能量（力量）和信息交换能力，并未改变人本身。

但是，在人工智能时代，"人"的概念和人本身也会发生变化。

人工智能的发展可以简单地分为三个阶段：第一个阶段是利用机器模仿人进行逻辑推理，最典型的案例是用机器推导数学公式；第二个阶段（目前阶段）是利用机器实现认知分析，最典型的案例是利用深度学习进行图像识别和语音识别等；第三个阶段（未来发展）应该是利用机器建立物理模型，探索未知世界。当然，这三个阶段的能力是可以互相叠加的（见图 4-2）。

图 4-1

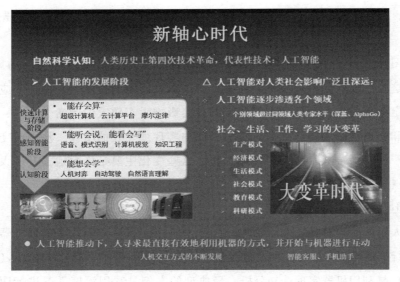

图 4-2

但是，人工智能技术对人的影响发生质变的转折点，我认为是人机交互界面的消失，而不取决于所谓"智能"程度的提升。当人机界面消失以后，人与计算机之间的对话是通过人脑的思维完成的，人和机器本质上也就融为一体了。人是机器的一部分，机器也是"人"的一部分。这是一件听起来非常不可思议的事情，但也是势不可挡的事情（见图4-3）。

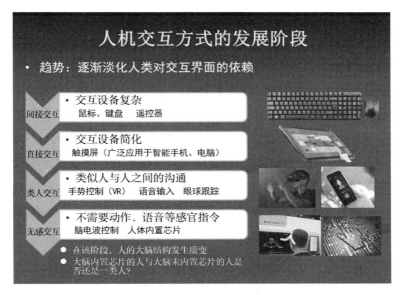

图 4-3

人机交互界面消失以后，"人"就要改变了。在法律上，未来应该存在三种人：自然人、半人半电子的人，以及虚拟人（机器人）。虚拟人的产生，将会加速人类智慧模型和情感模型研究的突破。实际上，人的大脑不同于别的动物的大脑，是因为它有两个模型，一个是智慧模型，其结果主要表现为人类对自然现象的认知；另一个是情感模型，其结果主要是人类对社会现象的认知。人的思维核心就是由这两个模型构成的。当然，这两个模型也会相互关联和影响。我相信随着技术的发展，这两个模型最终会被人类破解。那么在这种情况下，人和动物的属性在生物层面上的表达，也能够变成在机器层面上的表达。

设想一下，当机器"人"和人一样存在的时候，哲学不会发生改变吗？社会学不会发生改变吗？历史学不会发生改变吗？可以确定地说，人文社会科学的研究对象、研究材料以及研究方法都会改变（见图4-4）。

首先是研究对象的变化。由一种人增加到三种"人"，随之而来的虚拟人的思维与存在的关系、与社会的关系，人体模型的起源与发展等将成为研究的对象，这是所有变化的根源。其次是研究材料的变化，过去研究者经常使用的是文字材料或者其他实物材料，未来研究者要使用的更多是数字材料。数字材料并非简单的电子化了的文字材料，而是每个人的数字足迹，是每个人可以重构人脑模型和生物性模型的信息。当前基于史料等少数样本，仅部分群体、人物或特定事件具备研究条件，未来可掌握每个人的信息，任一个体均可被研究，由所有个体得到整体的规律。最后是研究方法的变化。在未来，人文学科的研究方法一定不只是读写和搜索、对比和推理，除经典的学科研究方法外，自然科学领域一系列新兴数学、物理研究模型，即人工智能模型由于更加契合新的研究对象和研究材料的特点，将会发挥巨大作用。所以，人文学者要加强学习自然科学的理论和技术。

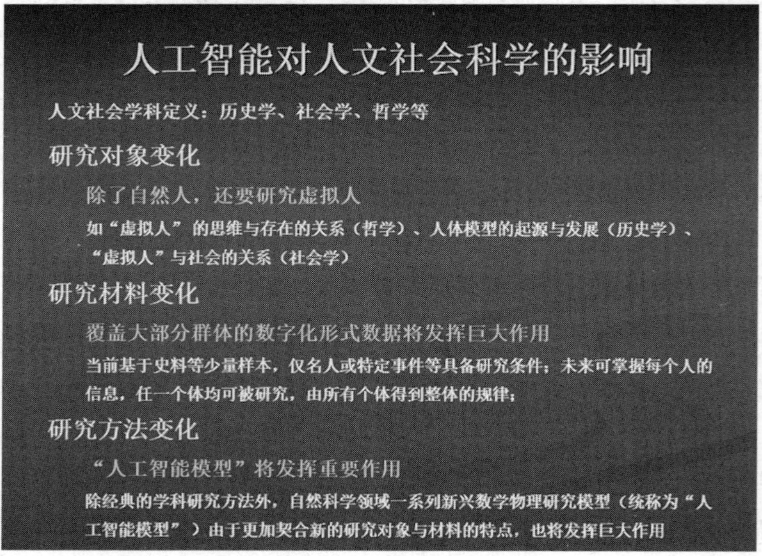

人工智能对人文社会科学的影响

人文社会学科定义：历史学、社会学、哲学等

研究对象变化

除了自然人，还要研究虚拟人

如"虚拟人"的思维与存在的关系（哲学）、人体模型的起源与发展（历史学）、"虚拟人"与社会的关系（社会学）

研究材料变化

覆盖大部分群体的数字化形式数据将发挥巨大作用

当前基于史料等少量样本，仅名人或特定事件等具备研究条件；未来可掌握每个人的信息，任一个体均可被研究，由所有个体得到整体的规律；

研究方法变化

"人工智能模型"将发挥重要作用

除经典的学科研究方法外，自然科学领域一系列新兴数学物理研究模型（统称为"人工智能模型"）由于更加契合新的研究对象与材料的特点，也将发挥巨大作用

图4-4

针对几个主要的人文学科，让我们再做一点展开。

首先看看哲学（见图 4-5）。哲学是关于世界观和方法论的理论体系，认识人的思维与存在关系。当人的内涵和外延都发生改变时，哲学的内涵和外延能不随之改变吗？历史学能不随之改变吗（见图 4-6）？

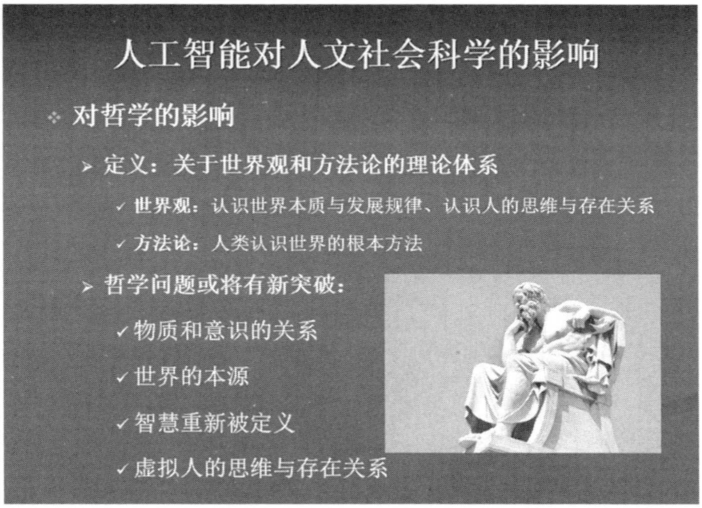

图 4-5

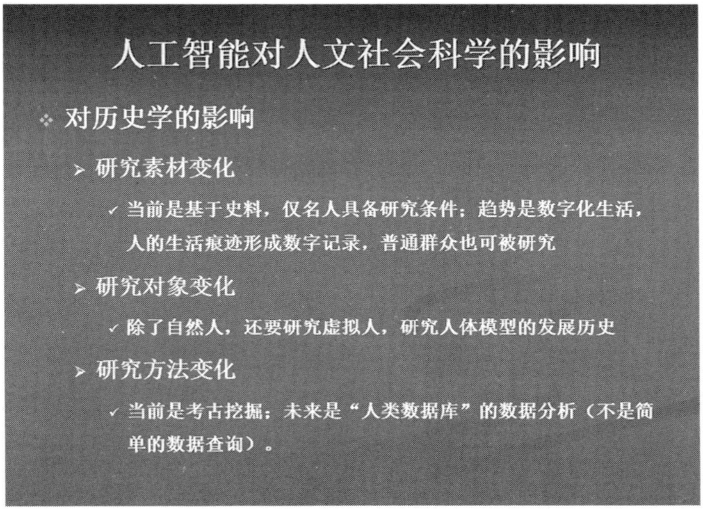

图 4-6

　　也许我们从现在开始就应该注意与机器人关联的历史研究。社会学就更需要改变，社会学研究的是人与人之间的关系，三种人之间的关系迫切需要新的社会学。（见图4-7）

　　我昨天还在思考一个问题，过去我们是单向利用机器，比如机器人流水线装配，去完成一个规定的任务。但是，现在已经出现了大量的机器和人的双向交互，例如机器人客服，它已经能够和客户进行简单互动，大量机器人已经参与到人类日常生活之中。

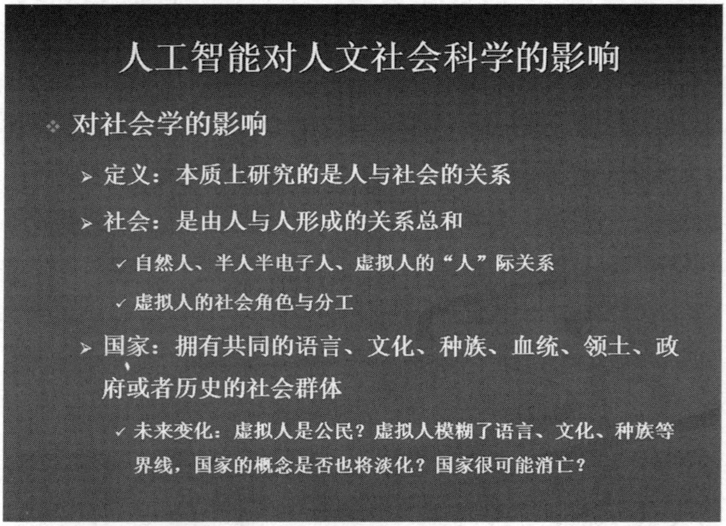

人工智能对人文社会科学的影响

❖ **对社会学的影响**

➤ **定义：** 本质上研究的是人与社会的关系

➤ **社会：** 是由人与人形成的关系总和

✓ 自然人、半人半电子人、虚拟人的"人"际关系

✓ 虚拟人的社会角色与分工

➤ **国家：** 拥有共同的语言、文化、种族、血统、领土、政府或者历史的社会群体

✓ 未来变化：虚拟人是公民？虚拟人模糊了语言、文化、种族等界线，国家的概念是否也将淡化？国家很可能消亡？

图 4-7

　　由此带来改变的，还有心理学和艺术学。

　　心理学要考虑一个非常重要的问题：高度电子化之后，人的心理活动都没有秘密可言，那么人还有什么隐私呢？心理学可能要重新构建隐私的概念，也许最后我们会建设一个心理活动的防火墙。（见图4-8）

　　同样，如果未来我们都存在于虚拟环境中，那么虚拟艺术的存在是一个什么样的存在？博物馆会消失吗？（见图4-9）

　　虽然这些讨论里有太多的不确定性，但毫无疑问的是，探索人工智能影响下人文学科的基础性变革与研究范式的改变是一件非常重要的事情。以往

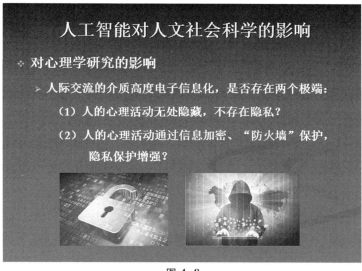

图 4-8

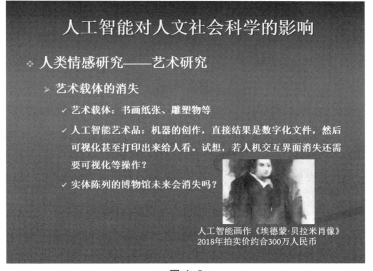

图 4-9

的多次科技革命，从来没有撼动我们的哲学、宗教和社会文明基础，但是这一次这些基础都要被撼动。我们正处在一个 2000 多年以来从未有过的大变革时代的开端，这是我的第一个感觉。

第二个感觉就是由于人发生了变化，进而带动了社会组成基础的变化，所以人文学科研究的对象、材料、方法都会变，我们要做好准备，迎接"人"不是人的时代，这是人工智能技术发展的必然。（见图4-10）

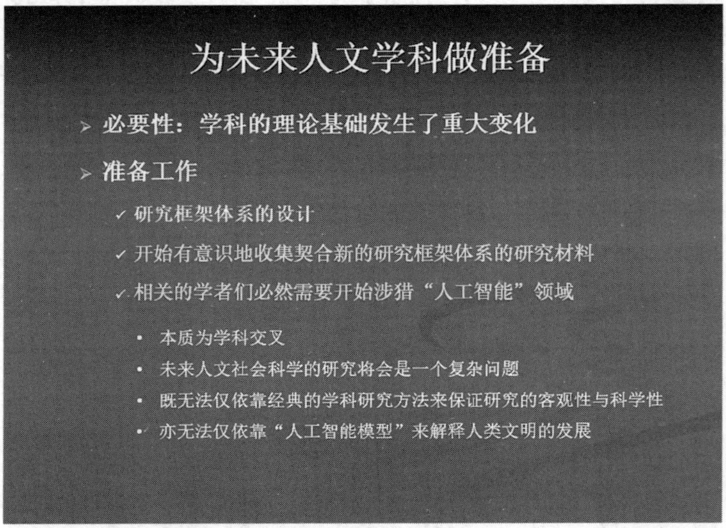

图 4-10

总而言之，以往的科技革命并未撼动哲学、宗教等社会文明基础，人工智能使"人"发生根本性变化，改变了支撑社会文明的基础，进而使人文社会科学的理论基础（对象、材料、方法）发生根本性变革。未来学科研究需要新的体系框架（融合"人工智能领域"），并开始有意识地收集、保存研究素材。

提升人文学科的引领价值

受访者 余 志*

采访者 司徒俊峰 韩 宇

问：余老师，您好。我们的第一个问题是您现在的研究领域用到的相关资源有哪些？例如图书馆资源、检索工具等。

余志：我可能比较特殊，早年学的是力学，后来到中国科学院做可再生能源利用，来中山大学后又做智能交通和低碳，在文科方面是外行。在中国科学院工作的时候，较多地利用那里的图书馆，也大量阅读专业杂志，参加国际国内的学术会议。在中山大学这些年，研究方向由能源转到交通领域，但基本上没有使用图书馆的资源，不太读交通专业的文献，也不用数据库，参加的学术会议也不多。常规的信息查询会使用互联网搜索引擎。我用于思考的时间远多于查阅资料，多数的知识储备来自最基础的数学、物理和哲学，不是来源于信息加工，或者是跟踪热点。也正因如此，我们在十几年前布局的面向交通系统的大数据、人工智能和环保等方向，现在都成了热点。

问：您可以简单谈谈您对数字人文的认识吗？

---

* 余志，中山大学智能工程学院教授。

余志：我主要谈两点我对数字人文的理解。第一点，不能停留在数据库和数字化层面，而应该建立人文行为模型，就是智慧模型和情感模型，在这两个模型的基础上进行研究。数字人文不是数字化、数据化两部曲就完成了，还要总结出人类思维、人类认知的模型，至少是人类行为的模型，在这个基础之上去建立工具，以帮助其他人学习、研究人文学科，并用于社会治理。

第二点，人文学科的重要目标是指导人类社会的发展。但是今天的会议中，几乎没有人讲到这个层面。按道理人文学科应该走在前面去引导人，包括传统人、半人半电子人和虚拟人，应该构造我们的未来社会。现在则是人文理论研究落后于社会发展，这也是我对人文学科现状比较担忧的地方。目前特别急迫的是为未来的虚拟人和人机互动的社会提供帮助。但是据我了解现在这方面的研究还很少。

还有一个问题，我们很少谈人文学科的社会应用。比如，微信就是人际关系数据应用的一个典型，它充分利用了手机电话号码本的人类社会学关系。人文学者有没有想到它最大的价值是什么？QQ 和微信最大的区别是什么？微信的成功之处在于把微信账号与电话号码进行捆绑，自然建立人群社会关系，然后建立社交群体。但是几乎没有人文学科的研究成果能孵化出如此成功的产品。从源头目标上来看，人文学科应该总结人类发展的规律，指导人类社会发展。

问：您对新文科的发展有什么建议，以及您对数字人文中心的发展有什么看法？

余志：新文科的建设方向很清楚，人变了，所以文科全都要变。如果再抱着旧观念的话，其实是很糟糕的。我多年前就建议人文专业的学生要学信息技术，但目前还没有看到有行动。学校可以高举旗帜开展新文科建设，要下决心在这方面多投入。文科投入比工科投入花的钱少多了，是高性价比的。虽然清华大学是理工科学校，但是在这方面做得比中山大学好，我们之间的差距很大。

　　数字人文中心不仅是对图书馆和资料室的升级。我觉得清华大学做的初具雏形，就是把学科高度融合。中山大学其实有非常大的优势，我们不仅有很好的信息科学、人文学科、生命科学、环境与地理等学科，还有很好的医院。中山大学的医科资源比清华丰富得多。生老病死是人生四大事，我们有非常丰富的相关资源。关键要有超前的意识和布局，其实现在已经有点晚了，再不加紧也许就要落后了。

数字人文中的"人文"之维

受访者 冯筱才*

采访者 谢小燕　孟小玲

问：冯老师，您好。可以谈谈您对于数字人文的看法吗？

冯筱才：数字人文是 Digital Humanities 的直译，据说是从 Humanities Computing（有人译作"人文计算"）发展而来，在我看来，其主要意义就是以电脑来协助人脑，更好地研究人文社会科学，同时更有效地让公众参与到知识生产与传播中来。

对于人文社会科学学者来说，数字人文最大的魅力，也许是让"人"的研究变得更加可能。人文社会科学，其实研究目标更多的是与人有关。此前由于条件所限，许多领域没有办法做到以个体为单位的"人的研究"。虽然有大量的个人资料，但在前数字时代整理工作非常不容易，也很难将所有与个体相关的数据转变成可方便使用的资料库。现在借助数字技术，研究人员可以将人类活动的痕迹及存世的资料全面数字化，进而发展成为方便运用的数据库，针对人类行为或观念的调查工作亦变得极为方便。在这种情形下，许多之前不可能做的研究，现在可能易如反掌。政治学之前讲"代议政治"，因为"全民政治"总是一件很困难的事情，不但

---

* 冯筱才，华东师范大学历史学系教授。

成本很高，而且过程极难控制。但现在借助于技术手段，"全民表决"其实是很容易做到的，那么"代议政治"理论当然就会受到冲击了。类似地，我们之所以发明许多概念，是因为我们无法搞清楚个体人的想法与行动，因此，层层"代表"的办法就发明出来，种种"群体概念"亦应需而生。但是，这种概念的广泛运用，往往使历史叙述与人们的实际生存状况以及观念等脱节，甚至完全背离。今天看来，借助于大数据，也许在某些研究领域可以让我们更了解被研究者的实际行为与观念的状况。如民国时期学生对政治、社会等问题的看法究竟如何？若研究样本量足够大，通过建立适当的数据库以及运用各种软件进行数据分析，很可能做出全新的研究。

人文研究是人的研究，这句话之前讲起来容易，但实施起来困难重重。因为研究者通常很难从研究资料中找到普通民众的声音。我们在材料中能看到的，往往都是那些所谓"精英"在"代民传声"。传统时代，所谓"民意"大多是依靠地方士绅表达，近代则是由各种"民意机构"或组织代言。因此，历史研究其实就变成一种研究少数人的活动，相关的历史过程的叙述，经常也是"少数人"讲出来的。

现在借助于数字人文，学者对"多数人"的研究变得更有可能，或更容易听到过去不大容易"发声"的普通人的声音。例如通过对大量民众历史信件的搜集整理，研究者是有可能从中发现民众的声音，或真实的时代思潮的。又如一些历史上的经典文本，究竟是如何影响人们的思考的。也许我们通过大量的民间文献及访问记录、私人读书记录，是可以找出许多痕迹来的。在大量数据搜集的基础上，也许"观念史"的研究便可以摆脱仅从局部性文本来臆测的局面，回归到人们头脑实际所想的东西上来。如果通过数字人文的技术手段，人们的观念变得能够触摸，甚至可视化，那会是一件很神奇的事情。这样的话，"人民的历史"，在数字人文时代会变得更有可能。只有将人文研究的主体真正落实到人的头上，人文研究才可能成为一件更加真切地与大众相关的事情。数字人文若能帮助人文社会科学研究者真正关注人本身，那么人类文明或人类文化的研究当然可以借此大大被推进。

　　问：那您认为数字人文可以为人文学科的研究带来哪些便利？

　　冯骥才：第一，历史过程的可视化、在线化。数字人文吸引人的地方，也许在于可见化地再现数据，告诉你历史究竟是怎么回事，将抽象的定性描述可视化、生动化地呈现出来，这就使得新的历史知识更容易被大众理解，亦极有利于知识传播。如果研究者能够好好利用历史地理信息系统、社会关系分析软件等，将空间、关系等历史信息展现出来，人文学科的研究当然会有许多新的发现。

　　第二，提高研究工作的效率。借助于数字人文手段，研究者可以摆脱许多原始的资料整理工作，以科学、高效的手段来进行研究资料的收集、整理与解读，研究者可以运用更便捷高效的方法，来了解实际历史过程。譬如目前通过对许多大型全文历史资料库信息的多元化检索，研究者可以迅速把握历史人物的人生经历及社会关系、事物变化趋势等，避免狭隘立论或定性。通过深度数据挖掘，研究者可以更加快速地重建很多历史细节，历史考证工作也会变得更加方便。不同的资料库之间如果能建立有效的数据共享与链接，那么研究就会事半功倍。因此，目前如何通过技术手段建立开放、在线、可编辑的互动高效的跨机构共享资料数据平台，是一件很有意义且亟待开展的工作。

　　第三，数字人文也可以增加学术创新的可能性。研究者以数字人文方法，也可以对既有学术文献进行高效分析，从而迅速掌握国际前沿研究动态。这样的话，研究者可以避免重复研究或低级研究，将注意力转移至高频热点问题上来，或在已有研究基础上开辟全新的研究领域。研究者可以利用合适的数据库对学术文献的内容进行快速分析。以中国研究为例，若能对不同的研究论著进行批量化分析，了解已有研究在资料引用、问题设计、核心论点、与更早文献的关系等方面的特点，新的研究设计便会更加可靠。借助于多语言自动翻译技术，我们也可以了解更多不同国家不同时期的研究成果，避免疏漏。

对于历史学者来说，依靠数字人文，研究者可以根据史料线索，快速地进行深度数据发掘，在短时间内建立史料系统，对实际历史过程有更好的掌握。如过去我们在史料中读到人名、事件、制度，未必能够立刻弄明白其身份或内容，但是通过使用大型数据库的检索工具，以及恰当的数据发掘技术，我们便可以在很短时间内对相关细节进行有效考证，并且将单一史料源扩充为一个相关史料信息库，并在不同的史事之间建立联系，这种方法在以前以手工查阅纸质文献的时代是无法想象的。

在人物信息能够快速查询的情形下，我们便可以将史料中出现的各种"名字"变成直接的"人"，使研究可以回到"人"本身。在这种条件下，"研究人"这个人文学科的核心特点方能体现出来。譬如对于思想观念的渊源研究，有大数据分析，研究词汇运用及意义演变便非常容易。对不同关键词的迅速溯源考察，可以帮助我们重新理解知识生产与传播的过程。即如当下使用的许多流行词，都是社会思潮或政策、观念的产物，如果能够建立分析系统，便可以了解其源起及演化，在不同地方及不同人群中运用差异等。

全球经济学方面，目前理论生产仍很少利用中国历史经验。中国与全球经济历史过程演化究竟有何差异，譬如"工业化"之类的重新思考，其实都有赖于大数据分析。经济史，或制度经济史，可能都必须建立在可造的历史数据再分析的基础之上重新出发。

问：能否请您谈谈关于开设数字人文课程的看法？

冯筱才：目前全球很多大学包括欧洲、美国、日本的大学，都已经有多年较成熟的数字人文课程体系，或可以考虑参考借鉴。师资方面可以整合全国各高校及相关单位资源合作开设线下课程，辅以暑期夏令营、研修班、工作坊等多种课程学习形式。另外，可以开设在线课程，不但可以扩大课程受众面，使除高校学生以外对数字人文有兴趣的社会各界人士都可以修读，同时也可以吸引全球优秀师资参与授课，提升课程质量。

至于具体可以着手开设的课程，首先个人觉得可以参考全球各高校已经比较成熟的数字人文课程体系经验。就个人关注点而言，希望有更多学者能够开设社会关系网络课程，因为现在业界已经有比较成熟的社会关系分析软件，完全可以用学校已有的资料及数据库，让学生去实践。要增强课程的实践性，而不是空讲理论。通过教学，学生如果使用社会关系分析软件把一个人的社会关系或者把自己的家庭社会关系网络揭示出来，相信他们会很有成就感。

其次必须开设深度数据挖掘的课程。许多学生，数字资料库摆在面前，也不知道如何有效地挖掘出数据，往往只会用一个关键词检索，检索不到结果就作罢。文献全文数据化以后，便需要用词汇串去建立深入检索，一边检索一边寻找更有效的关键词。此外，编目检索系统的优化、史料信息提取技术、历史地图与信息标注、城市空间历史再建、历史数据整理与系统化、数据库要素设置与建设、重要数据库软件的运用技术等都可以纳入数字人文专业的课程设计中。这方面具体如何进行，可能其他专家已经有许多建议，不再赘述。

问：您了解的本学科领域开展的数字人文研究项目有哪些？

冯筱才：在历史研究领域，现在国内外都已有一些不错的数字人文研究项目取得了成果。中国历代人物传记资料库（CBDB）大概是汉学界最有名的数字人文领域国际高校合作项目，由于从一开始就遵循公益、开放的原则，采取国际学术机构合作的工作模式，CBDB 成为应用最广泛的一个在线汉学数字资料平台。中国历史地理信息系统（CHGIS）则是另一个研究者使用较多的数字化历史地理地图信息平台，与 CBDB 项目高度相关，建设方法与性质亦类似，已经为学者的研究工作带来很大的便利。

法国艾克斯-马赛大学（Aix-Marseille University）的安克强（Christian Henriot）教授与他的团队花了许多年时间建成了数个重要的中国近代史的研究平台，如"虚拟上海"（Visual Shanghai）收集了大量与上海有关的资料及研究信息，包括地图、照片以及相关研究著作、文献目录等；近代中国传记资料库（Modern China Biographical Database，MCBD）亦正在建设之中。目前他们又希望在此基础上建设一个范围更大的中国研究平台——ENP

China 项目（Elites，Networks and Power in Modern China，近代中国的精英、网络与权力）。这种主题信息集中的研究平台，可能会吸引许多有兴趣的研究者参与建设或利用。

理想的数字人文项目，既是专业的、前沿的，亦应该是开放的、互动的，能让公众参与研究过程，让他们有机会成为知识创造的积极贡献者，而不是被动接受者。爱尔兰"Letters 1916–1923"项目，就是一个以公众为中心的参与式数字人文项目。通过收藏与分析分散在爱尔兰各公藏机构、国外机构、私人收藏者保存的 1916~1923 年爱尔兰人撰写的信件，该项目不但为该时期的历史研究增添了新的视角，也向公众展现了 20 世纪早期爱尔兰人的日常生活及观念。他们的数据库不仅允许公众上传信件图像及元数据，并招募数千名志愿者释读、抄录或校对原始信件，同时亦提供多元便捷的操作方法鼓励公众利用数据库，包括与学校、图书馆、博物馆和社区中心合作，设计教材、开设系列课程、举办连续性工作坊。许多小型档案馆与私人收藏者参与项目，为公众提供在线展示参与项目；艺术家从项目中汲取灵感，用这些信件来进行再创作并举办展览，使历史文化知识的传播更为广泛。

数字人文研究，如果能吸取全球学术界与文化界过去的宝贵经验，并且与全球相关机构及其学者合作，相信会少走许多弯路。如果能将中国丰富的人文社会科学资源，与前沿的数字人文技术相结合，那将不但会推动相关研究领域的研究创新，亦能提升公众的人文社会科学素养。

把"人文学者"放到数字人文的中心位置

受访者 肖 鹏[*]

采访者 李晨光

问：肖老师，您好。您可以简要介绍您的科研经历与研究方向吗？您的研究方向是否与数字人文有关？

肖鹏：我的科研经历比较简单，主要有三个研究方向：一是数字人文，二是公共文化服务，三是图书与图书馆史。我的数字人文研究或许和您访谈的其他老师不同，文学、历史等领域的人文学者进行数字人文研究时关心的是人文问题，而计算机领域的学者和部分来自学术引领型图书馆的老师目前更加关心的是数字化、本体构建以及数字人文基础设施和架构方面的问题。相比之下，我主要从图书情报与档案管理的学科视角，从用户需求、服务体系构建等方面谈数字人文。值得一提的是，我与图书馆从业者也有所不同，他们介入数字人文研究会更关注如何开发利用本馆的资源，尤其是古籍特藏资源。由此可见，数字人文其实是非常复杂而且庞大的领域，每位参与其中的学者所做的工作都截然不同。严格来说，每个人的研究工作都没有超出所谓的"数字人文"范畴，他们只是在自己的研究基础上向前一步，与数字人文议题交接。不同领域的相互碰撞是数字人

---

* 肖鹏，中山大学信息管理学院副教授。

文领域最有趣的地方,如果是不了解情况的人,就会觉得数字人文领域十分混乱,仿佛在鸡同鸭讲,可一旦参与进来,会发现这个领域也许代表了21世纪学术交叉的真正未来。

从个人角度出发,我更关注数字人文的两个议题。一是人文学者的数字学术需求。2020年底我在《农业图书情报学报》开设了"学术图书馆的数字人文服务策略"专栏,提出"数字学术需求"这个概念,在业界和学界获得了比较好的反响。尽管经常有人提起数字人文学者的需求,但是很少有人关注这种需求的独特性,它与传统图情所谓的"信息需求"不一样,也超越了一般性的"工具需求",是一个更为复杂和复合的概念。其实你们现在做这个访谈,某种程度上也是在了解人文学者的需求。二是图书馆如何实施数字人文战略或者策略。我更关注的是整个图书馆行业内不同类型的图书馆如何实现数字人文或数字学术背景下的转型,如何参与数字人文发展,更进一步,国家和所有相关行业如何参与或推进数字人文发展。因此我们又运用了"数字人文生态"的概念,这种"生态观"其实早有根源,有很多学者在相关的论文里提到了。可以说,数字人文只是我关注的议题之一,更宏大的概念是数字学术(Digital Scholarship),它包含人文之外的社会科学、自然科学等全部学科。

问:目前学者都是从自己的领域解释或研究数字人文,您觉得未来数字人文会形成能够普遍应用于各个学科的研究范式吗?

肖鹏:其实没有所谓的数字人文研究范式,新研究范式的提出应该是非常谨慎的。托马斯·库恩(Thomas Samuel Kuhn)在总结科学革命的时候仅提出四种范式,但是现在仿佛很短时间内就会出现一种范式,这是不科学的。从严谨的范式的角度来讲,数字时代当然可能出现新范式,但没有那么容易出现。目前数字人文所做的几乎所有研究都很少有超越传统人文研究的突破性结论,甚至在解释路径上也没有非常特别之处。数字人文给人文研究带来了相对比较新的研究模式或研究套路,也有让人眼前一亮的可视化成果,但我认为离新范式的形成还很远。当然,这个问题很复杂,涉及很多核心概念，包括对范式、模式、研究方法、研究基础理论的讨论，恐怕三言两语不能解释清楚。

个人认为，数字人文的有趣之处恰恰在于很难说它是一种范式，或许可以说它是数字驱动下的一种研究路径。"数字"的概念是很庞大的，所谓"数字技术"数之不尽，不管是可视化、AR（Augmented Reality）、VR（Virtual Reality）、数据挖掘，还是人工智能等技术，它们涉及的领域截然不同。而"范式"是一个非常固化和保守的词，它天然地默认，我们现在在做的研究会固化为某种形态，沉淀为某种样式。可以说，从基因上来讲，"数字"和"范式"本就是不适合在一起的，"离婚"的概率很高。此外，每种新兴的数字技术都可能涉及非常庞大的知识体系和国家战略，将它们运用到人文研究里面，恐怕也不是简单的一两个所谓的"范式"可以概述的。

问：有学者认为数字人文其实存在矛盾之处，数字提倡标准化，但人文更强调研究的特色化，您怎么看待这个问题？

肖鹏：数字提倡标准化和人文提倡个性化并没有矛盾，它们完全是不同维度的。我举几个例子，人文追求个性化，书法表面上是有个人特质的一种书写模式，但是草书也有标准。说数字需要标准和人文需要个性二者存在矛盾，就好像说"因为写字的人很有个性，所以他写字的纸张不能叠放得整整齐齐一样"，恐怕不能算很合理的表述。纸张不需要非常凌乱，也能承载个性化的书体。只要人文研究有被量化和定性化的可能，自然而然就有被数字框架所限制的可能。人文问题非常复杂，但也不一定比化学或生物问题更加复杂，化学和生物问题也需要数字技术和数字设备的支撑，人文研究也是如此。我之前曾经提到一个观点：人文问题自然有其复杂的一面，但现在常常会高估一些人文问题的复杂性，那是因为整个社会发展的趋向，导致社会上参与人文研究的群体不够多，让我们误以为某些问题过于复杂。

问：现在很多研究者可能连最基本的数字人文的概念都不清楚。

肖鹏：但不清楚才是对的，我记得刘炜老师在一个讲座上讨论过，数字人文一开始就有所谓 big tent 的视角，甚至目前数字人文大会都不明确数字人文的概念。在 big tent 的视角下，一旦数字人文被定义，就很容易划定边界，把一些研究排除出去，阻碍数字人文领域的发展。而恰恰是因为没有定义，所以任何人都可以进入数字人文领域，它才能有那么大的活力和生机，这是该领域最特别的地方。任何人要定义数字人文，可能就是要杀死这个领域。当然做研究需要定义，在研究中对数字人文的定义总是非常简单，好像没有定义一样，不了解情况的人会认为研究人员没有学术能力，连定义都说不清楚。实际上也可能是研究者刻意避免了非常严格或过分严谨的定义，使数字人文领域有研究空间。其实长期以来都存在关于数字人文概念泛化论的讨论，比如文献计量一般不属于数字人文研究，它的确是计量化的，但不是采用计量方法研究人文问题就叫作数字人文。然而文献计量进入数字人文领域也不会造成损失，或许还可以提供更新的思想，未来能发挥更好的作用。因此，不要急于划定边界，数字人文还是新生事物，要给它成长的空间。

问：人文学者在数字人文建设过程中的想法、意见是否被这种技术的讨论掩盖了？

肖鹏：人文学者并没有缺失，不是每个人都有资源和很好的条件参与到数字人文研究之中，我们往往对这一点缺乏基本的认知。研究者当然知道做数字人文最好的办法就是去做具体的人文项目，例如数字人文数据库，但不是每个人都有资源做实践项目。不是所有人都能够有机会参与然后写出相关的文章并发表，有些人只能用其他角度切入数字人文研究，他们可能发现不同的研究点，不要否认这些角度存在的意义和价值。

其实在全世界范围内，人文学者正在越来越多地参与数字人文项目，只不过他们的文章永远不会以数字人文的名义发表，至少他们没有觉得自己在做数字人文研究，而只是在做人文研究。有很多学者其实是典型的被标签化的数字人文学者，可是他们的研究往往并不包含数字人文内容，数字人文只是给了他们发现问题和解决问题最基本的窗口，他们的文章不需要处处有数字人文标识。同样也不是每位参与徽州文书数据库建设的老师都会写徽州文书与数字人文的文章，他们只是利用徽州文书数据库来更好地解决原有的研究问题或发现新问题，这就达到了他们参与数字人文建设的目的。不能仅从文章的角度判断人文学者是否参与数字人文，而要从更为立体的角度去观察。反过来思考，有些人的文章可能都关于数字人文，但他们可能没有参与过任何的数字人文项目。不要轻易判断谁参与了数字人文，谁没有参与数字人文，我做了很多访谈，但做得越多越不敢随便评论，有时候我们能看到的只是一些显性化的内容，其实根本不了解人文学者在这个数字时代具体在做什么，他们又是如何在被数字包裹的环境中思考的。

问：您是否认为数字人文只是学者用数字化工具来研究人文问题？

肖鹏：这只是数字人文其中一个方面，数字人文的范围应该是很大的，绝对不仅仅是人文学者的问题。数字人文至少有两种路径：一种是偏向公众的，最典型的是可视化的方向；另一种则是偏向学术的，以探究问题为中心。人文学者采用数字工具很重要，但这种情况已经非常普遍，只不过他们有时没有采用很高级的数字工具而已，我们团队有一篇发表在《图书馆杂志》的文章《先利其器：人文学术虚拟社区中的数字工具交流行为研究》，其中对一个著名人文论坛的数据做了分析，就发现很多人文研究者最重要的需求和办公软件相关。此外，我一直在强调不要给数字人文很明确的定义，难道非人文学者就没有资格研究数字人文吗？当然不是。数字人文领域最早的开拓者不是人文学者，比如早年做《红楼梦》定量化研究的陈炳藻教授。因此，不要界定数字人文是什么，只要知道它身处"数字"和"人文"的交界处，在不影响使用的前提下，用比较宏大和模糊的视角去看待它，必要的时候在实际的项目中再去定义它。

问：您能谈谈您对新文科的基本看法吗？

肖鹏：虽然此前我们在中国社会科学网上发表了《构建数字人文生态扎实推进新文科建设》一文，但我还在认真学习"新文科"。新文科有很多战略性规划，但往往要结合一系列配套项目才能知道实际情况，从这个角度来讲，现在新文科呈现的信息还不够多。最近新文科已经开始一些具体的项目，比如新文科实验室的建设要求，它其实不是纯粹以数字为中心的，而是更关注学科交叉。新文科的重点是学科交叉，不仅仅是数字和人文交叉，而是任何学科都可以交叉，例如中山大学历史学系的历史人类学研究中心就是历史学和人类学的交叉，是否也可以称为新文科呢？比如 MIT 有关网络游戏的人文研究，是不是也可以称为新文科呢？

个人认为，新文科最基本的目标就是提高文科面向社会的服务能力，文科一直存在不能"致用"的弊病，有时候学者会为人文学科的"不致用"而辩护，这里当然不是说人文学科真的没用，而更类似于"无用之用，方为大用"的论证逻辑。例如，历史学研究的特点就在于求真和致用，而传统的历史学往往是偏向求真的层面，甚至很多学者认为求真本身就是致用。但是如果放到特定的学科里去，例如放在图书馆学里的图书馆史，我认为，以图书馆史为代表的学科史研究就应该是致用的，如果图书馆史研究还停留在求真层面，那么对整个学科的发展是无用的，必然会被社会抛弃。新文科的重要任务之一应该是重新唤起文科的社会影响力和社会服务能力，因此，新文科战略中有一个最基本的要求是加强四个服务，即为人民服务，为中国共产党治国理政服务，为巩固和发展中国特色社会主义制度服务，为改革开放和社会主义现代化建设服务。新文科本质上还是要增强实用性，要能够直面国家和社会的需求，帮助学生实实在在地就业。这与数字人文密切相关，因为它能够增强或增加文科的能力。

问：如果中山大学建设数字人文中心，您希望获得哪些资源和服务？

肖鹏：因为图情档学科不是纯粹的人文学科，所以这个学科不太需要数字人文中心的服务，反而更适合成为服务者。数字人文中心的主要服务对象是人文学者，它首先要能够承担科普、交流和互动的责任。在《从"营造生态"到"需求驱动"：学术图书馆如何满足人文学者的数字学术需求》这篇文章里我已经分析过，人文学者的需求总体来说可以分为六类，包括相对初级的科普需求、素养需求，要求高一点的是资源需求、工具需求，最高级的是探索需求和话语需求。数字人文中心应当按照这几个需求来设置，例如，科普需求就是要告诉人文学者什么是数字技术、什么是数字人文，而最高级的探索需求和话语需求，则是要为人文学者探索特定的数字人文议题、实现观点输出提供支持。

未来的综合性大学尤其是引领型的大学里一定要有数字人文中心，但是它目前能发挥什么作用取决于学校拥有的项目。从国内外高校实践分析，大部分数字人文中心都是虚级单位，很多学校甚至未开设数字人文课程，却有数字人文中心。数字人文中心的核心是获得专门经费、拥有一系列落到实处的重大研究项目，如果只是提供培训和交流服务，那很难成为顶级的数字人文中心。

问：您认为图书馆应该参与还是主导数字人文中心建设？

肖鹏：从国内外实践，尤其是国外实践分析，不少数字人文中心就是图书馆的组成部分。应该说，数字人文中心设在图书馆是一个很好的选择，可以吸引学校的相关学者来参与项目建设。就目前我所了解的情况，国外数字人文中心经常设在图书馆和文学系，也有一部分设置在历史系。因为国外数字人文研究与文学的密切度更高，例如遥读（Distance Reading）更多与文学相关，与历史的关联度要薄弱一点。刚刚谈到数字人文中心最重要的是项目，这可能意味着主导权最好与重点项目的主导权保持一定的一致性。对于很多引领型的大学而言，图书馆拥有独特的人文资源，是可以申请到一系列重大项目，可以主导建设数字人文中心的。

问：您认为数字人文中心应该具有何种形式的组织架构以及哪些功能？

肖鹏：人文学者的数字学术需求包括科普需求、素养需求、资源需求、工具需求、探索需求和话语需求等，我们要满足哪些需求，其实就需要设置对应的组织架构。

现实一点来说，数字人文中心的功能因学校而定，包括武汉大学数字人文中心在内的很多数字人文中心都没有实体架构，就相当于研究院。如果从中山大学的角度分析，数字人文中心最应该做的是找一批有数字化基础、数字化能力的新型图书馆员，能够比较灵活地将数字化技术应用于项目中。组织架构的关键是人才，最好是既懂人文又懂数字的人才。退一步来讲，如果无法兼得，应该优先选择懂人文的数字化人才或数据技术型人才。中国的顶级图书馆几乎从不缺少人文领域的人才，反而一直缺乏兼具人文素养和数字技术的人才。数字人文中心的研究人员需要具备三项最基本的能力：一是数字产品思维能力或数字技术思维，他们可以不懂技术，但一定要了解所有数字技术体系相关的内容和情况；二是很好的交流和沟通能力，数字人文强调合作和交流，研究人员必须能够与别人合作交流；三是最重要的创新能力，研究人员需要为项目找到新的方向和出路，以及不断地寻找新资源。

数字人文、新文科建设与面向未来的人文学重构

申　斌[*]

我认为数字人文是从前数字化生存时代向数字化生存时代过渡的阶段性产物。为了更好地把握这一变化趋势，有必要先回顾一下人文学的更新过程。人文学关注的核心对象是人，但人在不断变化。参考尤瓦尔·赫拉利（Yuval Noah Harari）的说法，首先，大约 7 万年前发生认知革命，人通过语言和抽象思维为自己创造出有意义的世界，把无意义的世界赋予意义是宗教等一切人文认知的起源。此后，经过近代人文主义与宗教的漫长对决，人类把世界意义的来源从自己创造出的神转移到了人类自身。但随着科学革命的推进，人类原以为"人之所以为人"的本质属性如自由意志，都被科技还原成了诸如生物电反应等可被技术手段操控的东西。最后人类开始借助技术来改造自己，通过基因编辑和算法造出超级人。如此形成的所谓科技人文主义，其内在蕴涵着以人为本和物化人类的矛盾，最终可能走向数据主义，即认为世界即数据，世界意义或价值的终极判断标准是数据处理能力。

在上述宏观背景下，今天这个数字化生存时代发生了哪些变化呢？

第一，人的数字活动成为人类活动的主要形式，从虚拟现实变成"虚拟即现实"。人文学研究的对象是人，媒介是人类思想与活动的各种痕迹。而今天无论个人的记录、表达，还是社会交往、公务活动，都高度依赖数字媒体和数字空间。其他生产、创作、生活、娱乐也在很大程度上借助数字技

* 申斌，广东省社会科学院历史与孙中山研究所助理研究员。

术、空间来实现，甚至很多完全是在网络上实现。以数字载体为媒介的社会交往在很大程度上取代了面对面的接触，过滤掉了很多"人"的信息，我们与其说在与某一个活生生的人打交道，不如说是在与某个由一系列数字信号构成的数据集合体打交道，我们是透过这些数字信息的集合（如朋友圈、微博）来认识这个"人"的。

第二，在这种状态下，一个人在云端存储中形成了具有高度拟真性的数字孪生者。当然，传统档案制度下的人事档案也对应着一个人，二者最根本的区别在于，过去档案性的存在因应于某种制度而被制造，但今天的数字孪生者很大程度上由人因满足自我需求而主动创造。在纸本时代，我们会有ID、户籍、人事档案、社保卡等，这本身就是对人的数据化描述。我们很清楚真实的人与我们的"档案性存在"之间的关联与区别。由于这些制度本身的规范性，所以我们清楚档案性存在与真实情况的距离——很多时候是对口形的产物。

但是在数字时代，数字活动成为人类活动的主要形式，以及数字留痕的成本极低，且具有某种不可删除性。更重要的是大量数字活动不是我们为了适应某种制度要求（比如社保）而做的，而是为了满足我们自己的需要，适应某些技术要求主动做的（比如外卖信息、导航、搜索、浏览信息，只有给出真实需求、真实轨迹信息才能满足我们的需要）。所以在刻画我们自己的真实信息方面更确切，甚至这些数字痕迹能从行为中揭示我们很多无意识的倾向性。所以，相比纸本时代的档案，我们更容易把人的数字孪生者当作这个人本身，也就是拟真性更高。我们对他人的理解，越来越变成对其数字孪生者的理解而不是对这个活生生的人的理解。但是，这也产生了更大的风险，无论在社会生活中还是在学术研究中，我们对信息数据（史料）自身局限性的警惕性降低了，容易把数字孪生者与人本身混同，这是人文社会科学研究面临的重大挑战，这一变化对人的心理及认识形成的塑造值得深入探究。

第三，算法导致支配力量隐形化。我们的数字行为被记录，进而通过算法形成针对我们的个性化信息推送服务，从而进一步引导、塑造、强化我们的行为倾向和模式。我们以为是自己的自由选择，其实是被算法控制的结果。英国作家阿道司·赫胥黎创作的《美丽新世界》中的场景已经成为现实。一种基于科技力量的精准、顺势（伪装成自我意愿实现的）的控制模式正在形成。

第四，由于上述原因，人类的精神生活在去中心化的基础上发生了更加深刻的中心化。在传统社会生活中，人的社交、面对的信息不是完全可以自我选择的（传统门户网站、微博、论坛与之类似）。而在数字空间里，譬如以各类个性化新闻推送、朋友圈为例，人们所看到的事物是自己以及志同道合的小圈子成员所关注的内容，算法使人们能看到的信息越来越聚焦。数字空间不是打破了而是强化了信息与交往的障蔽。这种更深刻的中心化与启蒙运动和近代社会民主化以来的人文追求是背道而驰的，应如何应对这种挑战也是未来人文学者需要思考的。

上述变化都对人文学提出了深刻挑战。未来人文学科、社会科学首要研究对象是数字化生存的人和人的数字活动，处理的主要是原生数字信息，且具备真正的大数据性质。人工智能、云计算成为主要分析方法。在这种情况下人文学能做什么？我认为人文学应注意两个问题。

首先，应该意识到数字化生存时代与前数字化生存时代在一些基本逻辑上还是存在相通之处的，技术力量极大地放大了老问题，使其更加深刻、明显，量变引起了质变。所以越是数字化生存深入发展，文科尤其是人文学科越需要回归植根于人性的学科传统，思考人性中的变与不变，重视变的同时也注意不变。

其次，要注意数字化研究的遮蔽。人文学以人的精神意识为探讨对象，意识表露于活动行为，活动行为会留下痕迹，数字化生存使留痕多表现为数字留痕，而且几乎都是可计算的数据。但我们必须警惕，上面每一层推演，其实都包含了相当多的信息剥蚀。人的精神与"可以被计算分析的"人类精神的数字痕迹是存在巨大差别的。虽然数字化生存越来越普遍，也让更多的普通人有了更方便的发声留痕方式（比如短视频），但我们要以与关注数字化生存同样的程度，去留意数字时代的失语群体、失语行动以及不可计算的因素。造成这种失语和不可计算的，除了与传统文本时代同样的文化权力因素外，还存在编码计算及其技术因素。未来由于海量数字信息（大数据）和便捷的数字信息分析技术工具的存在，我们很容易把数字信息展示的情况当作社会历史的全部。这就更需要我们提醒自己不能对数字世界之外的人群及其活动熟视无睹，不能遗忘数字世界的边缘群体乃至"他者"。

相比于纸本信息，原生数字信息容易产生但同样易于湮灭。从消失速度上来说万倍于传统载体的信息。这一情况与海量数字信息结合在一起，会极大地放大史料"幸存者偏差"对认知的影响，因为留下的数据决定了我们认知世界的边界。因此数字时代的人文学，不仅需要向传统史学那样关心"史料形成过程"，也需要对"史料消亡过程"予以关注和研究（其实对传统时代研究而言，这一思考也是必要的）。而且只有在数字时代，这种研究才有可能开展。

还需要注意到，在资本的推动下，不可计算的传统人文活动已经变成一种社会化生产。最极端的是，资本的力量正在逐渐把宗教与艺术这两项最典型的反理性逻辑的人文样态变成宗教市场和文艺商品，变成针对特定消费目标群体的一种生产活动。数字时代进一步强化了这种趋势，将其变成利用算法的特殊营销，通俗地说就是一种忽悠人的话术。不可计算的人文作品变成可计算的文化商品。我们可能需要在数据之外去寻找隐藏的人文性。

至于今天被看作热点的数字人文，我认为只是过渡阶段的产物。当数字人文的概念消亡时，数字人文才能真正取得成功。因为目前的数字人文还只是数字技术在传统人文研究中的应用。除传统研究外，多数还是把前数字化生存时代各种各样的非数字信息人为数字化以后，再开发各类平台、工具进行研究，具体表现为"更多人工，更多智能"。这类数字人文工作的意义表现在两个方面。一是作为基础性工作，提供联结前数字化生存时代与数字化生存时代的桥梁和转换器。也就是通过数字图像化、全文化、文本标记、各种数字工具，将前数字化生存时代各种形式的人类文明成果与未来数字时代进行联结。这个工作在未来二三十年可以完成。二是作为实验性工作，对研究方法的试练、组织方式的尝试、学科思维的反思，都可以给未来大数据、云计算时代的人文研究探路、试错。

在这样的时代巨变背景下观察新文科建设，不妨进行逆向思考，也就是从高等教育的局限出发来考虑做什么对未来是有意义的。现有学科体系和高等教育相对于瞬息万变的时代具有极大的滞后性和保守性。不但知识上滞后和保守，甚至连传统的教学科研组织模式可能都是不适于面向未来的。所以，在科研领域，管理方需要的更多是创新组织方式，通过搭建跨学科合作探索的科研服务平台，给研究者提供自由探索的空间和资源支持，靠研究者个体的发散式兴趣来应对未来的无限可能。而不是建设实体化的科研机构、制定具体的科研规划，把未来限定在目前见识所及的若干方向。无论北京大学文研院、浙大高研院那种聚合人才的平台，还是数字人文学术研究平台（DocuSky）这样聚合和分享技术的平台，都可作为这种服务平台的借鉴。在教学领域，相较于用课程填满学生时间的刻板规划，不如给学生留出闲暇时间，以多种方式开阔学生视野，给学生留下自主学习、尝试、创新的资源和制度空间，这样更有价值。大学要成为学生实现自主探索的平台，在这种环境下，才能使师生互相激发灵感，实现教学相长。

面向未来，人文学会成为什么样子我们无从预言，但可以肯定会经历深刻的重构。作为人文学者，我们除了看到非常欢欣鼓舞的一面，恐怕更应该关注背后隐含的数据霸权行为和不平等。诸如数据的获取、拥有、处置和使用权归属，数据垄断问题，个体数据的隐私性与集合数据的公共性矛盾，数据创造和湮灭的加速化等都值得做综合性考虑。对公平和正义的思考在人文学研究中永远不可缺席。

面向未来的数字人文发展

| **受访者** | 申　斌 * |
| **采访者** | 孟小玲 |

　　问：申老师，您好。能不能介绍下您的研究领域和研究课题？您在研究中需要经常用到数字工具吗？

　　申斌：我主要是做明清社会经济史，尤其是财政史的研究，经常会涉及数据统计，但是我使用的处理工具其实是非常简单的，不会用到特别复杂的像现在量化经济史研究中的计量工具。

　　问：您最常用的数据库、数字工具和网站有哪些呢？

　　申斌：就中国史研究而言，目前研究当中最常用到的数据库、工具、网站还是一些相关的全文检索数据库。我记得在 2003 年、2004 年的时候，当时我在读本科，学习的还是纸本时代做研究的方法，如善用目录、工具书等，但四库全书全文检索版出来后，从学生到老师都感受到了全文检索对研究的极大颠覆性。不过四库全书收书的数量并不多，所以也出现了一些批评的声音，如数据库对研究帮助有限之类。等到我 2007 年读硕士研究生时，

---

　　* 申斌，广东省社会科学院历史与孙中山研究所助理研究员。

中国基本古籍库、中国方志库这样一些全文检索库，包括一些报刊库已经开始得到广泛使用。这时候可以说历史学界都能感受到它的巨大影响。不管是最激进支持数字化的，还是最保守、持非常大怀疑态度的研究者，都没有否认它已经极大地改变了历史学研究的环境。数字工具的话，我在研究中反而用不到太多。更常用的可能还是一些传统的网站，比如说像台湾做的异体字字典，这是过去解读民间文书或者碑刻的异体字时最常用的一个工具，其他的还有中国历史地图集的软件。

问：这些数据库、网站能够满足您的科研工作需要吗？您觉得现有的数据库和网站存在哪些不足？

申斌：从历史学者的角度来讲，不论是全文检索库还是图像库，当然是多多益善，文献覆盖面越广、量越多，就越好。目前以爱如生为代表的数据库公司，其实是在不断地增加数字资源存储量，并且积极完善数据库的功能，例如文本和图像的逐页对应功能。总体而言，现有的数据库基本上是能够满足研究者需要的。

但是即便只就中国古代史领域而言，目前还没有做到把所有传世的鸦片战争以前文献，包括古籍以及档案、民间文书全部电子化。而美国一些大学1999年开始推动的早期英文图书在线（Early English Books Online），将1473~1700年英国及其殖民地所有纸本出版物，以及这一时期世界上其他国家和地区的纸本英文出版物全部进行了电子化，做成了图像数据库。之后Gale公司又依照同样宗旨做了18世纪经典古籍在线（Eighteenth Century Collections Online），部分内容还提供全文检索。如果我们国家能发挥集中力量办大事的社会主义制度优势，通过中央政府主导的国家级文化工程，把至少截止到清末的图书、报刊、档案、民间文书等文献全部数字化，并借助OCR技术将一部分做成全文文本库，那么这将是中华优秀传统文化传承史上的不朽功绩，也会极大助力历史学研究的开展。

数据库、数字工具和网站的问题与不足我觉得都是基于当下阶段来谈的。目前存在的最大问题或者说亟待解决的问题，是要尽可能多地把古文献或者是文物做扫描，数字化，然后再结合更可靠、改进过的 OCR 技术，把这些内容数字化，做成电子文本以供检索利用。现有的不足，主要体现在文本校对上。但是我觉得这是细节问题，我们可以通过很多办法加以改进，例如众包。无论是像爱如生这样的商业公司还是国家主导的文化工程，需要去考虑的应该是底本问题和技术问题，比如如何通过前期数据训练来提高 OCR 识别精确度。至于识别后的文本校对，完全可以通过预留互动渠道的方式，根据利用数据库的专业研究者的反馈来纠错、更正、完善。

更重要的问题在于我们要面向未来，你要考虑到 20 年以后、30 年以后历史研究的转变。就像今天，共和国成立早期，即 20 世纪 50~60 年代的历史，甚至改革开放 40 多年的历史，已经成了历史学的研究对象。那你要考虑到二三十年以后，当数字化环境下人们的生活状态成为历史学研究对象的时候，我们应该怎样做研究？在那种状态下，我们现有的研究手段和数据库建设方式是远不能满足研究需求的。所以从前瞻性的角度来讲，现有的数据库工具，甚至包括这些数据库工具开发者的理念，已经滞后于未来历史学的发展要求了。现在我们不能局限在一个既有思路下去做更多的数据库、发展更多的工具，而是需要从哲学思维的层面，从史学方法论的层面，对未来二三十年之后历史学研究应该怎么做，有一些新的思考。

问：您对数字人文关注的多吗？您是如何接触到数字人文的？

申斌：我接触数字人文其实是 2012 年到 2014 年在中山大学图书馆工作的时候。当时中山大学图书馆计划建设徽州文书数据库，原计划只是做一个简单的题录库，就是说有图像、题名、责任者、时间以及文书类型。后来刘志伟老师和图书馆同事们觉得可以借鉴台湾古契书数据库和淡新档案库，用一点数字人文的理念和技术来做。但是要实现这个计划，你要先对徽州文书进行数字化，实现全文检索，然后才能够进行自然语言的切分处理、关键词的筛选标识以及词频分析等工作。为了做这个工作，我开始阅读一些数字人文相关的论文，对数字人文有了一些了解。

目前至少就中文学界来说，绝大多数的数字人文平台、数字人文工具基本上还是对传统研究方式的技术更新。它是把很多我们过去受制于技术很难做到的内容，例如遥读、大规模文献的词频分析，通过新技术和数据库做到了。但是从根本的研究理念上讲，数字人文带来的改变并没有那么巨大。我自己会觉得数字人文其实是一个过渡阶段的产物，它是从人类的前数字化生存时代，即截止到 20 世纪 90 年代的这样一个状态，到 2010 年之后越来越多的普通人开始进入数字化生存时代的过渡时期的一个产物。

今天数字人文研究工作的主要意义其实有两个。第一，它是一种基础性的工作。我们可以明显感受到，随着数字技术的发展，人类对事物、对世界的感知已经由直接的感官感受，变为接受数字媒体传达给他的形象。更先进一点的话，可能会涉及 VR 技术，让人看得到、摸得到、闻得到，但仍是靠虚拟技术来提供感官感受，而不是在真正的生活中感受。其实未来人类文化传承面临的一个大问题就是，在前数字时代，从古典时期，就是中国的周秦、西方的古希腊，一直到 20 世纪末为止产生的这些人类文明成果，它们的原生状态是非数字化的。这些非数字化的成果如何被我们的孩子这一代，以及他们的子子孙孙所接纳，这中间需要一个转换器和接口。今天的数字人文工作就是在做接口的工作，把此前的东西文本化或者通过 3D 重新建模之类的手段转换出来。数字人文工作提供了一个接口，让今天的孩子和未来的孩子能够用更具有界面友好性、用户友好性的方式去联系到五千年前、七千年前的文明传统。尽管联系到传统之后，他们如果想要进一步接触，可能仍需要借助非数字化的形式，但那是下一环节的内容了。为数字时代长成的未来人群建立一个转换器，这是数字人文的第一个意义。

第二，它是一个实验性的工作。在我看来，除了新媒体研究之外，其他数字人文研究的基础工作可能在未来二三十年后差不多就结束了。前人遗留下的内容是有限的，如果全部数字化，建立相应的分析工具，基本就实现了预定目标。只不过针对前数字时代进行的分析存在不足，有些内容本身并不是原生数据形态，所以研究者能够使用的分析工具也有限。可是在做这个工作的过程当中，由于技术的原因，以及数据分析对象形态的原因，我们会遇到很多传统研究过程中不会遇到的问题。我们在数字人文发展过程中会进行很多的尝试，包括理念上、技术上、科研组织上、教学模式上等的尝试。这些尝试并不会随着现有数字人文研究的结束而结束，在二三十年以后，在对数字化生存时代展开研究的时候，它还可以被借鉴。今天的数字人文研究工作其实发挥了先行试错的作用。我们在做数字人文研究的时候也可以多思考下，当二三十年以后，要面对新的研究环境的时候，我们应该如何组织教学，如何组织科研。

问：您对数字人文工具又有什么看法呢？

申斌：数字人文工具的话，要看怎么定义。如果中国历史地理信息系统能算作数字人文工具的话，那我也算运用过。个人感受的话，数字人文工具存在的主要问题还是交互性不足，用户界面完全可以做到更好，降低技术门槛，让更多的人能够更为方便地运用高级数字人文工具从事研究。这其实也是技术本身的发展趋势，像最早我们使用电脑的时候，需要背一大堆的程序操作语言，但是后来用户界面越来越友好，逐渐演变为我们现在习惯的桌面操作系统，现在甚至有了智能触屏系统。

后　记

交流与碰撞的新起点

韩　宇　苏日娜　马翠嫦　叶　湄　薛　玉　谢小燕　石声伟[*]

　　"数字人文与新文科发展规划研讨会"为学者搭建了思想交流的平台，来自多个学科的人文学者、技术专家与图书馆员真诚坦率地发表了见解，集思广益，论出真知。会议发言与访谈内容既洞悉现实，瞄准前沿热点，又展望未来，充满智慧灵感，称得上是一场思想的盛宴，其中所涌现出的真知灼见值得回味，引发思考。

一　在数字人文的舞台上，不同行为风格蕴涵的不同思维方式

　　数字人文作为一个典型的跨学科研究领域，数字与人文的结合带来了无穷的想象，各个领域的专家学者或主动或被动地来到数字人文的舞台上，从自身的知识基础、专业优势以及发展需求出发，以专业实践定义数字人文，展现出不同的思维方式。

（一）图书馆员思维——研究资料数字化、结构化与标准化

　　图书馆员参与数字人文着眼于研究资料，通过开发各类文献专题数据库

---

　　* 韩宇，中山大学图书馆副研究馆员；马翠嫦，中山大学图书馆研究馆员；苏日娜、叶湄、薛玉、谢小燕、石声伟，中山大学图书馆馆员。

进入数字人文领域。如上海图书馆的家谱、古籍、盛宣怀档案数据库，华东师范大学的数字方志集成平台等，都是对研究资料进行数字化、著录与标引，实现基于结构化信息的检索、分析与呈现。图书馆员认为，"从图书馆方面而言，我们能做的是充分调研学者的研究需求，然后利用知识组织的方法，去帮他们把需要的资源提取出来、揭示出来"。"数字人文首先要做到对人文领域有效数据的标引和提取，得出结构化的数据，然后才能真正开展后续建设，达成预设目标。"数字人文"利用信息化、数字化的方法改变原来的研究方式，如标引、识读、注释和历史地理的研究等"，通过对文献资料乃至主题知识不断数字化、数据化、文本化，使之成为可计算、可计量的数据，为人文研究提供启发与证据。

实现知识信息标准化与知识共享是图书馆员在数字人文实践中独有的思考。图书馆员关注数据底层架构的一致性、资源描述标准的通用性，以便于实现多机构，甚至全网络的数据交换与共享，其数字人文实践与网络环境下的书目控制一脉相承，如"上海图书馆技术部门从最初的探索开始，到之后的元数据和本体技术，完全遵循语义技术发展的脉络"。上海图书馆的历史人文大数据平台，将家谱、古籍和盛宣怀档案在底层架构进行整合，同时采用关联数据等语义技术，利用多年积累的结构化数据，建立统一的框架。华东师范大学的数字方志集成平台汇集了全国十几家师范院校的方志文献，并与中国历代人物传记资料库（CBDB）和上海图书馆开放数据平台的人名规范数据库通过接口关联，学者可以在一个平台上实现多平台的资料检索。尽管数据库使用语义技术结构复杂，成本高，收效慢，但图书馆员始终是坚定的推动者。

（二）技术专家思维——研究工具自动化、智能化与通用化

技术专家参与数字人文着眼于研究工具，通过研究工具实现信息的自动化与智能化处理。如学者提到的工具或软件，包括百度 ECharts、Gephi、CHGIS、Markus、ArcGis、DSA、SPSS、R 语言、Python、Jieba、NVIVO、CAD、Matlab 等，可以实现文本分析、可视化分析、相关分析、回归分析、

社会关系分析等。技术专家将 AI 引入数字人文，以徽州文书数字化工作为例，利用 OCR 技术进行文本识别，建立印章数据库，可通过印章对比判断文书真伪；依据已经分类的文书自动分类特点，对后续的大量文书进行自动分类，分类准确率可达 90% 以上；通过对族谱的结构化处理建立亲缘关系网络，抽取契约的关键数据建立交易关系与内容网络；抽取账簿信息建立物价、债务数据库等。

可以看到，"信息技术的迅速发展带来了全新的研究场景、工具和方法，随着大数据、深度学习、文本挖掘、GIS、可视化等新技术的普及，过去难以研究的问题有了新的研究路径"。信息技术为数字人文研究提供了基础性工具，推动了研究的开展，为学者研究提供了帮助。但同时也要注意，这些研究工具多是积累过去的，不是面向未来的；是通用性的，不是个性化的。如"DocuSky 收录的各种工具就是在一个一个人文研究议题需求下慢慢地研发，最后汇聚成为数字人文工具平台"。而且技术工具往往是只管应用，不管效果；只有结果，没有结论。也正是在这个意义上，单纯应用工具的技术思维给人一种"有点表面化"之感。

（三）人文学者思维——人文，还是人文

人文学者认为，"数字人文的落脚点是人文"，他们承认数字化带来了极大的便利，但对数字人文的期望着重于数据的准确性与完整性，以及检索的易用性与便捷性等。对于文献编目，人文学者认为应将关键性信息尽可能著录完整、丰富，遵循技术规范，避免遗漏重要信息。

有学者指出文献数字化转换过程中的问题，如中国基本古籍库存在先天不足，书没有序跋，缺失很多信息；数字化图像不够清晰，识别困难等。"中国基本古籍库使用的资源都是当时的复印件，这些复印件不够清晰的话，就会产生很多识别问题。而且中国基本古籍库也存在一些版本不对应的问题。"所以，一方面我们能够便捷地使用到这些资料是非常好的一件事，另一方面它的基础又太弱了。"就中国基本古籍库来讲，一些底本不太好的书，现在有没有可能用好的底本进行替换，能否开展二期、三期建设，扩大

古籍的收录数量，补充原来没有的内容。这些工作对我们学术研究的帮助会更大。"站在人文学者的角度，因为数据库的缺陷而对数字人文没有过多期待是合理的，如果连基本的数字化转化都做不好，那些在"黑箱"之中的分析工具又凭什么能得到信任？

技术工具不可能代替学者自己的思考。多数学者对于数字人文工具能否改变现有的科研方式持保守态度。有学者表示，他们也会用爱如生数据检索系统进行检索，但是这个检索，一般是作为精读史料之后的一个补充。相对于基于关键词的研究，更"强调研究的语境"，因此，他们在做数字人文相关研究的同时，会不断强调保持历史学者最擅长的文本精读。所以不会期待推动数据库建设、推动数字人文发展能给自己带来多么巨大的改变。在他们看来，数字人文是用理工科的手段或者工具来协助人文方面的相关研究。一是现在很多数字人文工具会对古籍进行自动标点，这就存在自动标点是否正确、读者是否认可的问题。二是学者本人在有足够的阅读量和充分的学养下，可以通过计算机的记忆功能做基于文本语料统计结果的辅助研究，例如在谷歌图书扫描项目启动后，对扫描后的图书进行词频统计，可以与各个方面的资料结合论证，所以数字人文打开了一扇窗口，告诉我们一个新的研究方向。在人文学者看来，数字人文只是一种研究工具，只要对研究有帮助，当然会选择使用，但做开创性的研究需要建立在个人对资源充分掌握的基础上，而不是工具对资源的掌握。在使用数据库、数字工具的过程中，人文学者更需要随手而得的文献与随心所欲的思考。

技术工具无法完全满足学者的个性化需求。当代的学者无法想象未来学者需要什么样的文本或工具，不仅不同的学者对工具有不同的需求，同一学者在不同研究阶段也会有不同的需求，因为研究者对工具需求的提出也需要一个过程，研究者最早的时候可能不知道用什么，只是将大家习惯使用的东西放到一个新的平台上，但是新的平台用得多了，研究者在和平台建设者的互动中，会逐渐找到新的题材，就会发现老的那套工具用不着了，然后会有新的工具出现，推动研究的发展，就是这么一个变化的过程。甚至有学者提出，在二三十年后，当数字化环境下的生活状态成为历史学研究对象的时候，现有的研究手段和数据库建设方式是远不能满足研究需求的；数字人文工具发展需要经历不断反思与迭代的过程。人文学者认为，无论数字化技术工具如何发展，思考人性中变与不变的学科传统是不会改变的。

二　在交流碰撞的融合中，运用对方的思维方式发现自己的优势

在与学者的交流中会发现，在数字人文领域，上述三种思维方式互相并不完全认同，时常会认为对方不是数字人文。或许，只有在相互交流与融合中，在数字和人文的交界处"去做对方的事"，才是数字人文学者应该做的。

（一）像图书馆员与技术专家一样思考的人文学者

受访的人文学者认识或者参与数字人文的过程可分为：树立数字人文理念，掌握相关技术或者研究资料，参与相关开发或开展合作研究。人文学者在研究过程中需要掌握知识组织、可视化等技术，具有技术基础的研究人员通过参与数字人文项目或者与掌握研究资料的人员合作而开展数字人文研究。一些人文学者使用技术工具重组研究资料，或将建设数据库作为研究成果，比如，研究社会经济史的学者会选择以数据库的形式呈现研究成果，像图书馆员一样为数据著录、标引；研究历史地理的学者像技术专家一样在GIS上标注数据。人文学者也会用图书馆员思维提需求，如提出在典藏检索类数据库、量化分析数据库的基础上，建立一种践行数字人文理念的数据库，这个数据库不仅可检索或者进行专题量化分析，还能够进行文本分析，在建立元数据的时候，要能够识别出一些有可能包含价格信息的关键词，进行词频分析、文本分析，提供一种新的人文学的研究方式。这实际上是希望通过实体识别与自动标引实现文本知识的结构化。另有人文学者指出，数字人文研究应做好编目及编目基础上的文本分析，与专家合作开展文本加工，再由研究内容决定采用何种数字人文分析工具。这一过程反映了人文研究中

人文、资源与技术结合的完整思路。

人文学者根据研究需要建设数据库或开发应用技术工具，并不一定是特意开展所谓数字人文研究，但确实做了数字人文的工作。有学者表示，"其实在全世界范围内，人文学者正在越来越多地参与数字人文项目，只不过他们的文章永远不会以数字人文的名义发表，至少他们没有觉得自己在做数字人文研究，而只是在做人文研究"。数字人文正在成为人文学者研究领域的一部分，学者提出的数字人文教学培养方法论实际上就是要人文学者具备图书馆员思维与技术专家思维，如将非结构化的文本结构化，设计有针对性的元数据方案；从描述性资料中提取量化的数据进行统计分析，学会如何把文献和现有技术结合起来；先明确研究题目、研究材料，接着探索适用的分析工具。

（二）为人文知识呈现与重组提供方案的技术专家

技术专家不断探索最新的技术方案，运用前沿知识组织技术，为图书馆等机构或人文学者研究提供知识服务。数字人文研究涉及基础数据、技术框架、资源描述标准等，将不同领域的数据按照同样的标准组织起来，将不同领域的本体融合起来，建设大数据平台或者新文科研究的资源平台将事半功倍。RDF 三元组和本体是技术专家提供的解决方案之一，如陈涛老师提出的建设数字人文的 LIBRA 技术体系，将"数字人文"当作一棵大树，人文数据是这棵树的树根，研究数据是树叶，数字人文的成果是树果，资源描述框架则是树干，关联数据（Linked Data）和 IIIF 两个树枝将不同的树叶连起来，同时，需要大数据（Big Data）和人工智能（Artificial Intellegence，AI）两项技术实现从人文数据到研究数据的提取。整套技术方案，可以在技术、人员、成果、平台、工具等各方面实现共享。

除了知识呈现之外，要走出"表面化"的技术应用，还需要技术专家深度参与人文学者研究过程的知识重组。如建设地方历史文献数据库的时候，技术人员根据学者的经验在数据库中增加分析工具。当然，"这样的工具具有封闭性，很难迭代"。所以，技术专家需要开发具备弹性调整参数功能的计算工具，以满足各种研究材料的特殊需求，而不是静态固定的一套僵化计算工具。目前人文研究中的数据很多，标准化、结构化的数据也很多，如文献数据、MARC 数据、编目数据等，应用 RDF 三元组和本体等技术都是为了实现数据基于语义的重组。技术专家参与人文学者研究过程的知识重组，需要根据不同项目的需要，提供更有针对性的工具，实现知识的多角度关联与多方面呈现。在人文社科研究中，有很多的中间工作原本是需要研究者去完成的，但是数字人文可以通过各种分析手段，比如聚类分析、词频分析和可视化的手段对文本信息进行揭示。研究者可以在这一基础上，发现更多的研究题目，或者是找到新的研究题目，对前沿的研究内容再去做一些新的补充。同时，通过技术专家的努力，重组可以实现从文献检索到知识发现，数字人文研究不应仅限于档案数字化与检索文本，而且应把文本转换成知识源，将巨量复杂的文本打散成数亿个知识源，并探究数亿个知识源间的关联性知识，"找到'知识奇点'，这样才能展现出智慧大数据的能量"。

（三）为人文学科提供数据支撑和研究支持的图书馆员

数字人文终究属于人文研究的一种方法论，理应受到人文学者的关注与重视，但数字人文方法却没有得到与其他人文研究方法同样的"待遇"。有人文学者对目前历史学界的数字人文取向看法相对比较悲观，认为历史学领域很少有人理解什么是数字人文，因为缺乏一线作业的经验；人文学者也关注本领域内的数字人文研究项目，但很多仅限于关注，并没有深入了解，也没有参与到具体的项目中。同时，除人文学者外，计算机领域专家对数字人文也兴味索然，很少主动参与数字人文项目，目前开展的一些项目主要是情感分析、社交网络分析等。

相对于人文学界与计算机领域的漠视，图书情报领域近年来将数字人文作为研究热点。但"数字人文研究的终极目标是人文学者的深度参与，主体是人文学者，不是数字人文研究中心，不是图书馆，也不是其他领导机构，要聚焦于培育人文学者的深度思考能力和研究兴趣。"有图书馆学者也指出，"对于数字人文研究，我现在最大的担心是，只有图情界热衷，而人文研究领域漠视，这就失败了"。"目前国内数字人文本身还不是内生性需求，而是外部有人推动数字人文的发展"，甚至有学者将图书馆员主导的数字人文调侃为"数字社科"。当然，这并非图书馆员的初衷，"图情学科比较像是一个中介，它要掌握人文学科的需求和文献，也要掌握现代的文献和数据的加工方法"。在数字人文的舞台上，图书馆作为数据支撑与研究支持的定位从未改变。

三 图书馆在数字人文中的作为

（一）建设数字人文基础设施

在真正的数字化时代到来之前，大规模的文献数字化、文本化等工作需要大量的资金支持，学者一致认为只有图书馆、高校甚至国家力量才能承担。数字人文基础设施的信息内容可以包括各类文献、研究数据，甚至零散的非结构化数据。受访学者都特别重视基础数据建设，将文献数字化、标准化作为数字人文研究的第一步。有学者认为，"把至少截止到清末的图书、报刊、档案、民间文书等文献全部数字化，并借助 OCR 技术将一部分做成全文文本库，那么这将是中华优秀传统文化传承史上的不朽功绩，也会极大助力历史学研究的开展"。同时，数字人文的发展需要有统一的顶层设计和规划，不少高校和公共图书馆正在建设资源服务平台甚至数字人文中心，对于学校层面来说，一个统一的技术资源平台可以整合图书馆资源、文科项目、数据库，为师生提供统一的资源和知识服务。

在数字人文基础设施的资源内容上，学者将之归纳为两大类：第一类是以解决各学科领域的具体科研问题为导向，相互关联的基础研究资源，包括专题文献资源（纸质资源、数据库资源）、机构知识库、学者自有数据、专利数据、项目信息与数据等。当前，这类基础研究资源数据集相对独立，学者研究信息与自有数据并未实现共享，项目信息与数据也相对闭锁。学者自行搜集到的资源有限，且不能全面了解校内、领域内其他学者的研究动态，不利于信息的交流。因此，学者普遍对高校及图书馆提出了要求，即需要一个能够有序整合多源异构资源，有效发现和智能化表达科研基础资源的综合平台，为他们提供文献信息资源及相应的研究支持，打通专业内外、学科内外、校园内外的资源壁垒，构建起资源整合系统，帮助学者建立合作网络，以拓宽视野，获得新知，实现学科交叉与融合研究。第二类是非结构化数据，包括个人信息档案、科技数据、日志数据等。非结构化数据不符合任何预定义的模型，一般存储于非关系型数据库（NoSQL）中。非结构化数据不容易组织或格式化，但构成了网络上绝大多数可用数据，并且每年都在增长。有学者提出，在个人自愿的前提下，图书馆或相关文献保存机构如能够帮助个人保存筛选后的照片、微博、书信、即时通信信息等，这些资源今后可能会成为社会学、人类学研究的很重要的第一手资料。科技数据如生物学基因蛋白的序列数据、光谱数据等，与想象中的或者建设中的数字人文数据有差异，处理方法不同，一般情况下数量巨大，更需要可对大量数据进行处理的数字化工具和技术，因此也是数字人文建设中需要考虑的资源。此外，当前也有很多公开的数字化设备产生的日志数据集，如腾讯、阿里公开的有关数据中心运维状况的数据集，这些日志信息可以贡献给学术界或者整个产业界去研究，从技术角度看，这些数据集都可以作为研究素材重复使用，如用来研究如何利用新技术或方法来提高资源的使用效率，或者通过现有的日志数据做预测分析。

数字人文基础设施建设需要从国家层面做好规划，"因为构建一个知识库必须下大功夫，比如说历史人名数据库，像鲁迅的笔名、皇帝的避讳和名号，还有公元纪年和干支纪年，以及历史地理地名的延续等。这些都是基础的数据，应该是一个国家项目，比如由中国国家图书馆牵头，从国家层面把基础数据做好以后，我们在这个基础上再去做各自的文献数据化、知识关联和知识图谱就方便多了，所以任何一个图书馆单独做这一套基础数据都是很艰难的"。图书馆领域的重要责任和优势就在于牵头，或者至少作为主要参与方，以开放合作的态度，凝聚各方资源和力量，打造信息收集与处理的平台，从体系结构、标准规范的层面，提供大数据计算等服务，为学术创新提供支撑。

（二）搭建数字人文交流平台

运用对方的思维方式去思考不是代替，而是合作。通过开展教育培训、筹划课程建设、举办学术会议、建立数字人文中心等多种方式，图书馆开展数字人文技术方法的推广，推动人文学者与技术专家的合作，增进学科内外的互动与交流。

一是开展数字人文培训，普及方法与技术。虽然不需要每个人文学者都做数字人文研究，但应在需要时有能力使用数字人文方法。数字方法进入人文领域需要一个学习的过程。重庆大学图书馆实行"培训班"策略，给研究人员安排比较高级的培训班，进行数据库、数字工具使用的培训，让研究者去学习使用数字工具。并且提出，在数字化时代，需要通过计算机，运用各种数字工具，要在自己会用的基础上，教会其他学者使用，这就是图书馆的价值和使命。又如，北京大学图书馆数字人文工作规划的重点包括对馆员进行数字人文研究方法和工具技术培训，以及面向多学科背景的学生和青年学者开展数字人文意识培养和技能培训。

二是建立数字人文中心，搭建合作平台。目前，数字人文项目已经充分体现出学科交叉的特点，需要跨学科平台的有力支撑，如南京云锦工艺品非遗数据库，参与的学者来自不同的学科领域，研究的角度各有不同，历史学者关注传统文献中云锦颜色的记录和其中包含的政治意义，化学和生物科学学者通过文献记载和化学、生物工程原理，尝试还原云锦的颜色，考古学者则从考古角度提出很多看法。又如，边塞诗的空间人文项目是人文与建筑学科的合作项目，人文学者为边塞诗下定义，其他成员利用各种空间分析的算法呈现出边塞诗中的人、物和时间点等，对边塞诗的场景进行 3D 测绘等。自 2011 年武汉大学成立数字人文研究中心以来，全国已有十余个依托高校建立的数字人文中心。根据访谈结果，学者们都表示数字人文中心对学科的发展一定是有促进作用的，而且能够整合或激活学校原本分散的学术资源。各数字人文中心在学校的功能地位、服务对象、服务学科和组织架构都有所不同。中国人民大学数字人文研究中心的特色是科研、教学和项目三位一体，中心按照领域特色分别逐步推进，其工作仍然是立足于数字人文，展开探索和实践。北京大学数字人文研究中心建设由老师们自下而上发起、学校给予支持，中心共有五位核心成员，分别来自图书馆、信息管理系、历史学系、哲学系以及外国语学院，建立了一个六七十人规模的微信群，成员覆盖北京大学不同的学科专业，打破了学科界限，打破了老中青界限，形成跨学科的学术交流。清华大学数字人文中心没有挂牌，但中心很全面，有很多项目和资金，还有北京市双一流高校建设的支持，也有自己的刊物《数字人文》，经常办讲座，举办大型国际会议，还开办了很多工作坊培养学生。当然，有学者指出，目前数字人文中心在运行模式、人员架构等方面还存在问题，现有中心仍然不是理想中的中心，还需要继续努力。一个完备的数字人文中心应该是一个实体的独立组织，能吸纳高水平人才，同时还应具备一定的协调能力。

（三）参与数字人文研究

除技术培训及促进交流之外，图书馆还参与数字人文研究过程中工具使用与数据处理等工作，为研究提供直接支持。对于图书馆这方面工作，有学者指出，"第一，希望能够给专业学者提供工具上的支持或者是工具性的知识，因为不能要求专业学者什么工具都会；第二，数据制作的问题，帮助学者制作他所需要的标准化数据"。学者在观察全球数字人文实验室之后，提出数字人文科研机构应该承担的工作包括三方面。第一，基础数据库的建设；第二，从基础数据库中提取出数据并进行运算与分析，具体包含数据清理、数据计算、数据可视化以及数据分析等工作；第三，成果转化，把数据计算与分析后的成果放在网络平台上展示，并做好成果的维护。

在图书馆员参与数字人文研究的过程中，有学者指出急需解决的问题包括三个方面。第一，意识。数字人文并不是图书馆的一次性项目，而是如编目、流通、咨询一样的业务方向；数字人文不是独立的业务，采购、数据建设、基础设施建设、馆员能力培养以及信息素养教育等业务都需要体现对数字人文的支持。例如耶鲁大学图书馆 DH Lab 讲授 R 语言、Python 等课程，学生就不需要到计算机系学习。技术变成驱动力，就可以走到前台，而不是一定要为其他部门服务。第二，馆员能力。图书馆员如果只了解资源、会编目、懂分类法，不足以做数字化时代的合格馆员，还需要进一步的职业培训。国外很多机构会直接招聘有相应能力的人，如斯坦福跨学科数字研究中心有七位成员，他们的学科背景包括历史学、计算机科学等；耶鲁大学图书馆也招有计算机学科背景的馆员，人文学科的老师可以与馆员讨论自己的项目，馆员会告诉老师可以采用哪些工具和资源，还可参加图书馆的工作坊学习。第三，资源。包括网络基础设施建设的标准化、灵活性和开放性，在技术转型升级以后，能否不断地兼容、迭代等都是要考虑的问题。如果学校要做数字人文和新文科发展规划，就要解决资源、领导层意识、人才引入和既有人员的能力培养等问题。

四　数字人文与新文科互为契机、共促发展

在国家重大战略需求的驱动下，数字人文作为跨学科合作的典范，在新文科建设中成为新的学术前沿与创新形态；同时，新文科的内涵与外延也在数字人文学科交叉的理论纵横中不断得到诠释。

（一）数字人文学者理解的新文科建设

1. 解决新时代人类发展的新问题

新文科就是要解决大数据、人工智能等信息技术的发展带来的人类社会的新问题，用于指导人类社会的发展。数字人文不能停留在数据库、数字化层面，而是要以此为基础，建立人文行为模型，引导人类社会的发展。正如有学者指出，"人变了，所以文科全都要变"。"随着人工智能技术的发展，人类会进入一个新的轴心时代，人文学科也会受此影响，产生颠覆性的变化。人文学科会出现新的哲学、新的伦理道德观，甚至会动摇现有的宗教基础。""随着新科技特别是人工智能和生态学的发展，'后人类'和'非人'

日益被关注，人的概念面临着重新定义，所谓人文学科的内涵也将随之变化；技术发展深刻地改变了人类生产生活方式，出现了前所未有的新现象和新问题，文科面对的基本问题也在变化，所以文科不能再'外在于时代的洪流，闷着头做书斋里的学问'。"新文科建设就是顺应社会发展，开辟新的研究领域，产生新思想、新方案。

2. 开创新时代学科交叉的新方法

新文科是要通过在学科交叉和融合中运用新方法解决新问题。"事实上，现实的问题总关涉不同的方面，单靠哲学、政治学或管理学的某个视角并不足以更好地解决问题，所以这个时候需要文理结合，并借助现代技术手段更有效地解决实际问题，根据问题挑选合适的解决方式、角度或技术。"很多学者表示，新文科最大的特点是多学科交叉与融合，可能用到工科的工具、理科的算法，与农学、医学结合。"我们讲新文科，不一定就是要造一个新的学科出来，而是在现有文科建设的基础上，如何引入和运用新的方法。"目前在研究方法、评价体系和人才培养上都比较强调学科本身，已经形成了中国特色学科体系，应该在坚持学科本位的基础上，通过专题性的学科交叉与合作，以及借鉴其他学科的研究方法或者研究技术手段，来为本学科服务。同时，学者也提出，新文科的学科融合要实现"化学的"、有机的融合，通过学科交叉与合作，更好地说明问题、揭示问题，提出更好的方案，而非简单的杂糅与混搭，这才是真正的新文科。

3. 培养新时代文科发展的新人才

新文科建设以现有文科为基础，赋予文科专业人才培养新内容，同时在人才培养模式上实现跨专业突破，即突破现有文科人才培养的学科专业限制，在更大范围内实现各个专业之间的交叉，实现对文科人才培养的基本理念、目标定位、组织形式、课程体系等的重新认识或结构重塑。新一代学生应该文理兼修，具备文理相关的基础知识。厦门大学正在尝试把数字人文概念引入课堂，让学生掌握基本概念的同时获得实践机会，亲自动手参与一些项目，让学生体验把研究资料融入数字人文的思考方式和分析方法后，到底能发现什么问题，解决什么问题。比如在历史学科教育中，随着传统的研究范式改变，历史学科的新发展要求开设新课程，指导学生参与实践，以田野调查、开办工作坊、举办系列讲座等形式开展传统的学术训练和数字人文的融合教学。

4. 顺应新时代学科发展的新趋势

新文科建设是学科发展的必然趋势。新文科是学科研究的升级，把人文社会科学的研究方法、研究技术和研究方式提升到一个新阶段，使之与数字时代、网络时代发展相适应。有学者指出，新文科建设代表着学科发展的逻辑，从学科开始建立的时候，希望学科研究的对象相对比较明确，学科的性质相对有共识，但是发展到了一定程度的时候，学科的研究对象就会扩大，研究性质可能也会发生转变，原有的学科边界会被打破，可能某个原本不研究的领域，会成为未来某一学科研究的主要方向。在这种情况下，我们不能抱残守缺，需要因时而变，顺应趋势，对文科的既有研究方式进行改进。

（二）以数字人文发展推进新文科建设

1. 开拓交叉融合的新文科

数字人文促进多学科合作研究。在数字人文研究发展的趋势下，通过一些团队的合作，一些专题研究的驱动，把一些重大问题或者需要运用大数据进行分析的专题研究，用数字人文的技术去处理，把传统和创新很好地结合在一起。这些其实是学科研究的一次升级，把人文社会科学的研究方法、研究技术和研究方式引入一个新阶段。数字人文的推进要嵌入具体的学科中，在这个基础上可以以更多元的形式去协作。有学者指出，没有任何一个人文学科的学者可以同时掌握数字人文的所有内容，所以一定需要一个学科间的合作框架。这也意味着数字人文可以提供给校内的不同部门或专业，比如图书馆或者是具体院系甚至其他机构一个更多元、更具有弹性的整合的可能性。

数字人文为跨学科研究创造平台。有学者认为目前人文学科的发展较为孤立，除学科之间的隔阂外，学科内部的条块分割也比较严重，比如文史哲领域的研究视野比较窄，与其他学科的研究或与社会发展相割裂，这是急需在新文科发展中解决的问题。因此拓宽视野与学科融合成为必由之路，通过拓宽研究对象和转变研究性质，原有的学科边界和壁垒将会被打破，从而实现学科的交叉和融合。借助数字人文发展，图书馆可以创造条件，建设跨学科的学术平台，促进学科交叉与融合。例如，图书馆引导学生学习数字人文知识，参与数据库建设和数字人文研究，在实践过程中找到新资料和新课题，打造信息化时代下人文学科发展的信息基础设施，建立人文社科学者与理工科学者的交流与协作渠道。一方面推动大数据、人工智能等数字技术在人文社科领域的应用；另一发面为技术创新提供人文精神的指向，推动信息技术与人文社科的双向融合发展。

2.探索面向未来的新文科

数字人文是属于未来的。今天被看作热点的数字人文，可能只是过渡阶段的产物。要考虑到 20 年以后、30 年以后历史研究的转变，当数字化环境下人们的生活状态成为历史学研究对象的时候，我们应该怎样做研究？有学者意识到，在二三十年以后，在对数字化生存时代展开研究的时候，数字人文还可以被借鉴。随着数字化时代的到来，"最重要的并不是利用工具辅助研究，而是要基于工具的支撑和辅助，从全新的视角提出全新的问题，并且重新界定过去已经确定的研究问题，去质疑、修正、推翻或者颠覆它，至少是重新审视它，重新提问并回答传统人文领域已经有结论的问题。"

新文科是面向未来的。面对颠覆性的科技进步，人文社会科学必须紧跟时代发展步伐，紧密对接国家发展战略，加大对未知领域的探索，"未来很多事物、很多问题并不一定会在我们预期之中，如何培养出能够面对未知的青年一代，毕竟他们要面对的事物或者问题很多都是我们没有经历过，甚至是没有想到过的"。今天需要人文学者去解释和研究的社会事实在发生翻天覆地的变化，传统历史学家研究的是历史上遗存的史料，但是 20 年之后的历史学家，他们研究的遗存史料是什么？如何用历史学方法去研究它们？答案或许就在数字人文不断"试错"的发展之中。

面对百年未有之大变局，身处人工智能时代的前夜，人文学者积极走进人类发展的疆场深处，用数字化方法思考人类生活的行为密码。此时此刻，尽管有喧嚣与茫然，但沉淀下来的将是关于人性与人类文明最本质的思考。

图书在版编目（CIP）数据

数字人文与新文科发展 / 刘志伟，王蕾主编 . --北京：社会科学文献出版社，2022.12（2023.10 重印）
ISBN 978-7-5228-0899-4

Ⅰ.①数… Ⅱ.①刘… ②王… Ⅲ.①数字技术-应用-人文科学-文集 ②高等学校-文科（教育）-课程建设-文集 Ⅳ.①C39-53 ②G642.4-53

中国版本图书馆 CIP 数据核字（2022）第 197102 号

数字人文与新文科发展

主　编／刘志伟　王　蕾

出 版 人／冀祥德
责任编辑／李丽丽
文稿编辑／徐　花
责任印制／王京美

出　　版／社会科学文献出版社·历史学分社（010）59367256
　　　　　地址：北京市北三环中路甲 29 号院华龙大厦　邮编：100029
　　　　　网址：www.ssap.com.cn
发　　行／社会科学文献出版社（010）59367028
印　　装／唐山玺诚印务有限公司

规　　格／开　本：787mm×1092mm　1/16
　　　　　印　张：18.75　字　数：276 千字
版　　次／2022 年 12 月第 1 版　2023 年 10 月第 2 次印刷
书　　号／ISBN 978-7-5228-0899-4
定　　价／98.00 元

读者服务电话：4008918866